BUSINESS CAREER
ビジネス・キャリア検定試験
標準テキスト

マーケティング
3級〔第2版〕

監修 井上 崇通
中央職業能力開発協会 編

発売元 社会保険研究所

ビジネス・キャリア検定試験標準テキスト
について

■■■

　企業の目的は、社会的ルールの遵守を前提に、社会的責任について配慮しつつ、公正な競争を通じて利潤を追求し永続的な発展を図ることにあります。その目的を達成する原動力となるのが人材であり、人材こそが付加価値や企業競争力の源泉となるという意味で最大の経営資源と言えます。企業においては、その貴重な経営資源である個々の従業員の職務遂行能力を高めるとともに、その職務遂行能力を適正に評価して活用することが最も重要な課題の一つです。

　中央職業能力開発協会では、「仕事ができる人材（幅広い専門知識や職務遂行能力を活用して、期待される成果や目標を達成できる人材）」に求められる専門知識の習得と実務能力を評価するための「ビジネス・キャリア検定試験」を実施しております。このビジネス・キャリア検定試験は、厚生労働省の定める職業能力評価基準に準拠しており、ビジネス・パーソンに必要とされる事務系職種を幅広く網羅した唯一の包括的な公的資格試験です。

　3級試験では、係長、リーダー等を目指す方を対象とし、担当職務に関する専門知識を基に、上司の指示・助言を踏まえ、自ら問題意識を持って定例的業務を確実に遂行できる人材の育成と能力評価を目指しています。

　中央職業能力開発協会では、ビジネス・キャリア検定試験の実施とともに、学習環境を整備することを目的として、標準テキストを発刊しております。

　本書は、3級試験の受験対策だけでなく、その職務の担当者として特定の企業だけでなくあらゆる企業で通用する実務能力の習得にも活用することができます。また、異動等によって初めてその職務に就いた方々、あるいは将来その職務に就くことを希望する方々が、職務内容の体系的な把握やその裏付けとなる理論や考え方等の理解を通じて、自信を持って職務が遂行できる

ようになることを目標にしています。

　標準テキストは、読者が学習しやすく、また効果的に学習を進めていただくために次のような構成としています。

　現在、学習している章がテキスト全体の中でどのような位置付けにあり、どのようなねらいがあるのかをまず理解し、その上で節ごとに学習する重要ポイントを押さえながら学習することにより、全体像を俯瞰しつつより効果的に学習を進めることができます。さらに、章ごとの確認問題を用いて理解度を確認することにより、理解の促進を図ることができます。

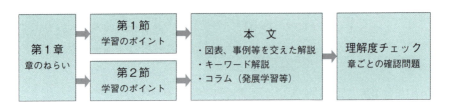

　本書が企業の人材力の向上、ビジネス・パーソンのキャリア形成の一助となれば幸いです。

　最後に、本書の刊行に当たり、多大なご協力をいただきました監修者、執筆者、社会保険研究所編集部の皆様に対し、厚く御礼申し上げます。

中央職業能力開発協会
（職業能力開発促進法に基づき国の認可を受けて設立された職業能力開発の中核的専門機関）

ビジネス・キャリア検定試験　標準テキスト
マーケティング 3級〔第2版〕

目　次

第1章　戦略マーケティングの基礎 ………………………… 1

第1節　マーケティングの基本概念と分析視角 …………… 2
1. マーケティングの基本概念／2
2. マーケティング・イノベーションとテクノロジカル・イノベーション／13
3. マーケティングとは何か／15　　4. マーケティングの分析視角／20

第2節　マーケティング・コンセプトと組織 ………………28
1. 経営志向の歴史的変遷／28　　2. マーケティング・コンセプトとは／36
3. 経営組織とマーケティング／41

第3節　マーケティング環境の概念 …………………………54
1. マーケティング環境のとらえ方／54　　2. 市場環境変化への対応／58

第4節　戦略マーケティング策定の基礎 ……………………61
1. 戦略計画の概要／62
2. 事業の定義とターゲット・マーケットの選定／68
3. SWOT分析の概要／74　　4. サービス・マーケティング戦略／82

第5節　マーケティング・ミックスの理解 …………………91
1. マーケティング・ミックスの概念／91
2. マーケティング・ミックスの構成要素／93
3. マーケティング・ミックスの実行と修正／95

理解度チェック ……………………………………………………97

第2章　マーケティング・リサーチ・消費者行動基礎…… 105

第1節　マーケティング・リサーチの基礎 ……………… 106
1. マーケティング・リサーチの意義と内容／106
2. マーケティング戦略とマーケティング・リサーチ／114
3. マーケティング・データの収集／117　　4. マーケティング・データの分析／123

第2節　消費者行動の分析 ……………………………………133
1. 消費者購買行動様式……購買および消費プロセスに影響を与える諸要因／134
2. 消費者の社会的側面の分析／144

目次

　　　3 ライフスタイル分析と消費者行動／149
　理解度チェック ……………………………………………… 156

第3章　マーケティング政策基礎 …………………… 159
第1節　製品政策 ………………………………………… 160
　1 製品の概念と分類／160　　2 製品政策の論理／166
　3 製品開発の基礎／176
第2節　価格政策の意義と目標 ………………………… 191
　1 価格設定の基礎／191　　2 新製品の価格設定／204
第3節　マーケティング・チャネル政策 ……………… 207
　1 マーケティング・チャネルの形態と機能／208
　2 マーケティング・チャネル政策の基礎／216
第4節　物的流通とパッケージング …………………… 230
　1 マーケティングにおける物流の概念／230
　2 ロジスティクス管理／237
　3 テクノロジーの発達による物流機能の変化／243
　4 パッケージングの基礎／246
第5節　プロモーション政策 …………………………… 254
　1 マーケティング・コミュニケーション／254
　2 プロモーションの種類／259
　3 プロモーション・ミックスの開発／262
　理解度チェック ……………………………………………… 269

第4章　流通業・サービス業のマーケティング基礎 …… 279
第1節　流通業のマーケティング ……………………… 280
　1 流通業のマーケティングの基礎概念／280
　2 卸売業の概念と機能／284　　3 小売業の概念と機能／305
　4 小売業の戦略経営／313
第2節　サービス業のマーケティング ………………… 329
　1 サービスの定義と範囲／329　　2 サービス業の戦略経営／343
　理解度チェック ……………………………………………… 352

第1章

戦略マーケティングの基礎

【この章のねらい】

　第1章では、戦略マーケティングを実践するにあたって、マーケティング担当者として知っておくべき基礎知識を学習する。

　企業経営にとってマーケティングとは、どのような役割を果たすのか？　マーケティングは効率的に利益を生み出すことを目的とするのか？　それとも、マーケティングの目的は価値ある製品やサービスを創造し、顧客に提供し、その報酬として売上げや利益を得ることなのか？　また、マーケティングで顧客や消費者という言葉をよく用いるのはなぜか？

　このような問いに答えるべく、本章では、まずマーケティングの意義、目的や基本概念について学習する。マーケティング担当者として、業務に生かすための必要な知識を増やし蓄えて、顧客や消費者の要望に応えられるようにしてほしい。

　また、マーケティングの定義が何度も変更されていることから、マーケティングの範囲や役割が変化していることを正しく理解してほしい。そのうえで、マーケティング・コンセプトの持つ意味内容を十分吟味し、それを企業の戦略マーケティングに適用すれば、どのようになるかを考えてみよう。

第1節 マーケティングの基本概念と分析視角

学習のポイント

◆マーケティングは、マーケティング部門や営業関連部門の人だけが理解し、実践すればよいという知識やスキルではない。いまや、企業の全従業員が、「マーケティングとは何か、企業においてマーケティングはどのような役割を担っているのか」を理解しておかなければならない時代になっている。

◆マーケティングは、生産された商品を単に販売するための知識やスキルではなく、また、利益の極大化を目的とする手段でもない。マーケティングとは、全社的に全従業員が総力をあげて顧客が求める価値を創造し、それを伝え、顧客に届けることである。

◆21世紀では、顧客価値の創造とステークホルダーとの関係を視野に入れ、いままで見落としていたマーケティング・コンセプトの意味を再吟味し、それを基軸にした戦略マーケティングと経営戦略を一体化した経営戦略行動をとることが求められている。

1 マーケティングの基本概念

マーケティングの意義・目的や企業経営における役割を知る第一歩と

図表1−1−1　マーケティングの基本概念

基本概念		意味内容
機能部門レベル	マーケティング・マネジメント	○マーケティング諸要素を適切に組み合わせる、マーケティング機能部門レベルでの諸活動。
	マーケティング戦略	○経営戦略の一部分を担うものであり、売上高の増大やマーケット・シェアの拡大といったマーケティング目標を達成するための戦略。 ○したがって、戦略マーケティングの下位概念となる。
全社レベル	マネジリアル・マーケティング	○マーケティング・コンセプト（経営理念）を基軸として、トップマネジメントの立場から、企業の成長と存続を図るための諸活動。
	戦略マーケティング	○マーケティング・コンセプト（経営理念）を実現するために展開する全社レベルのマーケティング。 ○したがって、マーケティングの視点から他の経営諸機能を統合し、マーケティングを中心とした経営組織のしくみを構築するための経営戦略であり、マーケティング戦略の上位概念となる。

して、マーケティングの基本概念について理解を深めよう。図表1−1−1に示した基本概念は、それぞれ歴史的な背景を伴って生成されてきた。そこで、マーケティングの誕生からその発展系譜をたどりながら、基本概念の意味内容を押さえておこう。

（1）科学的管理法とマーケティングの誕生

　テイラー（Taylor, W.）の「科学的管理法」が誕生した20世紀初期に、ショー（Shaw, A. W.）などによる市場に注目した研究成果が発表されたことをもって、マーケティングの萌芽期と一般にいわれている。それは19世紀の中葉以来、アメリカの産業革命の歯車が急回転し始めた社会経済的背景の中で、経済学一辺倒からの脱皮・分岐の現象としてとらえることができる。つまり、経営学とマーケティングという新しい学問は、少なくとも時代の要請を反映し、ビジネス問題を解決する技術経営学は生産問題を、マーケティングはビジネスの市場活動の問題を掘り下げよ

うとして出発している。初期のマーケティング研究は、ショーの文献で見られるようにビジネスの視点から論及されており、その限りにおいては、経営学とマーケティングは、いわば時代が生み落とした一卵性双生児と理解することが適切である（徳永豊〔1975〕77〜79頁.）。

（2）わが国におけるマーケティングの導入と発展

　わが国においては1920年代ごろから、マーケティングはすでに学問的な研究として、高等商業専門学校や大学の商学部では、配給論や市場組織論という講座名での講義が行われていた。その研究内容は、社会経済的視点からのマーケティング・アプローチであった。しかしそれらは、第二次世界大戦後、実業界に導入されたマーケティングとはまったく異なったものである。

①　1945年〜1960年のマーケティング

　アメリカでは、第二次世界大戦が終結した1945年を1つの境目として、マーケティングの大きな転換点が訪れた。すなわち、企業経営の視点でマーケティング研究が活発に行われ始め、その研究成果が、後述する**マーケティング・マネジメントやマネジリアル・マーケティング**という概念に結実したのである。その火種役となったのが、ゼネラル・エレクトリック（GE）社であり、**マーケティング・コンセプト**（→本章第2節**2**）を基軸にしたマーケティングの展開が1946年から1960年代前半にかけて行われた。

　そのころのわが国では、1955（昭和30）年に（財）日本生産性本部（現・（公財）日本生産性本部）が発足した。経済白書に「もはや戦後ではない」と記されたこの年に、同本部から「トップマネジメント視察団」が渡米し、帰国後、「アメリカの企業はマーケティング部門を擁し、マーケティングによって市場を調査し、積極的に市場開拓をしている」と、マーケティングの重要性を強調した発言がなされた。これが引き金となって翌年3月、同本部は「マーケティング視察団」を派遣し、アメリカのマーケティングの現状を見聞したことが、わが国へのマーケティング

の導入の火付け役となった。当時の報告書は、「マーケティングとは何か」を改めて考えるうえできわめて示唆に富むものである。そこで、やや引用が長くなるが、その冒頭の記述を紹介しておこう。

いま1つ、この時代でおさえておくべきことは、実業界へのマーケテ

マーケッティング視察団報告書

マーケッティング開眼

わずか6週間であったが、米国におけるマーケッティングの実情を視察したことは、われわれ視察団一行に多くのものを与えてくれた。われわれにとってマーケッティング開眼の契機となったものは、視察中に聞かされた若干の言葉であった。そこで、話の順序として、まずその言葉を持ち出さぬわけにはいかないのである。

第1に、これはよく聞かされた言葉であるが、消費者は王様であるという一句である。視察前から知ってはいたが、行ってわかったことは、学者も、マーケッティングマンも、そう信じて言っていることである。それはわれわれにとって1つの驚きであった。

米国の消費者は金持ちで、強力なのである。元来が国の成り立ちからして、まず人あり、市をなし、州を作って、国家をなした国柄だけに、個人の力は強い。そこへ、経済が発展して、マスプロダクションの段階にはいると、製造業者にとって大切なことは、消費者をつかむことである。消費者のご機嫌が気になる。ところが、米国の消費者は買いもするが、移り気ときている。義理人情で、古いものを買うようなことはしない。まさしく、王様の名にふさわしい。こういう相手では、製造業者も、ありきたりの販売方法では、やっていけまい。そこで考えついたことが、このマーケッティングという点である。

第2に、われわれはマーケッティングとは人々のことである、という言葉を教えられた。マーケットとは市場のことで、場所に重点をおいた言葉だと理解していたわれわれにとっては、これまた1つの衝撃であった。もちろん、米国でも、マーケットをその意味で用いていることは多い。たとえばセルフサービスの店として有名なスーパーマーケットなどは、その一例であろう。

しかし、マーケッティングマンや学者に言わせると、今やマーケットは場所のことではなく、ピープルのことである。これも単なる人々のことではない。

金を持ち、しかも進んで買おうとしている人々のことである。換言すれば、消費者のことである。つまり、マーケッティングのマーケットという部分は、市場というよりも、消費者を意味しているのである。これは注目に値することである。

というのは、マーケッティングは企業の一機能で、要するに、販売機能に多少毛の生えたもので、実際には日本の製造業者も実施していることだと、高をくくっていたものにとっては、思いもかけぬことであったからである。つまり、考え方の180度の転回を、それは物語るものなのだ。セイルやセリングの量的な拡大をマーケッティングというのではない。もちろん、微視的に、技術本位にみると、そうとれぬことはないが、基本の考え方が違うのである。セリングが企業中心の考え方で、売ればよいことに重点においているとすれば、マーケッティングは消費者を対象とし、中心として、それにどう売るかを考える行き方なのである。

さらに、このマーケッティングが米国経済の創作であるということを第3に聞かされて、なるほどと感じたのであった。そういえば、それは米語であって、英語にも仏蘭西語にも、独逸語にも、その適訳がないらしい。まして、日本語にもない。販売ではせますぎてさかだちしている。営業といっても、マーケッティングの意味が出てこない。市場販売、市場活動でも物足りない。よって本文でも、マーケッティングなどと、片かなの発音記号を使っている有様である。

（中略）

作ればよい、売ればよい、値引きすればよい、のセリング的考え方のみでは、もはや時代おくれになり、自滅してしまう。マーケッティングとは、米国経済という先進経済において、新しい時代の要求によって生み出された、新しい考え方に立脚する新技術なのである。この技術の導入には金も少しはかかるかも知れぬが、わが国の経営者たちが、その重要性を認識して導入し、これを十分活用すれば、その何倍もの効果をあげうるものである。

そうすれば、企業の経営は改善され、その成長は期して待つべきものがある。少なくとも今回の視察によって、われわれはそのことを堅く信ずるにいたったのである。

注：マーケティングは、当時マーケッティングという表記が使われていた。
出所：(財)日本生産性本部〔1957〕1～2頁．

ィングの導入と並行して、アメリカの**マーケティング・マネジメント**や**マネジリアル・マーケティング**に関する著書が翻訳され紹介されるに及んで、マーケティングの解釈を含めた混乱が生じ、それが今日まで経過した点である。つまり、実業界ばかりでなく学界も含め、マーケティングがマネジメントとして体系化されていく過程で、マーケティング・マネジメントとは、マーケティングをマネジメントするものであると単純に認識するグループと、経営の方向づけのためにマーケティング・コンセプトを基軸として、顧客志向や消費者志向を中心にマーケティングを認識するグループに分かれたのである。

前者の代表的な書物として、ハワード（Howard, J. A.）の『マーケティング・マネジメント』（Howard, J. A.〔1957〕.）とマッカーシー（McCarthy, E. J.）の『ベーシック・マーケティング』（McCarthy, E. J.〔1960〕邦訳.）が挙げられる。多くの企業がマーケティング手法として注目し、この2つの書物に大きな影響を受けたのは紛れもない事実である。その結果、マーケティング機能部門の管理と強く結びつく結果となったことは否定できない。後者の代表的な書物は、ケリー（Kelley, E. J.）とレイザー（Lazer, W.）の共編著『マネジリアル・マーケティング』（Kelley, E. J., et al.〔1958 and 1967〕.）である。それは、マーケティング・コンセプトを基軸として、トップマネジメントの立場から企業の成長と存続を図るためのマーケティング諸活動として論じている。しかし、わが国に普及し浸透したマーケティングは、どちらかといえば前者のマーケティング・マネジメント型であった。

② **1960年代のマーケティングと長期計画**

このように二分化されたわが国のマーケティングに大きなインパクトを与えたのが、**長期計画**や企業戦略の台頭である。特にアンゾフ（Ansoff, H. I.）は、マーケティングを古き時代と同じ感覚で、つくったものを売りさばく販売管理概念と同一とみなし、『企業戦略』において戦略計画の骨格を「製品 – 市場マトリックス」（product-market matrix）と名づけた（Ansoff, H. I.〔1965〕p.5.）。もっとも、マーケテ

ィングが長期的な視点に欠けていたこともあって、アメリカでは実業界から一時的に見放されたことも事実である。

③ 1970年代のマーケティング戦略と戦略計画

1973（昭和48）年に起こった第1次石油ショックは、企業や消費者に大きな影響を及ぼし、モノ不足、景気後退、資金調達の困難さ、企業収益の悪化などの結果をもたらした。このような経営環境の中では、企業経営のあり方も大きく変わらざるを得なかった。経営環境が厳しくなるにつれて、個別の事業分野の採算が悪化する兆しが見え始め、全社的な経営資源の配分が従来どおりの基準では困難となってきた。しかし、この時代の**マーケティング戦略**は、相変わらず従来型の**戦略計画**から脱皮せず、「市場細分化」と「製品差別化」を、より積極的に追求することによって現状の打開を図るしかなかった。

そこで、いくつかの大企業からは、「事業部のマーケティング担当者は事業部のマーケティング計画の正当性を主張するだけではなく、全社的な経営資源の配分をどのようにすべきか、全社的な経営戦略のあり方を再検討すべきではないか」という意見が出てきたのである。このような状況の中で、製品ポートフォリオ・マネジメント（PPM：Product Portfolio Management）手法が紹介された。これは、最適事業ミックスを構築するための手法としてボストン・コンサルティング・グループ（BCG）が提唱したものであり、その斬新さに引かれて、多角化した事業を抱えているアメリカの大企業の80％以上が、戦略計画の立案においてPPM手法を採用し、わが国にも普及した。

④ 1980年代の戦略マーケティングと戦略経営

1980年代の前半、世界の中で最も脚光を浴びたのは日本であった。ボーグ（Voge, E. F.）の『ジャパン・アズ・ナンバーワン』が日本で出版され、21世紀は日本の世紀であるともてはやされ、それを日本人のだれもが信じて疑わなかった。そして、アンゾフの『戦略経営論』（1978）が日本でも翻訳出版されるに及んで、多くの注目を浴びた。また、この2年前にアンゾフとヘイズ（Ansoff, H. I. and Hayes, R. L.）は『戦略計

画から戦略経営へ』(Ansoff, H. I., et al. 〔1976〕pp.1-12.) という論文集を発表している。いわば、経営学分野における戦略計画から戦略経営への進化である。このような動きと前後して、マーケティング分野では、マーケティング戦略から戦略マーケティングへと移行し始めたのである。

一方、アメリカは、逆に経済環境の悪化に苦しみもがいていた。そして、1980年代に入ると、一世を風靡（ふうび）するかに見えた戦略計画が、必ずしも初期の成果をもたらさないことが明らかになってきた。たとえば、MBA（Master of Business Administration＝経営学修士）の若き秀才を集め、最新の分析手法をふんだんに用いて戦略計画を立案した大企業では、戦略計画の実行段階で無残な結果に終わったのである。その問題点を要約すれば次のとおりである。

ア）戦略計画部門が分析に対して勢力を傾注しすぎ、分析麻痺症候群に陥ったこと。
イ）現在取り扱っている製品事業だけが戦略計画の対象となり、新規

コラム **コーヒーブレイク**

《ある経営者の計画に対する見解》
● 計画は、"水晶占い"をしているのではなく、また、極端に正確に将来を予測できるものとして理解すべきものでもない。
● 計画は、必ずしも間違いを起こさないようにしてくれるものでもない。
● 計画は、不意打ちの度合いを最小化し、必要に応じてプログラムと行動の両者を刷新できるようにするであろう、あるいはすべきである。言い換えれば、計画によって変化に対して創造的に対応できるであろう。
● 計画は、すべての企業活動を企業目標に向けて統合し、努力を最大化するであろう。
● 計画は、創造性を抑えつけるものであってはならないし、抑えつけることはない。秩序だったプロセスを創造することによって、計画は創造性を高める。そうすることによって、実行可能な目標と計画に到達できる。

出所：*Guide to Preparing Marketing Plans*, Litton Group, quoted in Hopkins〔1981〕．

事業計画がまったく考慮されなかったこと。

ウ）戦略計画が、実行部門と隔離されたスタッフ部門・本社で立てられたことによって、現場に適合した計画になっていなかったこと。

このような失敗を踏まえて、「戦略計画が非常に緻密で精度の高いものであっても、それが実行されて初めて戦略の意味がある」という反省が起こり、戦略経営が重視される引き金となった。

こうした状況下で、ポーター（Porter, M. E.）の『競争戦略』（1980）が、アメリカの産業界はもとより、わが国の企業経営者にも好意をもって迎えられた。そして、多くの企業経営者がポーターの考え方を自社の競争戦略の武器にするために取り入れようとしたが、残念ながら、その多くは「内容的にはおもしろいが使えない」と嘆き、「断念した」と告白している。われわれが対象とする顧客や市場、競争関係は、真空状態の中で適用される現象ではないことを確認することが大切である。

⑤ 1990年代の「顧客との共創のためのマーケティング」

今日の経営者が市場をとらえるとき、従来のような市場拡大の可能性を前提にした議論だけでは存続を保証するものではないという点を認識する必要がある。つまり、市場シェア（マーケット・シェア）という尺度のみを用いて企業の成長を測ることの不十分さを理解する必要がある。市場規模が縮小し、顧客離れが進み、売上げも下落しているにもかかわらず、他社との相対的な市場シェアの割合は高くなっているという事実を見ればその意味を理解することができるであろう。

そこで、このような時代に対応したマーケティングのあり方を考えるときに、基本的な認識として次のような諸点を理解しておく必要がある。

① 不況の中での需要喚起の必要性
② 新規顧客の開拓以上に既存顧客の維持を重視
③ 長期的・継続的関係の構築を目指したリレーションシップの重視
④ 顧客の消費生活との接点を重視した顧客価値、経験価値の強調

そのような中で、新しい考え方が台頭してくることとなる。もちろん、マーケティングにおいては、その萌芽期より顧客志向、消費者志向の重

要性が指摘されてきた。しかし、今日では、顧客のとらえ方が、従来とは大きく異なってきている。それは、不況期において経験した顧客対応の難しさから導き出された当然の帰結ともいえる。

　成長期・拡大期における消費者対応とは、1人でも多くの顧客を確保しようとする顧客の量的確保を前提とした市場拡大・売上増加の発想であり、多くの国および企業において成長期に見られる基準であった。

　しかし、今日のように急速な成長が期待できない時代には、このような基準の達成は望むべくもない。そこで、登場するのが新規顧客の発見・確保を前提とした論理ではなく、現在自社を愛顧してくれている顧客、すなわちと既存顧客の維持に焦点を合わせたものである。

　ここで求められる重要な視点が、顧客との「継続的・持続的関係」の重要性の認識である。ややもすると、このような視点は消極的・受動的な印象をもたれがちであるが、そこに内在する積極性やダイナミズムを理解する必要がある。より詳しく述べると、次のような段階を踏んだ積極的な顧客との対応が求められるのである。

① 個々の顧客のライフサイクル／ライフスタイルの変化に関する綿密な情報把握
② 個々の顧客に対する適切な対応の必要性、つまり1人ひとりに対応したカスタマイズ化
③ 長期的・持続的な関係の構築、つまり顧客の生涯を通じての関係構築
④ その結果としての顧客ロイヤルティの確保

　このような視点に立つと、生涯シェア・顧客シェアという考え方の必要性が生まれてくる。たとえば、ある顧客が、一生を通じて、あるメーカーの化粧品や自動車のみを使用し続けてくれたとすると、その人の人生を振り返ると100％、その会社の製品が占有したこととなる。つまり生涯シェア100％ということになる。

　しかし、このような関係を顧客と構築しうるには、かなり綿密な戦略対応が求められる。なぜなら、顧客は、同じところにとどまっていない

からである。当然、年齢、社会的立場、家族構成、所得、価値観、ライフスタイル等が大きく変化していく。企業は、その変化をデータベースでしっかり把握しておく必要がある。このように、従来の市場シェアが、競争業者とのシェア争いを前提とした、ある時点での静態的な状況把握であるのに対して、生涯シェアという考え方が時間経過を念頭においた、かなりダイナミックな考え方であることがわかる。このような関係に注目したマーケティング手法として、次のようなさまざまなものが登場することとなる。

① ワン・トゥ・ワン・マーケティング（One-to-One Marketing）
② リレーションシップ・マーケティング（Relationship Marketing）
③ マス・カスタマイズド・マーケティング（Mass-Customized Marketing）

「ワン・トゥ・ワン」は1人ひとりの顧客に対する見える形できめ細かい対応、「リレーションシップ」は継続的・持続的な関係構築、「マス・カスタマイズド」は、カスタマイズドだけでいえば顧客1人ひとりに対応した、オーダーメイドに近い製品を提供する取り組みである。さらに、「マス」、つまりコストをかけない方法でカスタム化、オーダーメイド化するという形でのつながりを構築することである。

これらに共通している視点は、自分の会社、ブランドあるいは店舗に愛顧心（ロイヤルティ：loyalty）を示している顧客との関係を密接なものにするには、個としての消費者とのつながりを大切にするということであり、さらにこれらの顧客との継続的・持続的な関係を構築していく必要があるという点である。そこで、顧客ロイヤルティの構築を確認する必要性が出てくる。そこには、いくつかの重要なポイントが存在している。一般に3Rと呼ばれているものがそれである。具体的には、以下の諸点である。

① 得意客の維持（Retention）
② 再購買（Repurchase／Repeat）
③ 顧客の紹介（Referrals）

第1に重要な視点は得意客の維持である。これは、顧客が、常に特定の企業あるいはブランドを購買対象として考えているということである。しかし、顧客が固定化してくれているだけでは不十分である。つまり、リピーターとして、購買頻度の高さ、あるいは売上高への貢献度が必要となる。多くの場合、これら2つの要件がそろうとロイヤル顧客あるいは顧客ロイヤルティの確立ということが多い。しかし、ここで忘れてはならない要件が、第3の要件である紹介、評価、宣伝としての役割である。優れたロイヤリストは、顧客が自社のプロモーション機能を支援してくれるのである。

2 マーケティング・イノベーションとテクノロジカル・イノベーション

(1) 企業成長とイノベーション

　1960年、ハーバード大学のレビット（Levitt, T.）は、「近視眼的マーケティング」という有名な論文を著し、次のように述べている。
　「すべての産業は一度は成長産業だった。ところが、あることから、企業や産業は悪循環に陥る。ある程度の間成長が続くのを経験すると、その産業の経営者たちは、成長が続いて当然と思い込むようになる。その製品に取って代わるような画期的なものはないと思い込み、大量生産の効用を盲信し、生産量の増加に当然伴うコスト低減に頼りすぎるようになる。経営者は一歩一歩、製品改良や原価低減を行えば事足れりという気持ちになる。こうしたことが重ねられたとき、産業は必ず停滞し、衰退するのである」（Levitt, T.〔1960〕.）。
　そしてレビットは、企業の衰退傾向からの脱皮の解ならびに企業成長の方向に対する解を、マーケティング・コンセプトに基づく、顧客志向を中心とするマーケティング戦略の再構築に求めている。それに加えて、今日的解としては、21世紀のマーケティング・コンセプトを基軸にしたうえで、戦略マーケティング・イノベーションと戦略テクノロジカル・

イノベーションに、これを求めることが最も適切と思われる。これが本項の主要課題である。

（2）企業成長の原動力としての戦略マーケティング・イノベーションと戦略テクノロジカル・イノベーション

かつてドラッカー（Drucker, P. F.）は、「企業の目的が顧客の創造であることから、マーケティングとイノベーションを企業の基本的な機能としてとらえている。そして、より優れた財やサービスを創造することでもよいし、価格の引き下げであってもよい。もちろん、たとえ高くても新しい優れた製品の創造、あるいは新しい利便性や新しい欲求の創造であってもよい。イノベーションは事業のあらゆる段階で行われる。設計、製品、マーケティングのイノベーションがある。マネジメントの組織や手法のイノベーションもある。よくいわれるエレクトロニクスや化学の分野での新製品や新工程などのテクノロジカルなイノベーションはもちろん重要であるが、それだけに限らず、物流のイノベーション、人材開発のイノベーションもある」（P. F. ドラッカーほか〔1996〕49～55頁．）と、多くの示唆を与えている。

このように事業のさまざまな領域に潜んでいる現状維持的状態や経営の衰退傾向を食い止め、成長方向へ導くには、イノベーションが不可欠である。そして、これら一見すると雑多に見えるイノベーションもつぶさに観察すると、まさに**戦略マーケティング・イノベーション**と**戦略テクノロジカル・イノベーション**の2つが企業成長の原動力であり、車の両輪であることが理解できる。

ドラッカーは、戦略マーケティング・イノベーションと戦略テクノロジカル・イノベーション上の目標を設定するには、そのいずれについても以下の2つのことが必要であると示唆している（P. F. ドラッカーほか〔1996〕99～101頁．）。

① 製品ライン、現在の市場、サービスなど、マーケティングにかかわる目標の達成に必要なイノベーションについての予測

② 事業のあらゆる領域において、技術上の進展によってもたらされつつある変化、およびもたらされるであろう変化についての予測

そのうえでのイノベーション上の目標を、次のとおり挙げている。

ア）市場における地位にかかわる目標の達成に必要な新製品や新サービス
イ）現在の製品を陳腐化するような技術変化が原因となって必要となる新製品や新サービス
ウ）市場における地位にかかわる目標を達成し、かつ技術変化に備えるための製品の改善
エ）コスト上必要とされる生産プロセスの改善など、市場における地位にかかわる目標を達成するために必要な、プロセスの改善と新しいプロセス
オ）経理、設計、事務管理、労働関係など、事業にかかわるすべての機能別活動における、知識や技能に合わせたイノベーションと改善

3 マーケティングとは何か

　本項では、「マーケティングとは何か」を明らかにするために、その定義について学ぶ。マーケティングの発展に伴って定義も変遷していることを理解してほしい。

（1）マーケティングの定義とその変遷

　図表1－1－2のように、**アメリカ・マーケティング協会**（American Marketing Association：通称AMA）によるマーケティングの定義は、4回にわたって改定されている。

　1935年の定義と1948年の定義の異同について見ると、モノの動きを前提にした「流れ」の概念を中心に位置づけた点において共通点がある。その一方で、1935年の定義では、マーケティングをマクロ的な視点で事業活動の状態を、卸売業や小売業の活動といった社会経済的機能として

図表１－１－２　AMAによるマーケティングの定義

1935年の定義	マーケティングとは、生産地点から消費地点に至る商品およびサービスに携わるもろもろの事業活動である。
1948年の定義	マーケティングとは、商品もしくはサービスを、生産者から消費者もしくは使用者にまで流通せしめることに関する経営活動の遂行である。
1985年の定義	マーケティングとは、個人および組織の諸目的を達成させる交換をつくり出すために、アイデア、商品およびサービスを巡るコンセプトの創生、価格、プロモーションや流通にかかわる計画と実行のプロセスである。
2004年の定義	マーケティングとは、顧客価値を創造し、伝達し、提供するために、組織やそのステークホルダーにベネフィットを与えるような方法で顧客との関係を管理するための組織の機能であり、一連のプロセスである。
2007年の定義	マーケティングとは、顧客、クライアント、パートナー、社会全体にとって価値のある提供物を創造・伝達・配達・交換するための活動、制度のセット、プロセスである。

とらえている。これに対して1948年の定義はミクロ的視点、すなわち個々の企業の事業活動の遂行を明示している。

　1985年に改定された定義は、その当時、マーケティング管理論を牽引していたコトラー（Kotler, P.）色が、色濃く反映したものである。この定義の特徴は、次の３つに要約できる。
　ア）マネジリアルな機能としてのマーケティングである。
　イ）マーケティングの目的は、客観的な満足の交換である。
　ウ）マーケティングは、個人的、組織的な機能である。
　また、2004年の定義は1985年の定義と比べて、次のような点で対照的である。
　ア）マーケティングは、組織の機能であって個人の機能ではない。
　イ）マーケティングの目的は、価値創造である。
　ウ）すべてのステークホルダーとの関係を維持するように管理することが重要である。

（2） 2004年の定義の特徴

ここでは、2004年の定義の特徴と、それが意味するポイントについて考えてみよう。

① 顧客価値の創造

顧客価値の創造は、現代の経営に活力を与える原理であり、経営の果たすべき主要な責任でもある。また、顧客価値の創造がもともとマーケティングの基礎的な考え方であることは、レビットの「1/4インチのドリルが売れるのは、消費者が1/4インチのドリルの品質がよいと認めたからではなく、1/4インチの穴を欲したからである」といった名言を思い浮かべれば納得できるであろう。

組織の内部には、伝統的に「製品の価値は、われわれの研究や努力の成果によって生まれるものである」という強固な信念がある。もちろんそのことは当然である。しかし、製品の善し悪しは組織内部の人間が決めるのではなく、実際にその製品を使用する顧客がいかに喜んで買い求めるかによって判定されるのである。したがって、2004年の定義改定に「顧客価値の創造」を組み入れたことは、マーケティング・コンセプトの考え方をより前進させるものとして評価できる。

② ステークホルダーと顧客とのリレーションシップの管理

また、**ステークホルダー** Key Word の重要性を明示するという画期的な定義内容となっている。これは、従来の定義で暗黙裏に限定していた消費者像をさらに具体的に拡張したものである。この定義に従えば、ステークホルダーを明確に企業戦略のコンセプトに組み込むことが求められる。また、顧客のニーズや態度、価値観だけではなく、株主、従業員や地域社会、直接関係する非政府組織や非営利組織なども含んだステークホルダーの態度や価値観を判定するために、マーケティング・リサーチを用いることも必要となる。そして、トップマネジメントは、こうしたマーケティング・リサーチから導き出される知識を吸収・利用し、戦略構築および戦略実行のために、ステークホルダーとの戦略的対話やステークホルダー間における知識を活用する責任を負っているのである

(Greenltey, G. E., et al.〔1998〕pp.51-69.）。

③ 2004年の定義とマーケティング・コンセプト

ダロック（Darroch, D.）やマイルズ（Miles, M. P.）などが2004年の定義について論じる中で、今後の戦略マーケティングには、マーケティング・コンセプトをしっかりと組み込む必要性を説いている。

1990年代後半から2000年代前半にかけて、マーケティング・コンセプトの1つの側面である「**顧客志向**」を単純に顧客のほうを向いた態度であるとか、「**市場志向**」を市場のほうに向いて戦略を進める姿勢であると考える人々も少なくなかった。このようなことから、改めてマーケティング・コンセプトの意味内容について、十分かつ正しく理解されているかどうかを問い直さなければならない。これは、企業が戦略マーケティングを展開しようとするならば避けて通れない問題である（Darroch, J., et al.〔2004〕pp.29-38.）。

（3）2007年（2013年）の定義

本定義は、2004年の定義から3年という短い期間に改定されたものである。その定義改定のいきさつについて、ガンロック（Gundlach, G. T）

Key Word

ステークホルダー──かつてはステークホルダーの概念といえば、所有権を主張し、保有している株主あるいは出資者などを指していたが、今日では、株主を含めた多くの利害関係者を包含している概念へと進化している。企業の社会的責任論を主張するウェルアン（Werhane, E. H.）とフリーマン（Freeman, R. E.）によると、ステークホルダーとは、企業の目的達成の諸活動に影響する利害関係者は、株主をはじめ、顧客、消費者、労働組合、社員・従業員、流通業者、競争業者、原材料・商品供給業者、金融機関、政府、政治団体、活動家などが含まれている。2004年のAMAのマーケティング定義に盛られたことは、ある面では画期的なことである。
出所：水尾順一〔2000〕5～7頁.

教授は、次のように述べている。

「2004年の定義は残念なことに、マーケティングを企業の利益に焦点を当てたマネジメント活動として狭義に定義されていた。これは、『マーケティング・マネジメント』の定義である。そこで、マネジメントの役割を認識しつつ、マーケティングのより広範な役割と責任を認識した広義のマーケティング定義に修正する必要がある」

そのような視点に立って、再定義されたのが2007年の定義である。なお、アメリカ・マーケティング協会はマーケティング関連用語の改定を5年ごとに見直すという方針を立てており、その方針に従って2013年に見直しを行っているが、本定義はそのまま踏襲されている。

このマーケティングの定義は、一般のマーケティングのテキストで紹介されている定義と比較すると、解説を要する内容が含まれている。そこで、次にこの定義の内容について、その要点を抽出する形で詳細に検討してみる。

① 「活動、制度のセットとプロセス」

これらは、基本的に相互に関連性を持った用語である。まず、マーケティングが成果・結果であるというより活動である点を強調していることに注意しなければならない。「制度のセット」という用語は、我々がマーケティングを遂行するうえで利用されるツール、プラクティス、アプローチ、そしてメカニズムを指示している。したがって、「活動」「制度のセット」「プロセス」は、マーケティングが特定のゴールを達成するために特定の業務をすることそれ自体を指示していることになる。

② 「価値を持つ提供物の伝達、配達、交換」

これはマーケティング目標の達成のために必要とされる内容である。定義のこの部分は、マーケティングの鍵となる。それは、4Pを基礎とするマーケティング・ミックス・モデルを踏襲したと考えることができる。たとえば、基本的に「価値をつくる」ことは、利益を確保し、提供物を受け取る対象の抱えている問題を解決するために製品を作成し開発することを指す。明らかに、「伝達する」という語はプロモーションと

結びつく用語であり、「配達する」という用語はチャンネルに言及している。また、「交換する」とは、一定の経済的対価（価格）を伴い、販売という行為を完結させることを意味している。

③ 「顧客、クライアント、パートナーと社会全体」

本定義の特徴ともいえる重要な内容を表現した部分である。ここには、マーケティングがさまざまな関係者とのつながりを必要としていることを意味している。

1. まず「顧客」とは、企業の対象とする個人として消費者と組織顧客を指している。
2. 「クライアント」とは、非営利組織も含めた幅広い用語である。マーケティングの対象を非営利組織をも対象にしている点を強調している点は重要である。つまり、多くのNPO、NGOも包含すべきことを意味しているからである。したがって、「クライアント」という用語は、顧客より広義の意味を有している。
3. 「パートナー」は、企業および非営利を含むさまざまな組織を支える主体を含む概念といえる。具体的には、コンサルタント、法律顧問、供給元、卸売業者、小売業者などを含んでいる。
4. 最後の「社会全体」とは、提供物を通じて単に利益を確保することだけでなく、より幅広いコミュニティに貢献することの重要性を指摘したものである。

4 マーケティングの分析視角

マーケティングは、対象とするマーケティングの現象をどの視点からとらえるかによって、次の3つに大別することができる。

（1）社会経済からの視点

商品やサービスの適切な流れという社会的目標に対応するための集合的活動を社会経済的な視点でとらえたマーケティング（流通）を指し、

一般に**マクロ・マーケティング**と呼ばれている。

　言い換えれば、需要と供給の効果的な整合性ならびに社会的目標を達成する方法で、生産者から卸売業者、小売業者を通して消費者への商品やサービスの経済的流れに携わる社会的プロセスである。後述するミクロ・マーケティングと同じように、マクロ・マーケティングも生産者から消費者への商品やサービスの流れに関係するが、しかし、その強調点は個別企業が遂行する活動そのものではなく、むしろ、社会経済的な流通システムとしての構造ならびにその機能を問題にするのである。

　どんな社会でもマクロ・マーケティングは必要であるが、すべてのシステムが有効に作用しているわけではない。社会経済的に希少資源をいかに効果的に、そして商品やサービスをいかに公平に配分することができるかを、絶えず検討していかなければならない。この効果性と公平性の達成は決して容易なものではない。すべての生産者は同じ目標、資源、技術を分かち合うものではないし、同じように、すべての消費者も同じ目標、資源、ニーズを分かち合うものでもない。

　マクロ・マーケティングの分析で陥りやすい欠点は、需給に関する均衡を図ろうとするあまり、需給両サイドの仮定的条件を合理的な人間とみなすことである。

(2) 企業からの視点

　企業からの視点、あるいは経営者の視点からとらえ分析しようとするマーケティング現象やマーケティング諸活動を、一般に**ミクロ・マーケティング**、あるいは**マネジリアル・マーケティング**と呼んでいる。

　ミクロ・マーケティングは、個別企業のマーケティングにかかわる特定の目標や活動の意思決定、計画・実行・管理などの諸問題を扱う。言い換えれば、組織のマーケティング環境によって課せられた制約条件のもとで、組織が目的とする顧客を創造するために、標的顧客に対して製品やサービスの顧客価値を創造し、効果的かつ効率的に提供することによって目標を達成することである。

ミクロ・マーケティングをマクロ・マーケティングと対比して検討するとき、いくつかの重要な要件を指摘できる。第1に、マーケティング諸活動は、組織の環境上の制約条件のもとで実行されるという考え方が強調される。第2に、組織のマーケティング目標の観点から、マーケティングの役割を明確にすることが必要である。第3に、マーケティングのミクロ・レベルとマクロ・レベルとの間を明確に区別することが必要である。

　ミクロ・マーケティングが主として問題にされ始めたのは、1950年以降であり、それはマーケティング・コンセプトが重視されたことに起因している。したがって、マーケティング・マネジメントやマネジリアル・マーケティング、マーケティング意思決定、マーケティング戦略や戦略マーケティングと密接な関係がある。

　なお、ミクロ・マーケティングという場合、一般には企業のマーケティング諸活動としてとらえられているが、その対象として営利企業は言うに及ばず、非営利組織を含めることも可能である。

（3）顧客からの視点

　顧客が求めているモノは何かという視点からビジネスおよびマーケティングを考察する流れは、古くは1950年代に登場している。

　この視点をマーケティングの立場から解釈するうえで、コトラーやレビットの考えが助けとなる。この点については、彼らは次のように詳しく解説している。

① P. コトラーは、拡張製品（extended product）という概念を用い、「製品は単に有形の特徴によってのみ構成されているのではない。消費者にとって製品とは、みずからのニーズを満足させるようなベネフィットの複雑な束なのである」としている。そこには、図表1－1－3のような製品の3つのレベルを提示している。

② T. レビットは、プロダクト・オーグメンテーション（Product Augmentation）という概念を用い、「人は製品を買うのではない。製品がもたらすベネフィットに対する期待を買うのである。人は製

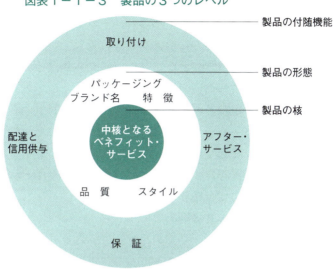

図表１－１－３　製品の３つのレベル

出所：Kotler, P and Armstrong, G〔1995〕p.316.

品やサービスのために代金を払うのではなく、買おうとしているものが自分にもたらすと信じる価値の期待値に代金を払うのである」および「製品とは、エンジニアが口にする性能だけではなく、パッケージ、流通チャネル、価格、営業マンの質と働きぶりも含んでいる」と論じている。

① 消費者の求めている価値

　ここで、顧客の求めている価値について検討する必要がある。社会思想家として著名なジャン・ボードリヤール（Jean Baudrillard）は、「消費されるものになるには、ものは記号にならなくてはならない」（『消費社会の神話と構造』〔1970〕、翻訳〔1979〕.）という有名な言葉を残している。この言葉の意味は、モノとしての商品を手にした消費者は、その商品を通じて何を手にしようとしているのかを理解することが重要であるという点である。つまり、商品は、本来の品質や機能だけでなく、社会生活の中でシンボリックな意味を持っている。

たとえば、ビデオを購入した父親は、もちろんその製品の品質を評価したうえで、購入したわけであるが、子どもの成長を記録したいというのが目的であろう。さらには、本人も自覚していないこともあるが、最終的には、幸せな家族であることの記録であり、その証拠を記録できるというところに究極の価値をおいているといえるであろう。

企業の業績評価は、さまざまな財務指標から測定することが必要なことは、いうまでもない。それは、売上高、利益、マーケット・シェアなどの数値として把握することができる。しかし、重要な点は、顧客が自社およびその製品をいかに評価しているかということが、まさに企業の業績の測定においては重要となる。

② 顧客満足を決定する要因

まず、検討すべきは、企業の提供しているものに対して、顧客満足を決定する要因は何かということである。そのポイントを指摘すると以下のようになる。→図表１－１－４

ア）不満足の大きさは、期待値と現実の経験の乖離の程度。満足はその乖離を埋めることで達成される。

イ）製品・サービスに求められる属性は何か。そしてその属性の重要度の程度はどの程度か。

ウ）イ）を測定するための手順は以下のとおりである。

　① 属性そのものの抽出
　② その属性が消費者の求めている属性と一致している程度
　③ 各属性の消費者にとっての重要度→各属性の重要度の順位づけ
　④ 属性のもたらす成果→期待した成果の実現度
　⑤ その成果が消費者の求めている価値実現への貢献度

そこで、このような考慮要因を基礎として、顧客満足を測定するプロセスを段階を追って整理すると以下のようになる。

ア）顧客満足の源泉となる属性の抽出
　・製品・サービスの属性そのものの研究
　・満足の源泉として製品・サービスの属性とその評価得点の比較

図表1-1-4 顧客満足を決定する要因

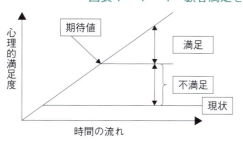

顧客は現状と期待値の乖離を埋め、さらにそれを上回ることで満足を達成する。

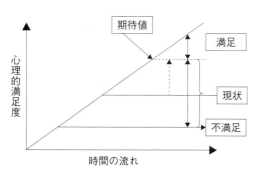

しかし、一度達成された期待値は、さらに高い期待値を発生させることがある。この場合、さらに高い期待値が実現することを望むようになる。

　　利用手法→因子分析・重回帰分析
イ）満足プロセスの解明
　・属性と成果の関係
　・消費者の期待しているものがどのような形で実現するか
ウ）満足の結果に対する分析
　・属性の成果と期待値（満足の質と水準）の関係
　・製品・サービスの属性の消費者にとっての重要度とその属性のもたらす成果
　・消費者が特定の対象の使用／利用を通じて獲得した満足・不満足の結果として、その後の購買にどのような影響を与えたか、あるいは企業や店舗にどのような反応を示したか、さらには長期的に、企業の売上げや利益にどのように影響していくかについての分析

③ **手段－目的アプローチ（Means-End Approach）**

前記のような3つの段階に従って、顧客の求める価値実現のプロセス体系化したのが、ベットマンを中心とした研究グループの提唱した手段－目的アプローチである。

　手段－目的アプローチは、本質的に2つの仮説に基礎を置いている。

　第1は、「価値（value）」という概念が、消費者の行動を引き出す支配的役割を演じている。

　第2に、消費者は、かかる価値と一致する数多くの製品およびサービスに接触している。その際、自分たちの意思決定を単純化するために、その製品やサービスをグループ化していく。

　手段－目的アプローチは、このような消費者の価値を製品選択と結びつけていく認識のネットワークを研究対象としている。つまり、製品の属性（手段）を消費者の求めている結果および個人の価値（目的）と結びつけていくチェーンについて明らかにしようとするものである。ここに、手段－目的アプローチの主要な3つの構成要素が明らかになる。すなわち属性（attributes）、結果（consequences）、そして、価値（values）である。

　「属性」とは、消費者が対象とする製品の物理的・心理的な特徴を指す言葉である。これは、製品が本来保有しているべき特性を十分に備えているかというだけでなく、消費者が望んでいる状態を実現するうえで貢献しうるかという点からも判断される。

　「結果」とは、消費者が、特定の状況下での製品を消費することで期待される生理的あるいは心理的な結果として定義される。つまり、製品に期待していたものが、実際どの程度もたらしてくれたかということである。

　最後に、「価値」であるが、これは顧客がその製品を求めた目的そのものであり、「こうありたい」あるいは「こうしたい」という顧客の望んでいた究極の状態を指すものとして定義される。この流れを単純に図示すると図表1－1－5のようになる。

④　ラダリング手法（laddering method）の適応

　前記の関係を具体的な形で、検証していく手法にラダリング手法が開

第1節 マーケティングの基本概念と分析視角

図表1－1－5 手段－目的アプローチの3つの要素

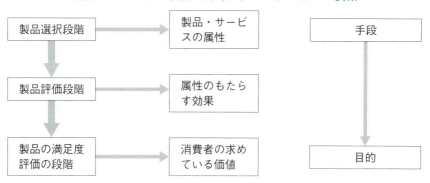

発されてきている。ladderとは、ハシゴという意味。すなわち、図表1－1－5のように製品・サービスの属性の解明から、その属性（手段）の消費者にもたらす成果の解明へとリンクさせ、最終的にそれらの属性が消費者の期待しているどのような価値の実現（目的）に貢献しているのかを明らかにしようとする手法のことである。図表1－1－5を参考にすると、手段から目的にたどり着く流れをラダリング・アップ、目的から手段へと降りていく流れをラダリングダウンと表現する。

コラム コーヒーブレイク

《従業員は、だれから給料をもらっているのか？》
　会社の従業員は、だれから給料をもらっているのか考えたことがありますか？
　それはわかりきったことだ！　いまさら！
　ご注意めされ
　お客さまあるいは消費者から給料はいただいているのですぞ！
　会社はお客さまからいただいたお金を社員に分配しているだけですぞ！
　お客がそっぽを向いてしまうと、給料はたちまち減額ですぞ！
　ご注意あれ！

第2節 マーケティング・コンセプトと組織

学習のポイント

◆マーケティング・コンセプトは、いままで「顧客志向」とか「市場志向」という言葉で表現されてきた。このマーケティング・コンセプトの意味内容を、再度見直してみることが必要である。

◆マーケティング・コンセプトは経営理念である。しかし、単なる信条やスローガンであってはならない。それは企業の目的であり、その目的を達成するために目標を定め、その目標を達成するための行動指針として実践することである。

◆マーケティング業務に携わる人だけではなく、全従業員がマーケティング・コンセプトを十分に理解し、それをおのおのの日常業務の中で使いこなすことによって、企業の目的が達成される。

◆マーケティング機能を特定の職能に縛りつけることは好ましくはない。むしろ、マーケティングが企業のあらゆるレベルにおいて機能する組織編成こそが、必要な要件である。

1 経営志向の歴史的変遷

　マーケティングが誕生してから今日に至るまでに、企業経営者の経営志向はどのように変わってきたのであろうか。この点についてキング（King, R. L.）は、20世紀におけるアメリカ企業の経営志向の時代的

図表1－2－1　経営志向の歴史的変遷

出所：King, R. L.〔1965〕p.71.

特徴をとらえるには、優れた経営学の学術定期刊行物、経営・マーケティング関係論文等を調査すればほぼ判明するはずであるとして、図表1－2－1のように3つの時代分類を示している（King, R. L.〔1965〕pp.70-97.）。

（1） 生産志向（A production orientation）：1900年～1930年

生産志向の時代は、生産力の創出、作業方法、大量生産の諸問題に対して経営者の関心が集中した時代である。この時代には、テイラーやエマーソン（Emerson, H）、ギルブレス（Gilbreth, F. B）など、「科学的管理法」に関係する人々が活躍した。また、ショーやバトラー（Butler, R. S.）などのマーケティング研究者が誕生した時代でもある。この時代には、企業経営者が市場に対して無関心であったとは言い切れないが、一般的には、製造に関する諸問題が、市場に対する認識や市場の発展に関する諸問題よりも重要視された。

それは、次のピルズベリー社の事例によって理解できる。なお、それぞれの経営志向の特徴を理解しやすくするために、本項では一貫してピルズベリー社の例を取り上げる。

「わが社は、品質のよい北米の小麦供給に恵まれ、そのうえ、優れた製粉機を擁している製造業者として、最高級品質の小麦粉を生産している。われわれは、わが社の製品が品質に関して専門的な規準をクリアし、優れたものであると自負している。わが社の仕事は、高品質の小麦粉を製粉することにある。もちろん、わが社は、製品を販売する

ためにセールス担当者を雇っている。副社長のケイス（Keith, R. J.）は、みずからこの時代を"製造の時代"と書き留めている」（King, R. L.〔1965〕p.71.）。

（2）販売管理志向（A sales management orientation）：1930年～1950年

　この時代は、販売管理強化の時代とも呼ばれ、流通の問題がアメリカの産業において特別な重要性を持っていた時代である。1929年に世界的な大恐慌が発生してから数年を経過しているにもかかわらず、いまだ経済不況から抜け出せない時代であった。確かにこの時代は、販売管理者の立場が強化されたが、一方、より広範囲にわたる責任が課せられた時代でもある。販売管理者の目標達成基準が引き上げられ、それに見合う報酬制度が採用され、販売管理者たちが原動力となって、売上高が急速に伸びた。その裏には、セールス担当者による高圧的な販売手法や再販売価格維持を強制する販売方法などが行われていた。

　販売管理志向時代のピルズベリー社の経営志向は、次のとおりである。「製粉会社として消費者市場のために多くの製品を製造しているわが社は、適切なコストで製造できるすべての製品を販売する一流の販売組織を持たねばならない。この目的を達成するために、わが社の販売力は、消費者向けの広告や市場情報によってバックアップされている。わが社のセールス担当者は、工場の生産物を消費者に届けるために必要な手段をすべて保持している」（King, R. L.〔1965〕p.74.）。

（3）マーケティング・コンセプト志向（A marketing concept orientation）：1950年～現在

　第二次世界大戦が終結した翌年、GE社が1946年の年次報告書に顧客志向の原則を表明し（小売業者ではなく、メーカーが顧客志向を打ち出したのはこれが初めてである）、それに基づき数年間あらゆる角度から経営に関して研究と実験を積み重ねた。その結果、1950年代の半ば過

ぎにようやくGE社は、組織をはじめとした多くの改革と調整を完了し、マーケティング・コンセプトが開花した。顧客志向という概念は単に顧客を中心に事業を考えるというわけではなく、経営活動を方向づけ、さらに経営全体を導くための経営理念にまで高揚したことに意味がある。

そして、GE社は顧客志向の表明だけにとどまらず、新しいマーケティングの強調点を株主や取引先や消費者に伝え、そして組織のすみずみまで浸透させるために、1952年の年次報告書で、当時のコーディナー社長は、マーケティング・コンセプトについて次のように述べている。

「生産の最終段階ではなく、最初の段階からマーケティング担当者を参加させ、事業のおのおのの局面を統合する。その統合にはマーケティングに関するさまざまな研究や調査によって、製品についての顧客が不満に思っていることは何か、顧客が快くお金を支払うのはいくらぐらいの価格か、いつ、どこで、その商品を必要としているのか、などについて、技術者やデザイナー、あるいは製造担当者に確認させる。そしてマーケティングは、製品の販売、流通、サービスと同時に製品計画や生産日程計画、および在庫管理の権限を持つのである」

ところで、フェルプス（Phelps, D. M.）が述べているように、販売管理志向から**マーケティング・コンセプト志向**への転換は、単なる売り方の転換ではなく、**買い手危険負担**から**売り手危険負担**への移行であり、多くのビジネスパーソンによってそれが認められたことに意義がある（Phelps, D. M., et al.〔1960〕p.11.）。かつては、製品の欠陥や瑕疵については、すべて買い手の責任であったものが、これを契機に売り手の責任になったことは、大きな転換点として理解されなければならない。これらも含めてマーケティング・コンセプトは考えなければならないのである。

マーケティング・コンセプト志向時代におけるマーケティングの役割について、ピルズベリー社のケイスは、以下のように述べている。

「今日、わが社のマーケティングは、販売を計画し、執行する機能すなわち、アイデアの初めからその発展や執行を通じて顧客への販売に

至るまでのすべての機能として考えている。マーケティングは、消費者に始まり、消費者で終わる。新製品のためのアイデアは、消費者の欲求やニーズ、そして好き嫌いの注意深い調査のあとに考える。アイデアを手中に持つマーケティング部門は、そのアイデアを製品に変え、製品を販売へ移すために、企業の諸力のすべてを整理するように、企業全体のつなぎ手（joint）として機能する」(King, R. L. 〔1965〕p.78.)。

（4）サービス志向

　上述してきたマーケティングの潮流では、暗黙のうちに、4Pという有形財を中心に考えてきたといえる。しかし、この4Pをマーケティングの王道として考えることに対しての批判がある。特に1980年代になると、GDPに占める割合でも、就労人口に占める割合でも、サービス業が高い比率を占める産業構造が生まれてくる。モノづくりのメーカーでも、その利益のかなりの部分をサービスが占めるようになる。そうすると、モノの生産を中心とした4Pマーケティングでは十分対応できなくなる。周知のように、4Pとは、Product、Price、Place、Promotionであり、Productがなければ他の3Pは機能しない。物理的製品を想定したProductをServiceに置き換えればよいという問題ではない。ビジネス・ツールとしても学問体系としても、その内容を再構築する必要性が叫ばれるようになってくるのである。

　従来のモノを中心としたマーケティングから、形のないものとしてのサービスを提供するマーケットを中心にしたマーケティングの必要性が叫ばれるようになってきた。このころから、サービス・マーケティングと形のあるものを対象とした従来のマーケティングを2つに分けて研究しビジネスに応用していくという流れが生まれてくる。さらに、それらの2つの領域を包含するより包括的なマーケティシグのフレームワークが存在しないかという模索も始められることとなる。このような潮流が、「サービス・ドミナント・ロジック」である。ビジネスを考えるときに、

第2節 ■ マーケティング・コンセプトと組織

これまで研究されてきたさまざまな研究成果をその中に取り込んでいこうとする興味ある研究の方向性を示してしている。そこでは、サービス・マーケティング、リレーションシップ・マーケティング、ネットワーク論、資源論、戦略論などさまざまな研究が1つの枠の中でとらえ直され、新しいマーケティングの誕生を模索しようとする魅力を内包している。サービス・マーケティングの詳細については、本章第4節**4**を参照のこと。

(5) サービス・ドミナント・ロジック

「サービス・ドミナント・ロジック(Service-Dominant-Logic：SDL)」という名称で提唱した考え方は、バーゴ(Vargo, S. L.)とラッシュ(Lusch, R. F.)というアメリカの学者が提唱した新しいマーケティングの考え方である。彼らが、2004年にアメリカのマーケティング専門誌『ジャーナル・オブ・マーケティング』にこの新しい考え方を発表してから、多くの研究者・実務家がこの考え方に賛同し、数多くの学会や専門誌で取り上げられ、大きな潮流を形成しつつある。現在、わが国でも、多くの学会で取り上げられるようになってきており、実務の世界でも強い関心が示されるようになってきている。さらに、最近では、理工系の研究者にもその裾野を広げつつある。それは、優れた技術を基礎にした製品を提供することだけでは生き残れない企業の現実がその背景にあるからである。

① サービス・ドミナント・ロジックの「サービス」

サービス・ドミナント・ロジックによると「サービス」の本質は「知識や技能(knowledge and skill)」である。商品・製品をモノとして、つまり物理的存在としてとらえると、場合によってはその背後にある「知識や技能」を覆い隠してしまう。しかし、消費者は物理的存在として存在している製品に内在化している知識・技術に対価を支払っているのであり、それによって自身の抱えている問題を解決できると考えているのである。このように有形財・無形財という従来から伝統的に行われ

てきた二分法を「知識や技能」を意味する「サービス」という概念で統一し、それを基礎に企業と顧客の関係を把握しようとするところが、サービス・ドミナント・ロジックの重要なポイントである。

　いっとき、経営学およびマーケティングの領域で、ナレッジ・マネジメント、ケーパビリティ、コア・コンピタンシーという言葉が盛んに用いられた時期があった。サービス・ドミナント・ロジックの視点に立つと、重要なことは、これらの資産の価値は企業自身が評価するのではなく、消費者・消費者が評価してくれて、初めて利益として還元されるものであるということである。

　さらに、もう1つ重要な視点がある。消費者が持っている資源、つまり消費者の知識・技能である。どれだけ技術的に優れた車であったとしても、運転免許を持っていない人にとってはただの金属の箱である。それを操作できる知識・能力を消費者が所有していて初めて取引が成立する。パソコンも、使う側の技術的な知識・能力いかんによってそのパソコンの能力の引き出され方が異なってくる。つまり、消費者の能力をどのようにして引き出すことができるか、あるいは消費者の能力を企業にどう取り込むか、そのしくみを考えることが今日企業に求められている。つまり、顧客の所有している知識・技能も、概念的には「サービス」ということになる。ここに、提案されている製品の価値を引き出すには、企業と顧客の知識・技能が、ともに必要となるという考え方が出てくる。つまり、顧客の「サービス」と企業の「サービス」の交換である。

　このことは、優れた価値を引き出すには、企業の知識・技能の向上のみでなく、顧客の知識・技能の向上、つまり、「サービス」の向上も必要とされる。そのような消費者の知識・技能の向上は、企業にとれば、新たな提案やアイデアの源泉となり、消費者との共創の可能性を高めてくれることとなる。程度の差こそあれ、多くの製品の価値の実現は、消費者の能力に依存しているわけであるから、かかる消費者の育成の意味を再認識し、価値共創のパートナーとして消費者・消費者を位置づけることが重要である。

② 企業と消費者の価値共創

そこで、次の2つの視点がサービス・ドミナント・ロジックを理解するうえで必要となる。

第1に、このような形で企業と消費者・消費者をとらえ、提供されたものをただ受け止める消費者という発想ではなく、モノづくりあるいはサービス作成の段階から企業と直接的にかかわっていく積極的な消費者というとらえ方が必要となる。それは、企業の側からすると、「**消費経験**」という企業にはない知識・技能を身につけた消費者といかにつながっていくかという問題でもある。今後はそのような消費者の知識や経験をどのように活用するか、すなわち、消費者の目線を企業の中に取り込

コラム **コーヒーブレイク**

《GE社のマーケティング・コンセプト》
　なぜ、GE社が顧客志向を標榜したのかは、必ずしも定かではないが、当時の副社長のボーチ氏の記述や談話を読み取ると、単に小売業で用いられている顧客志向を採用したのではなく、筆者は次のように推測せざるを得ない。
　GE社は、消費財・生産財の両方面の製品を市場に提供している。それに何千種もの製品にのぼるが、その中には家庭電器製品、ラジオ、テレビ、防衛用製品、電子工業製品および照明設備、プラスチックおよび化学原材料、タービンおよび発電機、モーターおよび制御装置があり、これらはGE社の活動のほんの一部の製品を挙げたにすぎない。それらの製品は、製造業者から卸売業者、小売業者、政府機関までに及び、その市場は多岐にわたっている。したがって、市場の性格も異なり、さまざまな購買者に共通する概念は、顧客概念以外、見当たらない。市場志向を用いることもできるが、より具体的に表現するには、市場志向はインパクトに欠ける。それよりも、直接顧客の意見を聴き、とらえ、それをそしゃくして、製品へ直接反映させ、それぞれの顧客の要望に応えるという意味を表現する顧客志向概念がマーケティング・コンセプトとして、どの事業部や部門で用いられても不自然ではないし、違和感もない。ということから企業全体としてのマーケティング・コンセプトとして顧客志向が採用されたものと考えられる。

みながら戦略を構築していく必要がある。

　第2に、この発想を拡大し、消費者がモノを買って使ってくれるプロセスこそが、実は企業にとっての生産プロセスの最終段階である。つまり製品というのは、工場から出荷された段階や、店の棚に積まれていて消費者に代金を払ってもらったところで価値が提供されるのではなく、消費者が日常生活の中でその製品サービスを使用利用していくプロセスそのものが価値を作り出している過程である。企業が価値を作って消費者が受け取るという発想をやめ、消費者の立ち位置を大きく変えて見ていく必要があるというのも、サービス・ドミナント・ロジックの重要な考え方の1つである。その意味では企業は、価値の提案者であり、消費者が価値実現の主体となるというわけである。

　したがって消費者も、価値を実現する人、価値を共創する人という形で考える必要がある。確かに、企業は、優れた技術を組み込んだ製品を日々生産し消費者に提供していくが、消費者自身がそれを扱うだけの知識・技能を持っていなければ、その製品は価値を創出することができない。ここに注目しているのが「サービス・ドミナント・ロジック」であり、その中心概念となっているのが『価値共創』である。

2　マーケティング・コンセプトとは

(1) マーケティング・コンセプトの定義

　経営志向を3つの時代に分類した前述のキングは、マーケティング・コンセプトを次のように定義している。

　「マーケティング・コンセプトとは、消費者の持っている多様な問題を解決する目的と企業の利益状況の計画的な増大とが矛盾しない形で、全社的な努力を動員し（mobilization）、活用し（utilization）、管理（control）することに関する経営の理念（もしくは哲学）である」（King, R. L.〔1965〕p.85.）。

（2）マーケティング・コンセプトの意味内容

　前記の定義からは、21世紀の現在でも共通する、マーケティング・コンセプトに関する3つの重要な示唆が得られる。

　第1点は、消費者の生活に影響するさまざまな問題をも含めて考えることの必要性である。そうすれば、1960年代の初期に起こったコンシューマリズムの問題も考慮の範囲に入るであろう。つまり、消費者ニーズはもちろんのこと、消費者を取り巻く自然環境問題も、あるいは企業の生産ならびに諸活動に伴い発生するおそれのある環境汚染の問題も、多様な問題を解決する目的に含めることができるはずである。そこまでマーケティング・コンセプトの概念を拡張すると、それは、社会の構成員としてなさねばならない**企業の社会的責任**の問題につながるのである。

　第2点は、消費者の役割が企業の存続・成長・安定にかかわることから、消費者の役割について経営者の認知や理解を必要とすることである。ドラッカーが指摘しているように、企業は1つの社会的機関である。かくして、企業の基本的な目的は、企業自身の外にある。すなわち、それは**顧客の創造**であり、外部志向につながることを理解しなければならない。

　第3点は、消費者の問題解決と企業の利益とが矛盾しない形で、全社的努力をすることの重要性である。決して自社の利益を追求することを優先目標に掲げるのではなく、企業の目的を達成するための目標の1つとして利益指標をとらえることが大切である。つまり、この2つを別個のものとしてとらえてはならないということである。

　GE社のケースでは、**顧客志向**をマーケティング・コンセプトとして掲げて経営理念としていたが、2004年のAMAのマーケティング定義の改定（→**本章第1節3**）に見られる1つの特徴として、マーケティング・コンセプトを戦略マーケティングとしてとらえるにあたっては、顧客志向よりもむしろ、**市場志向**という概念を用いたほうがベターであるという指摘が多く見られる。戦略マーケティングを展開しようとする場合、競争相手を意識するとしないとにかかわらず、競争を無視することはできない。というのは、市場志向の概念には、顧客志向と競争志向が

内包されているからである。したがって、前述した自然環境問題を含めたマーケティング・コンセプトとして、「**市場・環境志向**」という概念を用いてもよいのではなかろうか。

いずれにせよ、GE社と同じような顧客志向は、松下電器産業の社長であった松下幸之助氏が生前に残した言葉で言い伝えられている。彼の「顧客が企業を育て支えてくれる」という言葉は、まさにマーケティング・コンセプトの真髄を言い表している。

さらには、前節でも述べたようにビジネスを「サービス」の視点からとらえ、顧客と企業の関係をサービスを中心にして考察しようとする「サービス」志向が台頭してきている。この志向は、サービス業や流通業のみでなく製造業にも重要な志向である。このような製造業のサービス化のことを「サービタイゼーション（servitization）」という。

（3）マーケティング・コンセプトの企業経営への適用

このようなマーケティング・コンセプトを企業の経営に適用し、活用することのポイントについて、ケリー（Kelley, E. J.）は次の10項目を挙げて、われわれに注意を喚起している（Kelley, E. J.〔1965〕p.9.）。実践に向けて、ぜひとも参考にしてほしい。

① 企業は、企業の生存と成長の決定因（determinant）として消費者の戦略的位置を評価し、解明する。マーケティング・コンセプト

コラム **ちょっとご注意**

《百害あって一利なし！　リップサービスは組織力を弱めるだけ》
　ほとんど、どんな会社も自分の会社は市場志向もしくは顧客志向に立脚していると考えている。自分の会社には狼の群れと競争していくだけの力があると自信を持っている。しかし、現実は逆のことが多く、牧羊犬の後をくっついて歩く傾向がある。
（ベン・シャピロ）

によって運営されている企業においては、全マーケティング・システムが消費者のニーズに奉仕するように形づけられる。
② 消費者のニーズに奉仕するマーケティング活動は計画されるものであること、企業の運命は計画されたマーケティング・マネジメントの努力によって、かなりの程度、形づけられるものであるということが前提となる。
③ 継続性のある企業諸活動の短期・長期計画立案や、マーケティング行動を統合化するシステムによって生み出された、一貫した戦略・戦術の展開は、マーケティング・マネジメントの重要な任務であると考えられる。
④ マーケティングならびに経営の調査研究は、さらに事実認識に基づく諸決定がなされるように利用される。商業ベースの情報システムも含めて、調査研究は、現代マーケティング計画および行動にとって必須なものとなりつつある。
⑤ 企業諸目標およびターゲットを設定するうえで、マーケティング情報の重要な役割を認識すること。市場の潜在性は、むしろ生産諸資源よりも企業のマーケティング行動のガイドとなる。
⑥ さまざまな組織部門のマーケティング意思決定や行為の部門内および部門間の関連性が認識されるべきである。あらゆるマーケティング努力の統合化が追求されるべきである。
⑦ イノベーションを促進するような風土の醸成をも含めて、プログラム化されたプロセスや製品イノベーションが標準ならびに不可欠なものとして受け入れられること。
⑧ 新製品計画、企業利益および姿勢への開発の影響が企業ポリシーにおいて認識され、強調されること。
⑨ 企業努力の調整とその企業の利益目標の達成に矛盾のないような、企業目的および部門目標の設定にマーケティングを中心に置くこと。
⑩ 市場の需要や諸機会により有効に適応していくために、企業の製品・サービスおよびその他の諸活動を絶えず変化させていくこと。

（4）マーケティング・コンセプトの阻害要因

マーケティング・コンセプトは、しばしば、そのコンセプト（つまり、言葉の意味内容）が誤解され、あるいはゆがめられて伝えられているのを認めざるを得ない。

なぜ、こうした誤解が起こったのであろうか？　その阻害要因としては、次のようなことが考えられる。

① マーケティング・マネジメントが、マーケティング手法や技法の洗練化に傾斜したこと。
② マーケティングを企業の組織全体の問題としてとらえずに、組織機能の一部とみなしたこと。つまり、マーケティングをライン機能として単純に決め込み、第一線の業務としてとらえたことにある。マーケティング・コンセプトを十分に理解しなかったことが、大きな原因の１つとなっている。
③ マーケティング・コンセプトを企業の信条や理念として抽象化し、

コラム　コーヒーブレイク

《マーケティング・コンセプトとコンセプト・オブ・マーケティングを区別する》

　1972年、オハイオ州立大学に留学したとき、マーケティング学説史の権威者であるバテルズ（Bartels, R.）教授に、concept of marketingとmarketing conceptの違いを質問したところ、まったく異なる用語であると教わった。前者は、マーケティング概念を指し、それは内包と外延によって構成され、内包とはその概念に含まれる意味、つまり意味内容をいい、外延とはその概念が適用される対象範囲、つまり適用範囲をいう。これに対して、後者は、さまざまな特性を含んでいる一般的状態から、特定の特性を抜き出し、その特性に独自の名称あるいは叙述を与えて、他のものと識別するために創造されたアイデアや考え方を指す。ちなみに、Philosophyという言葉は「哲学」と訳されているが、アメリカではそれほど大げさな意味ではなく、むしろ軽い意味で「考え方」に近い意味内容でよく使われている。

スローガンに置き換えたこと。
④　マーケティング・コンセプトを顧客志向や消費者志向に単純に置き換えたこと。

それと同時に、マーケティング・コンセプトを経営理念として、マネジメントや日常の業務に浸透させ、全従業員がそれを共有して行動するように仕向けなかったことも、大きな原因の1つとして考えられる。

3 経営組織とマーケティング

本項では、マーケティング・コンセプトの実践という視点から、伝統的なマーケティング部門組織のタイプを理解したうえで、今後の新しい組織設計の方向性について考察する。

（1）組織の必要性とそのとらえ方

いつの時代でも、多数の人間がある目的を達成しようとする場合に必要となるのが、組織である。たとえ、それが経営の内部組織であろうと外部組織であろうと、特定の目的を効果的に遂行するためには組織の力を必要とする。そして、過去において実施した組織編成が市場環境の変化に対応できなくなると、より適切な組織設計の方法を模索することになる。

組織はいわば分業と協業の原理に基づくものであり、一般に、人々の活動をより効果的に協働化させる1つの手段として、また、特定の目的を達成するための意思決定と、その意思決定を行動に移すための最も効果的な手段としてとらえることができる。

その場合、組織は一面において人の組織であり、人間的要素が組織自体の基礎的要素となる。人間的要素を無視して、組織を単なる仕事をするしくみと考えることは誤りであろう。「人々を通じて物事を成す」という言葉が組織の特性を端的に表現しているように、それは仕事（work）－職能（function）を媒介した人間の組織である。このように、組織は

仕事を中心とした人間の組織であると規定するとき、そこにはおのずから仕事の分化された組織構造が形成されるわけである。いわゆる専門化の構造である。

ここで、組織構造と戦略の関係について、チャンドラー（Chandler, A. D. Jr.）の有名な言葉が思い出される。すなわち、「組織構造は戦略に従う」という命題である。この命題は、組織と戦略の二者の関係にとどまらず、「戦略は市場の変化に従う」という命題を導き出すことにも注意しなければならない（Chandler, A. D. Jr.〔1962〕.）。

（2）マーケティングはスタッフ機能か、ライン機能か

前述の組織の必要性とそのとらえ方を理解したところで、マーケティングを組織にどのように組み込むかが問題となってくる。

1956年以前のわが国では、単純に販売部門として位置づけられていたが、マーケティングが導入され始めたころから、多くの企業において販売部を廃部して、マーケティング部もしくは営業部が出現した。その多くは、まさにライン部門としてマーケティングが位置づけられた。ただし、マーケティングが**スタッフ機能**であるのか**ライン機能**であるのかの議論はなく、販売部の名称変更だけであったといってよいであろう。

わが国に新しく出現したマーケティングは、ドラッカーが指摘しているように、「企業にとってはあまりに基本的な活動である。強力な販売部門を持ち、そこにマーケティングを任せるだけでは不十分である。マーケティングは、単なる販売よりもはるかに大きな活動である。それは専門化されるべき活動ではなく、全事業にかかわる活動である。まさに、マーケティングは、事業の最終成果、すなわち顧客の観点から見た全事業である。したがって、マーケティングに対する関心と責任は、企業の全領域に浸透させることが不可欠である」（P. F. ドラッカーほか〔1996〕51頁.）。

もしそうであるならば、マーケティングを単純にライン機能と限定して、特定の職能に縛りつけることは好ましくはない。むしろ、マーケテ

第2節 マーケティング・コンセプトと組織

ィングが、企業のあらゆるレベルにおいて機能する組織編成こそが必要な要件である。

たとえば、1956年当時のGE社やゼネラル・フード社では、ともにマーケティング・サービス部門（スタッフ部門）と同時に、ライン部門としてのマーケティングの2つの機能をあらゆる部門に関与させる職能として位置づけていた。図表1－2－2は、本章第1節**1**でも紹介した（財）日本生産性本部の「マーケッティング視察団報告書」から引用したGE社の組織図の概要である。GE社が採用しているマーケティング・サービス部門とは、明らかにライン部門ではなく、スタッフ部門としての職能である。また、このGE社の事例で、実務部門と呼ばれている業務は、製品－販路別事業部制を採用しているライン部門であり、それぞれの事業部ごとにマーケティング活動が展開されていたことはいうまでもない。

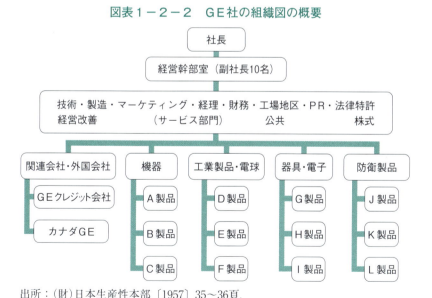

図表1－2－2　GE社の組織図の概要

出所：（財）日本生産性本部〔1957〕35～36頁．

(3) 企業の成長と組織の変貌：組織に秘められた文化
① 組織文化とは何か

　ほとんどの組織は、もともと少人数によってスタートし、事業が消費者のニーズを的確につかんで成功すると、その組織は成長し始める。そして変化が現れる。すなわち、組織が成長するにつれて、専門家集団の中には新しいアイデアが入り込めなくなる傾向が生まれる。組織の垣根が出現して、その垣根の中に人々はほうり込まれ、放牧地の羊のようにフェンスの中で保護されるようになる。こうしたフェンスに囲まれた放牧地があちこちにでき上がり、隣の放牧地がフェンス越しに見えるが、その中がどのような動きをしているかを知らないし、ましてやフェンス越しに話をしたこともない状態が続く。また、事業部制を導入し部門間の競争意識を駆り立てることによって成果を上げようとすることが、逆に企業内のライバル意識を盛り上げるだけで、外部志向的な戦略行動が阻害されることは、よく聞く話である。

　ところで、企業に根づいている組織文化とは、その組織の成員に共有化された信念や思考方式を表す。つまり組織文化は、何が適当な行動であり何が不適当な行動であるかをきめ細かく規定したり、物事を行うやり方を規定したりする。この組織文化には多くのレベルと側面とがある。その最も深いレベルにあるのが価値である。価値は特定の成果への永続的な選好あるいは希求や行為、様式を表す。これらは深く根づいているので、暗黙の仮定としてしか存在せず、それに言及することは難しく、それを変えることはなおさら困難である。また、組織文化について比較的理解しやすいのは規範である。規範とは、適切な行動もしくは期待される行動に関する成員に共有化された信念である。

　また、組織文化は過去に存在するだけではなく、現在から未来に向かってつくり上げるものでもある。もしそうだとすれば、企業の組織文化はみずからつくり出すものであり、それが企業行動を律する規範として位置づけできるはずである。大切なことは、外部志向型の組織文化をつくり出すことであり、それは21世紀のマーケティング・コンセプトでも

② 組織文化のタイプ

デイ（Day, G. S.）によれば、企業の組織文化は次の2次元に沿って識別できる。つまり、①組織が内部志向か外部志向かという次元と、②変化に対する反応が柔軟で自発的か、あるいはしっかりと統制され整然としているかという次元である。図表1－2－3に示した組織文化のタイプは、この2次元を用いて、日本・アメリカ・フランス・ドイツ・イギリスでの企業調査を踏まえてつくり上げたものである。そして、予測さ

図表1－2－3　組織文化のタイプ

有機的プロセス
（柔軟性、自発性）

〈派閥型〉	〈臨機応変型〉
支配的な価値：結束、参加、チームワーク、考慮、公正さ、オープン性 **リーダー・スタイル**：良き指導者、まとめ役、後見人 **情報処理スタイル**：議論、参加合意 **戦略的強調**：人的資源、開発、責務、士気	**支配的な価値**：起業家精神、独創性、適応性、自律性、実験 **リーダー・スタイル**：起業家、革新者、危険負担者 **情報処理スタイル**：洞察、発明、柔軟性 **戦略的強調**：革新、成長、新しい資源
〈階層構造型〉	〈市場型〉
支配的な価値：慎重さ、ロジック、服従、経済性 **リーダー・スタイル**：調整役、管理者 **情報処理スタイル**：測定値、文書資料、算定数値 **戦略的強調**：安定性、予測可能性、円滑な操作	**支配的な価値**：競争力、目的達成、新入者、勤勉 **リーダー・スタイル**：決断力、達成志向 **情報処理スタイル**：目標説明、個別判断、決定的 **戦略的強調**：競争優位性、市場優越性

内部維持（円滑な活動統合）　　外部志向（顧客、競争、差別化）

機械的なプロセス
（制御、手順、安定性）

出所：Deshpande, Farley and Webste.〔1993〕とMcDonald, and Gandz.〔1994〕から改作.

れたように市場型文化を有する企業が最も高い成長を示し、一方、派閥型文化の企業が最も悪い結果を示した（Day, G. S.〔1999〕邦訳、64頁.）。

③ **外部志向型組織文化の形成**

社員1人ひとりが、外部志向型の組織文化というマーケティング・コンセプトをいかに理解していても、その行動がばらばらでは大きな推進力になるのは程遠い。少なくとも、社員1人ひとりが顧客を理解し、市場を理解するようにしながら知識を共有すること。そして、自分の担当する業務を通じて市場を理解する能力や戦略的な思考能力を高めるにはどうすべきか、顧客や市場との関係はどのようにすれば良好となるか、などを常に考えながら行動することが大切である。そのように行動する人的資源が組織を通じて適切に配置されたときに、企業全体としてのパワーが発生するのである。**外部志向型組織文化**の一類型である市場型が最も高い成長を示したことは、それを物語っている。参考として、外部志向型組織と内部志向型組織との相違点を示しておこう。→図表1－2－4

（4）伝統的なマーケティング部門組織

伝統的なマーケティング部門組織としては、機能別組織、製品別組織、顧客別組織、地域別組織などがある。このような組織形態が用いられるのは、中小企業や中堅企業、あるいは単一事業を営む企業などに限定される。これらの組織は、主としてライン部門としてのマーケティング部長の指揮下にある組織が、機能別・製品別・顧客別・地域別に編成されており、その中にスタッフ的な業務が組み込まれている。

また、マトリックス組織は、階層や集権化を最小限度に抑える最も専門化した組織形態といわれている。この組織は、縦と横の2つの軸から組織構造をとらえようとするものである。たとえば、「製品－機能」のマトリックス組織であれば、各組織構成員が製品責任担当者とマーケティング責任担当者の双方の指揮下に入ることによって、市場環境の不確実性に迅速に対応しようとする組織形態である。

さらに、事業部制組織では、企業内の事業部はあたかも独立した1つ

図表1-2-4　外部志向型組織と内部志向型組織の相違

外部志向型組織	内部志向型組織
・すべての意思決定は、顧客や優位性のある事業機会を考えることから始まる ・品質は、顧客によって規定される ・最善のアイデアは、顧客と共に生きることから生まれる ・従業員は顧客の代弁者である ・顧客知識は価値ある資産であり、チャネル・メンバーは価値を付加するパートナーである ・顧客のロイヤルティは収益の鍵である ・侵すべからざる存在はない。スクラップ・アンド・ビルド ・失敗から学ぶ ・市場調査は、意思決定の保険である ・競争相手に怯えるのは健全である ・競争相手の行動は予想できるし、影響を及ぼすこともできる ・われわれは競争で知り尽くしている以上のことを知っている	・買いたいという人があれば、だれにでも販売することを優先する ・品質は、社内基準に合致するものを重視する ・顧客は、自分達の欲しいものを知らない ・顧客関係はマーケティング部門の問題である ・顧客データは統制メカニズムであり、チャネルは導管である ・新しい顧客（獲得）は重要なことである ・既存の収入源を保護せよ ・失敗は避けよ ・市場調査は、正当化の手段である ・われわれは競争相手と共に生きる ・競争相手は予想できない ・競争が行われているならばよいことに違いない

注）上記の表は、外部志向型組織と内部志向型（自己中心型）組織を対比し、相違点を示したものである。

出所：Day, G. S.〔1999〕邦訳、52頁.

の企業として、大きな権限と責任が与えられる。アメリカにおいて事業部制組織が誕生したのは、1910年代後半から1920年代である。自動車産業をはじめとして、大企業の合併・買収および多角化に伴う組織編成のシンボルとしてもてはやされた。事業部制組織の最も典型的な例は、図表1-2-2に示した1950年代初期のGE社の組織であり、製品-販路別事業部制となっている。

　事業部制組織をはじめとした伝統的な垂直的階層組織の弱点は、組織

の調整能力にある。経営層の考え方や優先課題を浸透させたり、逆に現場の情報を収集して経営層にフィードバックするためには、多くの中間管理者を必要とする。そして、彼らは職能部門を自分たちの活動部門と考え、自部門に対する帰属意識が高いために自分の担当する活動だけを効率化しようとするが、システマチックな方法について部門間で相互に意見を交換しようとはしない。

その結果、企業全体として見れば、情報が各事業部や部門に分散化されてしまい、重要な市場情報が経営層に正しく伝わることはまれである。また、情報の内容がゆがめられ、時間がかかりすぎることによって意思決定が遅れたり、顧客と直接関係した問題である場合には、対応が緩慢となってコストが増大することもある。市場の複雑性を理解し、鋭敏なセンスと対応力のある戦略を打ち出してくる競争相手の脅威を知るにつけ、これらの問題は深刻さを増すことになる。そして、遅かれ早かれ、居心地はよいが非効率な組織構造から抜け出せない惰性的な状況と、別の組織構造を模索し、変化を求めようとする圧力の間に緊張感が生まれてくることになる。

(5) 市場環境の変化に対応した組織設計

20世紀末から21世紀にかけて、国際化・情報化・サービス化・高齢化・企業間競争などの進展によって、社会経済状況の変化はますます加速化している。こうした企業を取り巻く市場環境の変化は企業の経営戦略の複雑化を招き、まさに、チャンドラーの「組織構造は戦略に従う」という命題が、多くの企業に組織の再編成を呼びかけているといえよう。しかし、組織の再編成は口で言うほど簡単なものではない。また、唯一絶対の理想的な組織モデルなど存在しない。

組織の階層構造の崩壊は、情報化が進展し始めたころから多くの人々によって指摘されている。たとえば、コーニング社の会長兼最高経営執行者であったジェームス・ホートン（Houghton, J. R.）は、ニューヨーク・タイムズ紙上で、「組織階層の時代は終焉した」と述べている

(Houghton, J. R.〔1989〕Sec.3. p.3.)。確かに、インターネットやイントラネットが発達した現代では、組織構造に大きな変化をもたらしていることは事実である。

伝統的な垂直的組織構造の弱点としては、前述したとおり組織内の調整能力が麻痺する兆候があること、情報収集・情報フィードバック・組織内情報浸透度が悪化すること、中間管理者が多数必要になり人件費が増大すること、あるいは部門間での主導権をめぐる争いが出始めるなどして組織内の活力が沈滞化し、その結果、自社製品の信頼性を損なう事件が発生すること、などが挙げられる。

しかし、垂直的組織構造がまったく時代遅れの代物というわけではない。大企業ではない中小企業においては、組織階層が幾重にも重なっていることはないし、あったとしても、せいぜい社長－部長クラス－課長クラス－係長クラス－一般従業員の5階層程度であって、それほどの弊害はない。そして、非常に限られた市場を対象とする中小企業や、機能別組織部門にいる部長クラスや課長クラスの人々が、自社の顧客に絶えず接触し、顧客のニーズや要望をよく知り尽くしている場合には、垂直的組織構造であってもまったく問題にはならない。

こうした組織構造をめぐる状況を反映して、新たな組織設計の選択肢が芽生えつつある。それは、図表1－2－5に示したように垂直的組織構造から水平的組織構造に至る間の選択肢である（Day, G. S.〔1999〕邦訳、224～225頁.）。両極の構造、つまり、完全な垂直的組織構造や完全な水平的組織構造には問題がある。そこで、多くの企業は、両方の要因を組み合わせたハイブリッド型組織構造を選択することとなる。

（6）組織再編成の1つの方向性

職能階層性の業務を流れ作業組織と同じように、水平的業務に置き換えることで組織は極端に単純化できる。つまり、プロセスに基づく組織化である。この考え方は、典型的にはサプライ・チェーン・マネジメントや新製品開発プロセスなどの組織化に適用できる。もちろん、それに

図表1−2−5 組織設計の選択肢

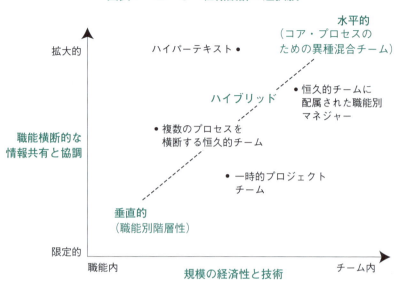

出所：Day, G. S.〔1999〕邦訳、225頁.

は異種混合のチームが、顧客満足などの社外目標に責任を負うとともに、受発注処理時間といった競争指標にかかわる成果にも責任を負う。情報は、イントラネットで全チーム・メンバーが共有でき、情報を選別したり解釈する手間を省いたりすることができる。

このような水平的組織やプロセス志向組織の顕著な特徴は、管理者に以下のような新たな役割が生まれることである（Day, G. S.〔1999〕邦訳、227頁.）。

・プロセス統括者……担当するプロセスを計画し、チームの日常活動を監視し、プロセスを受け持つチームの最終責任を負う。
・コーチ……それぞれの領域における専門技術の維持や特殊能力の開発に責任を負う。
・リーダー……コア・プロセスが全体として効率的に働くように戦略的方向を定め、統合化の方策を提供する。直接モニタリングし、コ

ア・プロセス以外の組織の役割を決める活動原則を定め、資源配分することでリーダーシップを発揮する。選択や意思決定は一方的でトップダウンではない。むしろ、主だったすべての当事者は戦略会議で活発な役割を担う。

しかし、実際には水平的組織は、いまのところまれであり、ベンチャー企業に見られるのみであって、成功した例は少なく、アストラ・メルク社（現在のアストラ・ゼネカ社）だけである（Day, G. S.〔1999〕邦訳、227頁.）。

① ハイブリッド型組織

伝統的な垂直的組織構造と水平的組織構造との要因を組み合わせた、いわゆる**ハイブリッド型組織**を構築する動きが出てきている。ユニリーバ社、クラフト社、ゼネラル・ミルズ社などの消費者向け製品企業が、1990年代初期からハイブリッド型組織を試みている。

これらの企業は低成長の圧力にさらされ、ジェネリック・ブランドやプライベート・ブランドとの競争や、新小売業態との競争、サプライ・チェーンの統合によるコスト削減を望む強力な小売業者との競争に直面し、利益をむしばむプロモーション・コストの高騰にあえいでいた。こうした中で苦肉の策としてハイブリッド型組織が生まれた（Day, G. S.〔1999〕邦訳、228〜229頁.）。→図表１－２－６

② ハイパーテキスト組織

情報の共有化を促進するような情報技術が進展し続ける中で、企業は新しい組織構造を構築し、さらに市場に一層接近しようとしている。この**ハイパーテキスト組織**は、野中郁次郎・竹内弘高による研究業績（Nonaka, I., et al.〔1995〕邦訳.）であり、幾層にも連結されたコンピュータのハイパーテキスト・プログラムに類似していることから名づけられた。

この組織のトップには、プロセス・チームや計画チーム層があり、複数のチームが水平的プロセスの管理や新製品開発、新しい相互作用的戦略の策定といった知識創造活動に従事する。チーム・メンバーは、一定

図表1－2－6 消費者向け製品のためのハイブリッド型組織

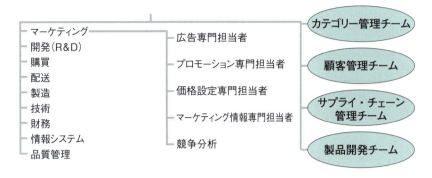

カテゴリー管理チーム
　市場およびブランドネームの資産について十分な理解を徹底させ、消費者に対して価値提案を明確に説明し、伝える責任がある。マーケティング、財務、販売、製造および研究開発の代表者で編成される。

顧客管理チーム
　主な小売業者と取引顧客とともに、相互に関係のある共通費の削減のために強固な関係を構築し、業務を統合することによって全体の業績を最大にする責任がある。その中には、フィールド・セールス、マーケティング、プロモーション、ロジスティックスと販売活動が含まれる。

サプライ・チェーン管理チーム
　主な製品カテゴリーの供給、生産および配達に責任を持つ。その中には、製造、購買、配送と品質管理が含まれる。

製品開発チーム
　標的顧客に、非常に魅力的な価値提案ができる製品コンセプトを見いだし開発する。その中には、研究開発、マーケティングと製造部門が含まれる。

出所：Day, G. S.〔1999〕邦訳、228頁.

期間さまざまな職能分野や活動領域から集められ、コア・プロセスにかかわる場合には、メンバーは元の職能部門に復帰できるオプションを持ちながら継続的に活動する。

　中間階層は、職能別に構造化された事業システムであり、事業戦略の

第2節　マーケティング・コンセプトと組織

支援に必要な知識を開発したり、職能チームへ人材を派遣したりする。この層もまた、職能的知識をネットワーク化したり共有化したりする機会を提供しているために、すべてのチームで学習が容易になる。多くのチームが、デザインやマーケティング調査の研究のためのソースなど特定の知識を必要とする場合には、そうした知識を持つ専門家がこの層に駐在することになる。これら事業システムは相互に連結しており、事業プロセスは伝統でなく情報技術によって関連づけされる。

　基礎を支える階層は「知識基盤層」で、そこでは組織の知識が蓄積されている。この階層は、企業の戦略ビジョンや組織文化といった暗黙知と、情報システムにおける形式知との双方から構成されおり、組織形態を持っていない。→図表１－２－７

図表１－２－７　ハイパーテキスト組織

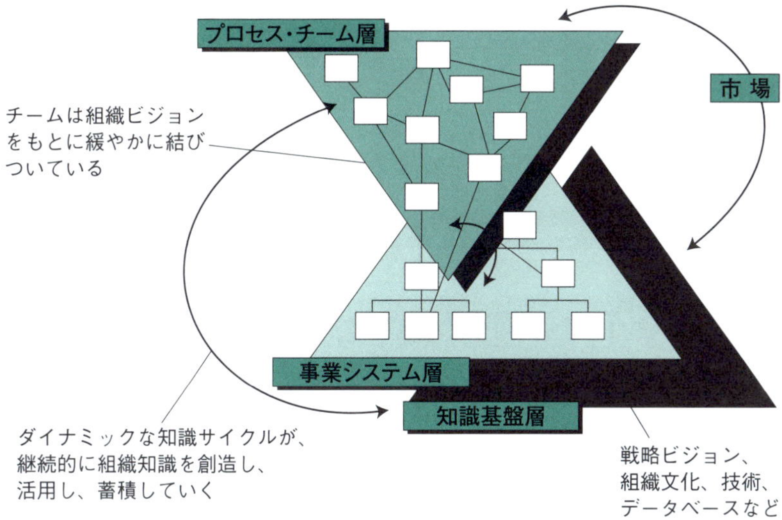

チームは組織ビジョンをもとに緩やかに結びついている

プロセス・チーム層

市　場

事業システム層

知識基盤層

ダイナミックな知識サイクルが、継続的に組織知識を創造し、活用し、蓄積していく

戦略ビジョン、組織文化、技術、データベースなど

出所：野中郁次郎ほか〔1996〕253頁．

第3節
マーケティング環境の概念

学習のポイント

◆マーケティング環境は絶えず変化している。その変化に対応して、変化をしなければならないのが企業である。変化することが正常であって、変化しないのは異常である。
◆マーケティング環境は、マクロ環境、ミクロ環境、そしてタスク環境に分けてとらえることができる。それぞれの環境を適切に理解し、マーケティング戦略立案や標的市場に最もふさわしい戦略プログラムを立てるときに、考慮すべき要因を探し出さなければならない。
◆長期的な計画を立てる必要がある場合などは、経済的な環境変化はもちろんのこと、社会的な変化や文化的な変化、あるいは技術的なすう勢を予測することが不可欠である。

1 マーケティング環境のとらえ方

　環境の変化を所与のものとした場合に、①企業にとっての最善のマーケティング機会を創造する方法を発見し、②新たなマーケティング機会を積極的に創造するとともに、既存の製品・サービスに、脅威や制約的影響を与えるおそれのある環境のすう勢を監視することは、環境変化の激しい今日において、マーケティング管理の重要な役割である。
　ここで**マーケティング環境**とは、「企業のマーケティング管理機能にとって外部的存在（統制不可能要因）であり、標的顧客との取引を首

図表１－３－１　マーケティング環境

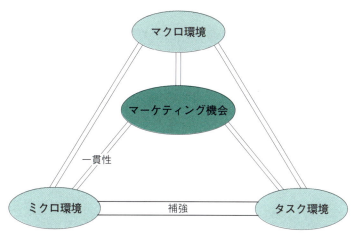

出所：Park, C. W., et al.〔1987〕p.114.

尾よく進展・維持する管理能力に影響を与える要因、影響力」である（Kotler, P.〔1984〕p.77.）。そして一般に、マーケティング環境は、図表１－３－１のように３つの環境に分けてとらえることができる。

（１）マクロ環境

　マクロ環境の変化は、マーケティング管理に対して２つの大きな影響を与える。第１に、マクロ環境の変化は市場選択の変更を伴うことが多い。これは新製品の市場機会をもたらす一方、既存製品には代替製品の出現という脅威をもたらす可能性がある。たとえば、2006年に起きたエネルギーの未曾有の高騰は、石油の代替燃料としてバイオエタノール（砂糖キビやトウモロコシの植物性燃料）や燃費節約のためのハイブリッドカーへの需要増大をもたらした。

　第２の大きな影響は、あるマクロ環境の変化が、他の変化へと連動することである。たとえば、新しい人工合成燃料が開発されたという技術的環境の変化が、主要原材料のコスト（経済的環境）に影響を与え、さ

らに政府の金融政策や税制改革など（政治・法律的環境）の変化を導き、インフレや貨幣コスト（経済的環境）に影響を与えるかもしれない。したがって、全体としての環境変化は、個々の環境変化の合計よりもはるかに大きなものとなり、それは企業の**マーケティング機会**をより魅力的にする場合もあるし、逆に**脅威**となる場合もありうる。

一般的に、マクロ環境としては次の6つが挙げられる。

① 人口統計学的環境……人口の増減や高齢化、核家族化、人口の地理的集中などは、マーケティング活動への影響が特に大きい。

② 経済的環境……経済成長率、景気変動、インフレーションないしデフレーション、金利などの諸要素である。

③ 技術的環境……この変化は、少なくとも2つの面で顧客と企業の関係に影響を与える。1つは、テクノロジーが生活の質の向上につながる新製品や改良製品の開発を導く。もう1つは、技術的環境の変化がマーケティング管理業務の効率化を促し、流通や広告におけるイノベーションを導く。

④ 社会・文化的環境……社会の価値観、信念、規範といった要素から形成される。たとえば、働く女性の増大、離婚率の増加といった現象は消費者の製品選好に影響を与え、マーケティング方法の再調整が必要となる。

⑤ 政治・法律的環境……この変化は、しばしば製品開発からプロモーション、購買、消費、リサイクルの諸問題に影響を与える。

⑥ 自然環境……この変化は、エネルギー、希少資源や代替資源の利用可能性から、自然環境の破壊（景観破壊、森林の無秩序な伐採、無秩序な土地造成、産業廃棄物など）、汚染、公害など、マーケティング問題を超えて企業活動へ広範囲に影響が及ぶおそれもある。

（2）タスク環境

タスク環境は、企業目的の達成に直接・間接に影響を与える、また相互に影響を与え合う、次のような集団や組織から構成される。

① 顧客……いうまでもなく、顧客はマーケティング管理者にとって最大の関心事である。
② 株主……株主は資本投資家である。と同時に、2004年のAMAのマーケティング定義に示されているように、企業の大切な顧客としてどのように報いるかを考えなければならない。→本章第１節 **3**
③ 供給業者……供給業者の影響は大きい。特に、原材料の安定供給能力、その価格の安定性、代替原材料の利用可能性が企業のコストに及ぼすインパクトは大きい。さらに供給業者の前方統合は、場合によっては新たな競争相手の出現を意味することもある。
④ 流通業者……最終消費者やユーザーと同様に、市場における大切な顧客として再確認し、いかに密接な関係を構築するかが今後の大きな課題の１つである。企業は流通業者のタイプ、数、規模、提供するサービスの質、流通方法、コストを監視する必要がある。
⑤ マーケティング助成機関……企業のマーケティング活動を外部から直接・間接に支える機能を遂行している。具体的には、物流業者、広告代理店、市場調査会社、金融機関、保険会社、コンサルタント会社などである。
⑥ 競争業者……競争業者の戦略や行動の分析は、市場構造の複雑化、競争境界の不明確化、異業種間の相互侵食（スクランブル化）の結果、ますます重要な課題となっている。企業は顧客ニーズに十分に心血を注ぐだけではなく、競争相手よりも優れた顧客価値を提供できるよう十分配慮しなければならない。

また、タスク環境は、マーケティング部門の視点からとらえた場合、他部門は企業内であってもマーケティング管理者の権限の及ぶところではなく、一種の統制不可能な部分としてとらえることができる。特に、他の機能部門との目標や方針の調整は、マーケティング管理者にとって重要な関心事である。

生産部門は、製品の性能、生産スケジュール、在庫、生産能力をコントロールすることによって、マーケティング計画の進捗、さらには成功

や失敗にも影響を与える。財務部門は、資源配分、ことに予算編成によってマーケティング戦略の実行に影響することもある。会計部門は、企業利益に対するおのおのの製品・サービスの貢献度を決定する正確な会計データを提供し、複数の製品が同一の流通経路、生産設備を用いるときの実際のコストを明らかにする。購買部門は、タイムリーに低コストで、また緊急時にも十分な質と量の原材料・資源を調達する能力を発揮して、生産ひいてはマーケティングの成功に貢献する。人事部門による報酬制度のいかんによっては、販売員の新規顧客開拓に大きな影響を与える。

　以上のような**環境ミックス**を構成する機能部門は、それぞれ企業のマーケティング活動をサポートすることもあれば、相互に補強し合いシナジー効果を創出することもある。

（3）ミクロ環境

　ミクロ環境は、タスク環境と企業内環境との双方を含んだ概念である。ミクロ環境は、顧客に応対する能力について直接の影響を及ぼし、組織に結びつく一連の影響力を持つ。そしてそれは、チャネル・メンバー組織、競争相手、顧客市場、公衆と組織それ自身の能力を含んでいる。

2 市場環境変化への対応

　市場環境は絶えず変化し、とどまることはない。「市場環境が変化することは正常であり、変化しないことは異常である」と考えることが必要である。そうした変化の中で、経営者や管理者あるいは従業員が、ビジネス機会をとらえるか見逃すか、脅威にさらされるか回避できるか、これらすべてが、企業の成長と衰退に結びつく可能性を持っているのである。

　1つの社会現象としてキャリア・アップ、ことに女性の社会進出に伴う企業内でのキャリア・アップとともに注目されるのが、女性のニュー

ベンチャーへの進出である。たとえば、ヘッドハンター事業や人材あっせんビジネスへ進出する女性群の動向を無視することができないほど、劇的な変化が起こりつつある。こうした市場の変化に対応した製品・価格・チャネルの問題を、次のような順序で検討してみよう。

キャリア・アップする女性群を標的市場とするならば、そこから生まれてくるアイデアは、最先端を行く20代後半から30代前半にかけての闊達な女性像をイメージすることができる。女性の身だしなみからすれば、整髪料や化粧品あるいは服飾製品が中心となるが、多くの人々に接するための隠れた身だしなみ製品として、整髪料に限定することにする。

① 新製品開発……製品デザイン、パッケージ・デザイン、ラベリング・デザインをどのように考えるか、生産に先立ってこれらを決めなければ、具体的な行動に移すことはできない。もちろん品質レベルや容量についても同様である。

② 価格設定……価格は従来の価格と比べ低価格か、それとも高価格にするかを決めなければならない。この事例では、高価格にすべきであろう。その理由は、最先端を行く女性のイメージに合致するからである。

③ チャネル選定……従来の取引先を利用するか、それともこれを契機に新しいチャネルを採用するかを決めなければならない。この場合は、従来の得意先チャネルを利用することが妥当であろう。ただし、将来にわたっては単なる駆け引きの取引ではなく、互恵関係により信頼の構築を行うことが求められる。

④ 生産計画……生産部門との密接な話し合いをすることが必要である。たとえば、供給過剰だと廉価販売を余儀なくされるおそれがあり、それがかえってイメージダウンにがりかねないため、需要を見越した生産および在庫管理が求められる。

⑤ プロモーション……市場導入計画にあたっては、テレビ媒体と新聞媒体の併用が望ましく、その場合、女性のキャリア・アップにちなんで、産業・経済関係の話題を取り上げるテレビ媒体と同じよう

に、新聞媒体も利用することが望ましい。たとえば、テレビの朝の番組の顧客のターゲットは家庭の主婦であるので、夜のテレビ番組も経済番組の中に組み込んだキャンペーンが望ましいだろう。これらについては、広告代理店と十分に相談する必要があることはいうまでもない。

第4節 戦略マーケティング策定の基礎

学習のポイント

◆戦略マーケティングは、従来のマーケティングの分析枠組みを踏襲しつつ、そこに欠けていた競争志向、財務志向、計画志向などを取り込むことにより、現実の企業環境をより的確に把握する方法を展示するようになってきている。

◆戦略マーケティングは、単に4Pを中心としたマーケティング活動に焦点を当てるだけでなく、戦略の持つ階層性に注目し、企業レベル、事業レベル、機能レベルの戦略の特徴を描き出している。その意味で、トップから現場の従業員まで、自分たちにとってどのような役割と責任の中でマーケティング活動を遂行すべきなのかを理解する必要がある。

◆マーケティングの遂行にあたって、市場細分化、ターゲティング、ポジショニングの結びつきを十分に理解しておく必要がある。企業が対象とすべき顧客（ターゲット・マーケット）をどのように見つけ出し、企業の能力に適応させる形で自社製品に魅力を感じ取ってもらうのかを理解する必要がある。

◆今日の企業が実行する基本的な市場戦略のタイプとして、包括市場型戦略（無差別型戦略、差別型戦略）と特定市場型戦略に大別できる。もちろん、これは一種の理念型あるいは概念型にすぎないが、自社の市場戦略の理解を深める第一歩として認識する必要のある基礎知識である。

1 戦略計画の概要

（1）企業の戦略とマーケティング……戦略マーケティングの重要性

　マーケティングの領域で、戦略的思考の必要性が叫ばれて久しいものがある。それでは、なぜこのような考え方が必要とされるのであろうか。また、それは、従来のマーケティングとはどのように異なるのであろうか。

　マーケティングにおいて戦略志向の重要性が指摘された背景として、いくつかの点を指摘することができる。

　1つは、企業を取り巻く環境の変化（たとえば、消費者の多様化、企業の国際化、競争の激化）と企業自身の内部的な変化（企業規模の拡大、事業の多角化など）に対して適切な対応が迫られたからである。

　さらには、マーケティングが学問および実務内容として、そのような戦略視点を必ずしも十分な形で持ち合わせてこなかったということも、今日、戦略マーケティングの視点の必要性が叫ばれている要因である。

　マーケティングが戦略的な役割を果たす、とはどのような意味であろうか。ここでは、この問題に焦点を当てつつ、戦略的なマーケティングの計画の問題およびその計画策定・実行と密接に関連する組織の問題を取り扱うこととする。

（2）戦略マーケティングの新機軸

　戦略という用語が、ビジネス用語として用いられるようになったのは1960年代のことであり、今日まで、かなりさまざまな定義と解釈がなされてきている。しかし、ここで特に重要な点は、戦略マーケティングという場合には次の条件が必ず含まれているという点である。

　第1に、戦略的視点に立ったマーケティングは、顧客（消費者）志向のマーケティングと競争志向のマーケティングの統合が必要となる。

　改めてこのような視点の必要性が叫ばれているのは、従来のマーケティングが、顧客志向という重要な視点を提供しながら、競争相手の存在

に対する対応策を持ち得ていなかった点に対する反省から生まれたものである。このような視点の広がりは、経営上の競争対応の重要性が前面に出てきた1980年代以降のアメリカにおいてである（井上崇通〔1990〕52頁.）。

　第2に、マーケティング学者であるワイツ（Weitz, B.）とウェンスレー（Wensley, R.）は、「戦略マーケティング意思決定は、予算決定の際に行う投資意思決定と裏表の関係を持っている」と指摘し、財務的視点を持つことの重要性を指摘している（Weitz, B., et al.〔1988〕p.150.）。

　第3に、ウィンド（Wind, Y.）とロバートソン（Robertson, T. S.）は、長期的・計画的なマーケティング志向のプログラムの創出の必要性を唱えている。前述した財務志向がややもすると会計年度に縛られた短期志向に陥る傾向があるが、財務的・資金的な裏づけを持ち合わせつつ、さらに長期的な視点に立つマーケティング計画の重要性を指摘している（Wind, Y., et al.〔1983〕pp.12-25.）。

　1980年代におけるアメリカ産業界は、世界市場における競争力の低下と、同時に国内市場に対する外国企業の進出も防御し得なくなっていったという現実と、そのような企業を取り巻く環境の変化の中で、企業が自分たちのポジションを成長・維持させるための新しい機会を積極的に探し出さなければならないということを認識するようになり、その結果、競争の圧力がますます尖鋭化していき、競争のパターンはより複雑になり、市場の境界はあいまいになり、競争優位の確保はますます困難になっていった。そこに、戦略的思考の必要性が従来にもまして増加したのである。

　その結果、この逆境が、今日のアメリカ経済の強さを復活させたと指摘されているところであり、わが国においても、1990年代に経験したバブル経済崩壊後の景気後退期に経験した苦しい経営環境を克服する中で、わが国のビジネスパーソンもこのような逆境から生まれてきた新しいビジネス・ツールを身につける必要性を強く認識するようになってきたのである。

（3）戦略マーケティングと戦略の階層性

　戦略マーケティングの出現により、従来のマーケティングにおいて欠落していた新たな視点が取り込まれるようになった。それは、マーケティングにかかわる戦略の階層性である。つまり、マーケティングにかかわる意思決定の内容は非常に多面的であり、トップ経営者が責任を持つべき業務内容とミドル経営者や現場の従業員が担当すべき業務内容を明確にする必要がある。

　しかし、このような明確な役割分担については、1950年代のマーケティング・マネジメント論やマネジリアル・マーケティング論が台頭した初期の時期には議論されていたが、その後、4P論の隆盛とともに議論されることなく時を重ねることとなった。しかし、1980年代の戦略論の台頭とともに、トップ・マネジメントの担当すべき内容としてのマーケティングの重要性に関心が寄せられ、新たにマーケティングの業務内容と戦略の階層性との関係が議論されるようになってきたのである。

　戦略マーケティングにおいて議論されるべき階層性の問題は、マーケティングにかかわるコンピタンスの問題と深く関係している。そこでは、マーケティングの専門性に合わせてより明確な形で、遂行すべき業務内容を担当者に割り振る必要があり、その責任を負う必要がある。

　それは、日々の日常業務と深く結びついた役割分担とその責任遂行の責任の問題であり、具体的には、4Pにかかわる仕事に合わせて細分化した責任の割り当てが必要となってくる。

　その一方で、マーケティング・コンセプトに対する責任の主体およびその遂行責任者は、企業の最高経営責任者に課せられるものであり、当然、この場合のマーケティングの問題は、トップ経営者の仕事となる。

　ここに、前述したマーケティング固有の問題が発生してくる。それは、マーケティングは、経営者にかかわるものであるのか、事業レベル、機能レベルにかかわる業務であるのかという点である。ここでは、まず次の点について理解しておく必要がある。

　1）少なくとも、マーケティング・コンセプトの確立とその組織全体

への浸透については、経営者がその責任を担うべきである。
2）その一方で、マーケティング・コンセプトについての理解の重要性は、経営者に限らず、企業にかかわるすべての人々が認識すべきである。それは、単に従来いわれているような4Pにかかわる人々のみでなく、まさに、企業内部のすべての人々がその対象である。

そこで、このような戦略視点に立ったマーケティングを遂行するうえでの組織対応という視点に立つとき、企業レベル戦略、事業レベル戦略、および機能レベル戦略という3つのレベルの戦略が存在する（Walker, O. C. Jr., et al.〔1992〕pp.10-13.）。

1）企業レベル戦略

今日の企業は、単一の製品やサービスのみを提供しているだけでなく、その成長の過程の中で、さまざまな事業分野に進出し、時には、まったく異なる事業分野に進出を遂げることもある。そのような複雑な企業経営をつかさどる企業の経営者は、それらの複数の事業単位の活動を適切に調整しなければならない。**企業レベル戦略**の焦点は、以下のような項目を指摘することができる。

・企業の使命
・全社的目標の明示
・全社的な事業範囲の確定
・各事業の範囲の確定
・資源配分

そこで、企業レベル戦略では、かなり広範な能力の開発と維持が重要となる。そこには、

・優れた財政的、資金的、および人的資源を生成すること
・効果的な組織構造とプロセスの設計
・企業内における**事業間のシナジーの創造**と維持

特にシナジーは、関連した事業が、企業内のスタッフ、研究開発、財源、生産技術、流通機構、あるいはマーケティング・プログラムといったものを共有することによって、相互補強を行い、競争上の優位性を獲

得することができる。

2）事業レベル戦略

事業レベル戦略の焦点は、ある事業単位が、特定産業の内で競争する方法である。すなわち、事業レベル戦略で追求される大きな問題は、競争優位を達成し、維持する方法である。

そこで、次のような問題が事業レベル戦略の焦点となる。

- どのような能力が、事業単位に競争優位を与えるか
- それらの能力のうち、事業の目標としているセグメントの顧客のニーズと欲望に最も適合しているものはどれか
- 事業の範囲の決定
- シナジー効果の確認

多角化した企業あるいは事業分野を異にする複数の製品を提供している企業においては、その事業単位の設定は、特に重要な意味を持ってくる。それは、一方で、企業全体の包括的な戦略遂行と、他方で個々の事業単位における戦略遂行の調和を図る必要がある。これは、視点を変えれば、**トップダウン・アプローチ**と**ボトムアップ・アプローチ**の結接点としての事業単位の重要性でもある。また収益性の評価や競争的地位の評価という視点から考えても、事業レベルからの評価は重要な地位を占めている。

事業の所有する能力が、事業によって異なるのは当然である。たとえば、低コストで生産を行う能力を持つプラントを抱えている企業は、価格面で競争的な戦略を打ち出すであろうし、強力なマーケティング部門と有能な販売員を抱えている事業は、優れた顧客サービスで競争優位を勝ち取ろうとする。

事業レベル戦略が扱わなければならないもう1つの重要な問題は、事業の対象とする市場の範囲である。これは、具体的には、対象とする市場セグメントの決定、つまり標的とする顧客の決定である。さらに重要な点は、そのような市場範囲の決定は、同時に競争相手の確定にもつながる。

3）機能レベル戦略……マーケティング戦略

マーケティング戦略は、もちろん**機能レベル戦略**の1つとして策定される。すなわち、人的資源、財務、物的資源などに関連する諸戦略とともに策定されることになる。そして、このマーケティング戦略は、事業単位がその開発・策定の中心となる。

マーケティング戦略の第1の目的は、特定の製品の範囲内で企業目的を達成するために、マーケティング資源と活動を効果的に割り当て調整することである。したがって、マーケティング戦略の**範囲**についての決

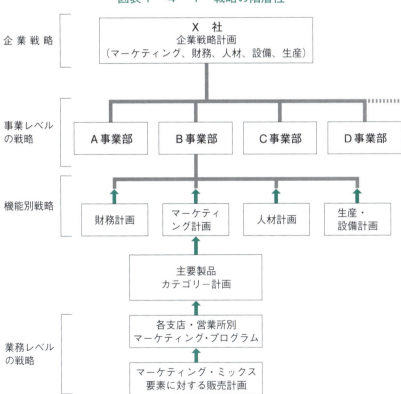

図表1－4－1　戦略の階層性

出所：徳永豊ほか〔1990〕15頁。

定は、追求される標的セグメントと提供される製品を明確にすることである。

このレベルでは、標的セグメントにいる顧客ニーズに合わせて組み立てられたマーケティング・ミックス要素、つまり4Pにマーケティング計画を策定し、競争優位とシナジーを追求することが大切となる。→図表1－4－1

2 事業の定義とターゲット・マーケットの選定

(1) 事業の定義と目標の設定

レビットは、1960年「マーケティング近視眼（マイオピア）」という論文の中で、事業の定義を誤ったゆえに衰退していった企業の例を数多く紹介している。その中で、企業活動とは「製品を生産プロセスではなく、顧客を満足させるプロセスであることをビジネスパーソンは理解しなければならない。顧客とそのニーズから始まるのであって、特許や原材料、販売技法からではない。顧客ニーズを明らかにして、顧客を満足させるには何を提供すべきかと逆に進むべきである」と指摘している。この指摘は、マーケティングの基本コンセプトにつながる重要な指摘であると同時に、事業の定義の意味を理解するうえで貴重な示唆を与えてくれる（Levitt, T.〔1960〕pp.45-56. Levitt, T.〔1962〕Chap.3.）。

もう1人の事業の定義の提唱者であるエーベル（Abell, D. F.）は、1980年に刊行された著書『事業の定義』の中で、事業の定義は、戦略マーケティングの出発点であり、事業担当者がまず最初に構想すべき創造的能力が必要な問題領域であるとしている（Abell, D. F.〔1984〕邦訳.）。

ドラッカーも事業の定義について次のように述べている。「事業とは何かを理解するためには、事業の目的から考える必要がある。事業の目的は企業外にある。……事業の目的として有効な定義はただ1つである。それは顧客を創造することである。……事業が何であるのかを決定するのは顧客である。商品やサービスに対して喜んで金を支払い、経済的資

源を富に変え、ものを商品に変えるのは顧客である。顧客が買おうとするもの価値あると考えているものが重要なのである。」(P. F. ドラッカー〔1996〕48〜49頁.)。

　事業の定義をあまりに狭く定義しても問題であるし、かといってあまりに広く定義しても問題が生まれてくる。もし、事業の定義をあまりに広く定義すると、経験や専門知識を持ち合わせない、したがって、競争的優位を持っていないような商品や顧客を対象としなければならないという事態になってしまう。

　みずからの所属している事業分野の動向を把握するという作業も、今日ではその意味が根本から問い直されているといえる。つまり、所属している事業とは何かという基本問題に答える必要があるからである。メーカーレベルで考えた場合、今日の企業は、単一の生産ラインを持つ企業から多角化した企業に変貌を遂げており、さまざまな事業単位を有する企業になっている。その意味で事業単位ごとに異なった業界に属し、それぞれ独自の競争相手としのぎを削っているのが現実である。そこで事業の定義を明確にすることは、今日の企業にとって欠かせない作業といえる。これは製造業者のみではなく、流通業者やサービス業にも当てはまることである。たとえば、さまざまな形の新しい業態開発や小売複合巨大企業の出現などは、その前提に事業の定義が存在していることはいうまでもない。また、このような新しいタイプの事業分野への進出あるいはその開発は、取り扱っている商品の種類、顧客サービスの水準、品質の保証、店舗規模、立地上の便利さ、店舗のレイアウトなどさまざまな観点からみずからの事業を定義した結果である必要がある。

(2) 市場細分化、ターゲティング、ポジショニング

　マーケターは、ターゲット・マーケティング戦略を展開するにあたって、顧客の要求とニーズにより効果的に対応していくため、市場細分化、ターゲティング、および製品ポジショニングという3つの相互関係を持つ活動に取り組む必要がある。一般に、その英字表記であるSegmentation、Targeting、Positioningの頭文字をとってＳＴＰと表記することがある。

市場細分化とは、企業が優れた価値を提供できる顧客を明確にし、グループ化するために市場を分割することであり、市場を共通した特徴を持つ個人のグループ（セグメント）に分けるプロセスである。市場をセグメント化できれば、マーケターは魅力的な（標的）セグメントを選び、それらの集団の要求とニーズを満たすことに集中させる。これらのターゲティング活動を通じて対象として選定されたセグメントは、ターゲット・マーケットとして知られている。つまり**ターゲティング**とは、かかる細分化の結果として明らかになった顧客グループの中で、より効果的より効率的に顧客に接近することができ、他の競争企業より優れた顧客価値を提供できる市場へと絞り込むことである。**製品ポジショニング**は、ターゲティングに続く活動であり、製品が顧客に運ぶ適切で効果的な「イメージ」を決定する作業である。ターゲット・マーケティングは、異なる顧客グループのさまざまな要求とニーズにより適切に対処したいという願望に応えようとするものである。これは、従来のマス・マーケティングとは対照的な方法といえる。今日の市場特性を考えると、ターゲット・マーケティングは、道理にかなった方法といえる。市場セグメントの特定の要求とニーズに焦点を合わせることによって、マーケターは特定の顧客グループの求めている製品サービスを届けることができる。その結果、顧客満足度を向上することができる。

また、ポジショニングのプロセスは、競争相手と自社の製品・サービスを区別することであり、競争優位を引き出すプロセスでもある。これは単に、製品・サービスの中核的な特徴のみでなく、価格、プロモーション、チャネルなどマーケティングの構成要素のすべてを通じて提供される独自性により構築されるものである。たとえば、企業名、ブランドネーム、ロゴ、パッケージング、ラベリングなどのブランド要素は、ポジショニングを行ううえで重要な構成要素となる。

(3) 市場戦略の類型化

　市場に存在する消費者（顧客）をどのように分解・分類し、かかる消費者のセグメントにいずれを標的にしていくかは、戦略マーケティングを展開するうえで、重要な出発点となる。ここに、市場細分化の手法を適応したうえで、対象とする市場セグメントの範囲の広狭を前提にした市場戦略を考えることができる。

　企業の選択しうる戦略を大別すると、全市場を対象とした戦略と特定の市場を対象にした戦略とに分けられる。前者の全市場を対象にした戦略は、さらに、無差別型戦略（あるいは市場統合化戦略）と差別型戦略に分けることができ、後者の特定の市場を対象とした戦略は集中・専門型戦略と呼ばれ、これは、さらに細かく分類することができる（Assael, H.〔1985〕pp.224-226. Kotler, P.〔1980〕pp.206-209. Abell, D. F.〔1984〕邦訳、Chap.8.）。→図表１－４－２、１－４－３

図表１－４－２　市場戦略の類型

包括市場型戦略
無差別型戦略（市場統合化戦略） 差別型戦略
特定市場型戦略
集中・専門型戦略

図表1－4－3　市場戦略の概念図

（1）3つの代替戦略

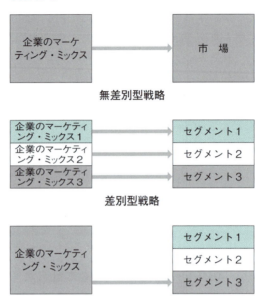

（2）集中・専門型戦略

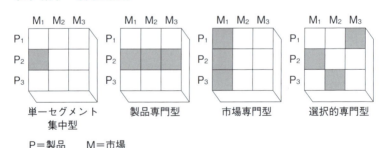

出所：Kotler, P.〔1980〕に一部加筆.

1）無差別型戦略（市場統合化戦略）

　無差別型戦略は市場統合化戦略とも呼ばれ、市場を細分化するかわり

に全体を1つの集合体として取り扱い、1つの製品により広範囲の消費者に訴求しうるマーケティング戦略を展開し、消費者全体に共通したイメージをつくり上げ、市場における企業の地位を確保しようとするものである。無差別型戦略は、生産およびマーケティングにおける規模の経済を達成させるのに有効な戦略であるとされる。

無差別型戦略は、次のような条件の場合にはその有効性を発揮しうる。
① 市場内の消費者の要求に差異が存在しない。
② 多くの消費者が、企業の限定された製品が最高のものであると認識している。

2）差別型戦略

差別型戦略は、市場全体をいくつかのセグメントに分割し、それぞれのセグメントに個別の製品およびマーケティング戦略を対応させ、そのすべてのセグメントを取り込むことにより、深く市場に浸透していこうとする戦略である。そのため、大企業はこの戦略を採用し、深く浸透したそれぞれの市場セグメントからの売上げを獲得することができる。

無差別型戦略も差別型戦略も共に、全体の市場を対象にしたものであり、豊富なマーケティング資源を持つ企業にとって有効な戦略になる。他方、次に述べる集中・専門型戦略は、限定された市場を対象にしたものであり、その意味では限定されたマーケティング資源しか持ち合わせいない企業にとって有効なものである。

3）集中・専門型戦略

集中・専門型戦略は、よりきめの細かいアプローチを必要としている。全体市場をいくつかの異なった市場セグメントに分割し、そのうちの1つないしは少数のセグメントにマーケティング努力を集中させ、独自のマーケティング・ミックスの組み合わせが実施される。その結果として、単位当たりにするとより高い生産費およびマーケティング費が必要となる。

しかし、この戦略は、セグメントの選択が適切でなかったり、強力な競争企業の参入により大きな危機にさらされることになる。

(4) カウンター・セグメンテーション（counter segmentation）

　今日の趨勢としては、市場統合化戦略から市場細分化戦略へ、あるいは無差別的マーケティングから差別的マーケティング、集中的マーケティングへと移行している。しかし、行きすぎた細分化に対して批判ないしは反省が現れている。レズニック（Resnik, A. J.）、ターナー（Turney, P. B. B.）およびメイソン（Mason, J. B.）は、この細分化された市場の数を減らす新しい戦略を「**カウンター・セグメンテーション**（counter segmentation）」と呼んでいる（Resnik, A. J., et al.〔1979〕pp.100-106.）。

　市場細分化戦略の成否は収益とコストの関係からとらえる必要がある。もちろん、市場細分化が売上げの増加に寄与し、各製品が共通の部品から構成されている場合は、規模の経済が成り立つ。しかし、細かいセグメントに個々別々の製品を対応させ、製品の数を増加させることはマーケティングおよび生産のプロセスを複雑にし、コストの増大を招く。

　そこで、標的市場を削減してそれに対応した製品の種類を削減したり、2つ以上のセグメントを1つにまとめるといった戦略が展開されることになる。市場細分化を展開しようとする企業は、このような警告を常に念頭に入れ、この戦略の持つ両刃の剣としての性格を十分に認識している必要があろう。

3 SWOT分析の概要

(1) SWOT分析の意義

　企業は、標的としている市場と結びつける形で、提供している製品やサービスを体系的に評価している。その評価プロセスを支援する形で利用されるのがSWOT分析である。**SWOT分析**は、組織の強み（Strengths）、弱み（Weaknesses）、機会（Opportunities）と脅威（Threats）の分析から構成されている（Fortenberry, J. L. Jr.〔2004〕pp.122-124.）。

　さらに大別してみると、SWOT分析は**外部環境因子**に関係する**機会**

と脅威の分析と、内部環境因子に関係している強みと弱みの分析から構成されている。この分析は、組織の置かれている状況に焦点を合わせた分析であるところから「状況分析」という名称でも知られている。また、ＳＷＯＴ分析は、従来、組織分析を行う際の手法として利用されてきたが、企業の提供する製品そのものを分析する際にも利用することができる。→図表１−４−４

図表１−４−４　ＳＷＯＴ分析（例）

	強　み	弱　み
内部環境因子	１．自社のエコロジー製品は他社製品より知名度がある ２．他社よりも高い技術力がある ３．企業の財政が安定している	１．自社の営業所は東京本社のみ ２．取扱店が少なく通信販売に依存している ３．研究開発者の人材不足
	機　会	脅　威
外部環境因子	１．環境問題への関心が高まっている ２．競合他社の新製品の開発が遅れている ３．競合他社の財政状況に問題あり	１．市場全体の伸びが横ばい ２．業界を超えて大手企業が参入してくる ３．原材料の高騰が見込まれる

① 強み

　強みは、製品を顧客に受け入れてもらう際にプラスの影響を与えることのできる製品属性である。強みを発揮することのできる製品属性としては、他の企業をしのぐ優れた品質、ブランド・アイデンティティー、マーケット・シェア、マーケティング・マネジメント、研究開発能力、グローバルに展開される顧客サービス、特許防衛といったものを指摘することができる。強みを活用することで、マーケティング目標の実現に向けて大きく前進することができる。

② 弱み

弱みは、顧客に製品を受け入れてもらう際にマイナスに作用する属性といえる。具体的な事例としては、貧弱な顧客サービス、製品入手の困難さ、貧弱な品質、出遅れた製品開発、マーケット・シェアの減少、不十分な広告支出などを指摘することができる。このような弱みは、製品の評価を徐々に下げることとなり、最終的には市場から撤退せざるを得ない状況に追い込まれていることもある。その意味で、このようなネガティブな属性を取り除くことに努力する必要がある。

③ 機会

機会とは、企業や自社製品にプラスの影響を与える可能性を持つ外部の出来事や状況のことである。ただし、そのような出来事や状況を的確にチャンスとしてつかむことがなければ機会とはいえない。つまり、マーケターは、積極的に組織の存続、成長と繁栄の可能性を高めるために、このような機会をつかみ取る努力を積み重ねていく必要がある。

④ 脅威

脅威とは、企業や自社製品にマイナスの影響を与える可能性のある出来事や状況のことである。脅威を与える要因としては、市場成長の衰退、新たな競争相手の出現、規制緩和や規制強化、顧客選好の変化、競争相手の技術力の向上、優れた代替製品の出現などがある。ただし、機会と脅威は、明確に区別をつけることができないことが多い。たとえば、規制緩和は、ある業界や企業にとっては脅威であっても、別の業界や企業にとっては機会を提供することになる場合が存在している。

（2）経営環境の変化と状況分析

今日の企業経営者には、企業を取り巻く環境の変化の中に存在する多様な情報を識別し、その中から意味ある情報を選別していくことが求められる。すなわち、環境の変化は、新たな事業機会を創出することもあれば、その予測を誤ったり的確に対応することができなければ企業の成長を停滞させる脅威ともなる。環境分析は、企業が市場において安定した競争優位を獲得するために、戦略上欠かせない作業である。

企業を取り巻く環境分析には、一般に、次のような環境対象が存在している。
1）顧客（消費者）を中心とした環境
2）業界全体を取り巻く環境
3）競争（相手）環境
4）マクロ環境

それらの環境に対応する形で、分析すべき内容を抽出し、深く検討を加えていく必要がある。

① **顧客分析**

どのような企業であれ、そこには独自に絞り込んだ顧客グループ（ターゲット・マーケット）が存在している。しかし、十分な検討の加えられない絞り込みはかえって企業の戦略を失敗させ、自社に危機をもたらす源ともなりかねない。そこで、企業にとって最もふさわしい顧客を見いだすために、十分な顧客分析を行い、みずからの既存顧客あるいは将来の顧客の姿（**顧客プロフィール**）を明らかにしておく必要がある。

そのためには、市場細分化の基準の検討とそれに基づく標的顧客の明確化の作業が慎重に行われる必要がある。もちろん、顧客自身も環境の変化の中でみずからを変化させており、しかも、顧客の心の中に起きている変化が、外からそれとわかる形で見えるとは限らない。そこで今日ではさまざまな角度から顧客行動の解明が行われており、心理学、社会学、社会心理学などの成果が取り入れられ、小売マーケティング研究の中でも最も学際的特徴の強い分析領域ということができる。

② **業界分析**

次に重要な分析は、所属するあるいは参入する業界全般に関する環境の把握である。この業界分析を行う目的はいくつかあるが、主要なものとしては次のようなものが挙げられる。
1）既存企業および潜在企業にとってその業界の魅力は何か
2）参入する（している）業界の中で成功するための要因は何か

これらの点を明らかにするために、業界分析においてさらに検討すべ

き項目を挙げると次のようになる。
 1）その業界全体の市場規模（実際および潜在力）および成長率
 2）その業界の中に存在する競争相手
 3）その業界に存在している流通システムあるいは新たに開発すべき流通システム
 4）その業界のライフサイクルの段階

ただし、みずからの企業がどのような業界に所属しているかという問題は、その業界の境界線をどこにするかという問題と密接に関連している。これは先に述べた「事業の定義」とも密接に関連している。

③ 競争相手分析

前述した検討項目のうち、特に競争相手の分析は慎重に行う必要がある。そこでは、次のような切り口からの分析が必要とされる。
 1）競争相手はだれか（「戦略グループ」の確認）
 2）競争の激しさの程度とその性格（「参入障壁」あるいは「撤退・移動障壁」の高さの確認）
 3）競争相手の「強みと弱み」は何か
 4）自社のマーケティング活動の競争相手への影響度
 5）競争相手のマーケティング活動の自社への影響度

これらの分析を通じて自社の競争上の優位をどのように達成し、維持していくかを見極めることが可能となる。

④ マクロ環境分析……PEST分析

企業は、組織の成長や衰退に影響を与える機会と脅威に満ちあふれたマクロ環境の中に存在する。そのような環境の力は、企業のコントロールの範囲を超えたものであるが、マーケターにとって大切なことは、機会をつかみ脅威を回避するうえで、そのような要素を監視し評価することである。そのために有効な分析道具は、**PEST分析**として知られている。（Fortenberry, J. L. Jr.〔2004〕pp.117-120.）

この分析手法の名称は、マクロ環境の4つの要因である政治的（Political）、経済的（Economic）、社会的（Social）、技術的（Technological）

の英文の頭文字からとったものである。

1）政治的要因

　政治的要因は、政治力を持つ個人や団体によりもたらされるが、そこには政治家、官僚、裁判関係者などが含まれるとともに、それぞれの業界や企業の所轄官庁といった行政組織も含まれることとなる。製品の安全性、生活する人々の健康、環境保全、信用などにかかわる法的規制なども個別の業界ごとにきめの細かい対応が求められることとなる。

2）経済的要因

　経済的要因は、企業を取り巻くさまざまな経済状況とかかわる問題を含んでいる。

　このような経済的要因には、景気動向、雇用情勢、所得水準、さらにはグローバル化の進展に伴う海外への企業進出や外国企業の国内への進出など、さまざまな要因が含まれることとなる。これらの経済的要因は、業界動向、個別企業、さらには個々の経営者の判断に大きな影響を与えることとなる。景気後退期には企業は製品の売上げの減少や市場撤退に強い影響を与えることになり、為替レートの変化やインフレに伴うコストアップが企業の成長に影響を与えることは明らかである。

3）社会的要因

　社会的要因は、特定の環境の範囲内で活動しているあらゆる組織にインパクトを与える。社会的要因は、人口統計学的要因（たとえば、年齢、性別、人種、世帯規模、教育）および社会的価値観や信念（たとえば、利他的／利己的、道徳／不道徳）といった側面を含んでいる。

　社会的要因は、消費者の欲求に影響を与え、さらに消費者が購入しようとするものに影響を与える。たとえば、若年層の求める商品やサービスは、老齢層の希望するものとは異なっている。そこで、マーケターはそれぞれの要求に対応していく必要がある。同様のことが、市場内のさまざまなセグメントにもいえる。

4）技術的要因

技術的要因は、実にさまざまな形で社会に影響を与えている。企業は、社内的にも社外的にも技術革新の恩恵を受けている。社内的には、技術革新を業務改善につなげる。たとえば、イントラネットやPOSシステム（→第３章４節**3**参照）などを挙げることができる。社外的には、顧客に製品・サービスを提供するための技術革新、たとえば音声認識機能のあるスマートフォン、自動ブレーキ性能を備えている自動車を指摘することができる。バイオテクノロジー、IoT（Internet of Things）、さらには最先端技術の発展を積極的に導入した技術革新が現れてきており、それにより、内外に存在する新しいマーケットを開拓・成長させていくことを可能にしてきている。

（3）自社分析

自社分析の中心的な課題は、みずからの企業（事業）の強みと弱みを明らかにすることである。さらに自社分析を行うためには、これらの要因を確認するだけでなく、常に変化していく競争状態、市場状態と関連させていく必要がある。その意味で、自社分析は、環境分析と常に連動させた形で実施されるべきである。

自社分析で強みと弱みを明らかにするには、自社の業績に影響を与える要因をはっきりさせる必要がある。さらにいえば、このような影響要因を挙げただけでは意味があるとはいえない。これらの諸要因が業績とどのように関連しているのか調べる必要がある。そこで、これらのポイントを具体的に評価する方法について考える必要がある。業績評価を行う基準にはさまざまなものが考えられるが、おおむね図表１－４－５のような項目を挙げることができる。

このような自社分析については、企業の保有する資産の重要性に対する認識の高まりとともに、その重要性が特に叫ばれているところである。

1980年代の競争戦略ブームは、1990年代に入り、その有効性・妥当性に疑問がもたれるようになってきた。これは競争相手の手の内を知るこ

図表1－4－5　自社分析の内容

①イノベーション	事業知識
製品あるいはサービスの技術的優位性	文化
新製品開発能力	戦略目標と計画
R&D	起業家的先進性
テクノロジー	忠誠度……離職率
特許	戦略的意思決定の質
②製造	⑤マーケティング
コスト構造	品質への評価
操業体制の柔軟性	製品の特徴／差別化
設備	ブランド・ネームの認知度
原材料調達力	製品ラインの幅……システムの能力
垂直統合	顧客志向
労働力の態度と動機づけ	細分化／焦点市場
生産能力	流通
③財務……資本調達	小売との関係
日常生活から	広告／販促スキル
短期純資産から	販売陣
負債資金調達の能力と積極性	顧客サービス／製品サポート
株式資産調達の能力と積極性	⑥顧客ベース
新会社の資金調達への積極性	顧客の規模と忠誠度
④経営陣	マーケット・シェア
トップ・マネジメントと中間マネジメント層：その質とスタイル	対象セグメントの成長性

出所：Aaker, D. A.〔1988〕p.84.

との難しさと、たとえ競争相手の戦略がわかったとして、それを上回る競争優位を構築することの難しさが指摘されるようになったからである。

　さらに、企業内の有形・無形の資源に対する重要性およびその評価に注目が寄せられるようになり、リソース、コンピタンス、ケイパビリティ、ナレッジ、暗黙知などという用語が盛んに用いられるようになってきている。これらの言葉は、論じる研究者により、定義するところはそれぞれに異なっているが、共通している点は、企業内の有効な資源を市場の要求に応える形で創出・維持・発展させていく重要性を指摘していることである。

その意味で、内的環境分析である強み・弱み分析は、今日でも、企業の存続維持に欠かせない分析技法といえる。

4 サービス・マーケティング戦略

(1) サービスの定義

　アメリカ・マーケティング協会（AMA）によれば、サービスとは非有形な製品であると定義されている（http://www.marketing-dictionary.org/Services）。例としては、銀行ローンやホーム・セキュリティなどである。これらのほかにも、製品の交換や使用を売り手が手助けするといった、製品の販売に付随して遂行される活動もサービスとして定義されている。このように、完全に非有形な製品として買い手に提供される場合もあれば、有形な製品に付随的に提供される場合もあるが、それらはいずれもサービスとみなされている。また、グルンルース（Grönroos, C.）は、「サービスとは、程度の差はあるが、活動という目に見えないプロセスである。そのプロセスは大抵、しかし必ずしも常にではないが、顧客とサービス担当者（たとえば、美容師）やサービス提供業者（美容院）の物的資源（シャンプー台）や製品（シャンプー）およびシステム（手順）とのインタラクションの中で生じ、それは顧客の抱える問題へのソリューションとして提供される」（Grönroos, C.〔2007〕p.52）と定義している。

　このように、サービスとは非有形な目に見えない行動やプロセスを意味しており、企業経営においては、サービスは、それ単独で企業から顧客に提供されたり、あるいは製品を販売する際に付随的に提供されたりする。このことは、有形な製品と非有形なサービスとでは、そのマーケティング戦略もおのずと異なることを暗示している。

(2) サービスの一般的特性

　サービス・マーケティング戦略の策定にあたっては、まず、製品に対

するサービスの特性を理解することが役に立つ。サービスには、以下のような一般的な特性がある。

① **無体性ないし非有形性**

サービスの最大の特性は、形がなく目に見えないということである。サービスは行動やパフォーマンスであることから、製品のように手に取って見ることができない。サービスはモノではなくコトなので、所有権という概念がなく、当然、所有権の移転も行われない。美容院で髪を切るコト、鉄道会社がある地点から別の地点に輸送するコト、クリーニング店が衣類の汚れを落とすコト、これらはいずれもサービスであり、モノやその所有権が移転されることはない。この無体性ないし非有形性というサービスの最大の特性から、いくつかの他の特性が導き出される。

② **生産と消費の同時性ないし不可分性**

サービスとは顧客に何らかの活動を施すことなので、生産と消費が同時に進行する。美容院で髪を切るには、ある特定の時間にある特定の場所（通常は、美容院）に美容師と顧客の双方が存在していなければならない。すなわち、サービスが生産される時間と場所にサービス担当者と顧客がいなければならない。このことは、サービスへの消費者によるインプットが行われると同時に、消費も行われることを表している。

③ **経験性**

サービスは非有形で手で触れることができないため、消費者はサービスを購入する前にその内容や品質を詳細に理解することができない。有形な製品は、カタログや諸元を参照することでスペックや品質およびパフォーマンスを事前に理解し、いくつかの製品を比較することによって評価することが容易だが、サービスの詳細な内容や品質は経験してみなければわからない。そのため、サービス企業では、プロモーションに関して製造業と異なる工夫が必要となる。サービスは手に取って触れることができず、購入後に経験しないと品質評価ができないので、サービスをプロモーションするにあたって、サービス企業は潜在顧客にサービス経験を事前にイメージしやすくする必要がある。

④　参加性

　サービスの経験性は、必然的にサービス生産への顧客の参加を暗示する。サービスの生産過程では顧客が身体的な動作をしたり、知的な活動を行ったりするため、サービスでは顧客がサービス生産プロセスに深く関与する。たとえば、サービスを受けるために自分の身体を動かしたり、あるいはサービス提供業者に要望を伝達したりする。このように、サービスでは顧客みずからがサービス生産の主体となったりサービス提供業者と協働したりするのでサービス・マーケティングは顧客をサービスの**共同生産者**とみなしている（Normann, R.〔1991〕.）。

⑤　非規格性ないし非均等性

　サービスの生産に顧客が参加するという特性からは、非規格性ないし非均等性という特性が派生する。顧客の参加度合いによってサービスのアウトプットも変化し、それによってサービスの品質も非均等なものとなる。またそれは、サービスを規格化することが困難であることも示唆している。たとえば、腹痛といった症状を訴える2人の患者が病院を訪れたとき、ある患者は医師から食あたりという診断をされ薬を処方され、別の患者は風邪と診断され薬を処方されるかもしれない。正しく診断されるには、患者が症状だけでなく、それまでの食生活や既往症などを説明する必要があるだろうし、医師もより詳細な問診や検査を行う必要があるだろう。

⑥　一過性

　生産と消費の同時性ないし不可分性という特性は、有形な製品は相対的に持続性があるのに対して、サービスは顧客が消費した時点で存在しなくなることも暗示している。したがって、サービスは一過性のものであり、再販売されることはなく、そのため卸売業者や小売業者といった中間媒介業者が存在しない。さらには、この一過性のために、サービスは返品することもできない。サービスは生産されると同時に消費されるため、サービスのアウトプットに不具合があったとしても、それを取り返すことはできない。仮に、**サービスの失敗**が生じたとしても、過ぎ去

った時間を巻き戻して、サービスをやり直すことはできない。

⑦ **非貯蔵性**

　サービスの生産と消費が同時に行われ、それが一過性のものであるとするならば、当然、サービス提供業者がサービスをあらかじめつくり置きすることはできない。他方、顧客についても、受け取ったサービスを持ち帰って貯蔵しておくこともできない。それはすなわち、サービスは在庫できないということを意味している。サービスのアウトプットは、行動やパフォーマンスからもたらされるため、そのアウトプットは非有形なものであり、有形な製品のように倉庫に貯蔵しておくことはできない。

⑧ **非移動性**

　手に取って見ることができず、かつ貯蔵もできないサービスは、製品のように移動させることができない。また一過性であるがために、サービス提供業者と顧客の間に中間媒介業者が存在しないことから、サービスの提供に際しては、サービス提供業者が**サービス・ファクトリー**（サービスが生産される場）を設置するか、あるいは顧客の場所まで出向かなければならない。サービス・ファクトリーは移動可能であるが、サービスそのものを移動することはできない。

⑨ **需要不安定性**

　サービスは、季節や時間帯によって需要の変動が相対的に大きい。たとえば、夏には避暑地のホテルの予約が増え、冬にはスキー場が賑わったり、大型連休の時期には新幹線や航空機などの交通機関への需要が増大したり、週末には映画館が混んだりする。逆に、夏はスキー場が閉鎖され、平日の日中は電車やバスの乗客が少なく映画館も閑散としている。有形な製品に対する需要も変動するが、製品は貯蔵可能なため、需要拡大期には事前に生産し在庫して需要の増加に対応することが可能である。しかし、サービスはあらかじめ生産して在庫（貯蔵）することができないため、需要の変動に対して供給能力を調整しなければならない。

（3）サービス業のマーケティング上の課題

前記のようなサービスの一般的特性から、サービス業者がマーケティング戦略を策定する際には、以下のような課題が横たわっている（Booms, B. H. and Bitner, M. J.,〔1981〕pp.47-48.）。

① 品質管理

サービスは規格化あるいは標準化するのが困難なので、マーケティング・マネジャーは当初計画したサービス内容や見込み顧客にプロモーションした内容と、実際に顧客に提供されているサービスが一致しているか、正確に把握することができない。そのため、サービス業のマーケティング・マネジャーは、サービスの設計・プロモーション・価格設定によって形成された顧客の**事前期待**が、顧客が実際に経験したサービス内容と合致しているかどうか理解する必要がある。

② 顧客インターフェイス

サービス業では、サービス担当者と顧客との間で、さらには顧客どうしの間でインタラクションが生じる。特に、顧客とサービス担当者が直接的な接触を行う**サービス・エンカウンター**（Lovelock, C. H. and Wirtz, J.〔2007〕.）を持つ福祉施設、美容院、コンサルティングなどの**ハイタッチ・サービス**では、顧客はサービスを提供されている過程でサービス組織とかかわり合いを持つ。サービス提供の過程で、顧客は多くの品質評価対象に接しており（たとえば、施設の外観や内装、機器、サービス担当者や他のスタッフの外見や行動、他の顧客たち）、これらの要素に対する印象やサービス担当者とのかかわり方が**顧客満足**に強い影響を及ぼすことになる。そのため、サービス担当者のほかに、それらの担当者や他の顧客との間の顧客インターフェイスが、顧客のサービス経験にとって重要となる。

③ 全社的マーケティング

製品マーケティングに比べて、サービス・マーケティングは新しいものなので、サービス業におけるマーケティング機能は、製造業者のマーケティング機能ほど体系化されていない。高い顧客満足を実現するには、

直接的に顧客と接触するサービス担当者だけでなく、バックステージ業務を担当するスタッフが**マーケティング・コンセプト**（顧客志向）という経営哲学を理解し、サービス担当者と協力して業務遂行することが求められる。コールセンターのオペレーター、顧客に経過報告するアシスタントなども含めて、サービス業に属するスタッフのほとんどが、顧客との接点を有しており、また何らかのマーケティング活動を行っているため、彼らは**パートタイム・マーケター**（Gummesson, E.〔1991〕p.60.）とみなされる。

（4）サービス業のマーケティング・ミックス

サービス業のマーケティング・ミックスは、有形財のマーケティング・ミックスを修正かつ拡張して開発された。有形財のマーケティングでは、プロダクト、プライス、プロモーション、プレイスという4Pという体系が最も普及しているが、この体系は非有形財としてのサービスには完全に適用できないことから、ブームス（Booms, B. H.）とビトナー（Bitner, M. J.）は、有形財のマーケティング・ミックスである4Pを修正し、さらにそれに、参加者（Participants）、物的証拠（Physical evidence）、サービス提供プロセス（Process of service assembly）という3つの要素を追加して**サービス・マーケティング・ミックス**（7P）を体系化した（Booms, B. H. and Bitner, M. J.〔1981〕pp.48-49.）。図表1－4－6は、サービス・マーケティング・ミックスの7つの要素を示している。

① **サービス・プロダクト**

サービスは手に取って見ることができないため、サービス・マーケティングにおけるプロダクトには、有形財のマーケティング・ミックスと同様のブランド名、品質、保証といった要素に加えて、サービス担当者、物的環境、サービス提供プロセスなどの要素が含まれる。なお、これらの要素は、顧客の視点から計画されなければならない。

② **プライス**

図表1－4－6　サービス・マーケティング・ミックス

要　素	内　　容
サービス・プロダクト	品質、ブランド名、サービス・ライン、保証、処理能力、補助製品、有形な手がかり、価格、サービス担当者、物的環境、サービス提供プロセス
プライス	価格水準、割引や値引き、支払条件、顧客知覚価値、品質と価格の関係、差別価格
プレイス	立地、アクセス可能性、流通チャネル、流通カバレッジ
プロモーション	広告、人的販売、販売促進、パブリシティ、物的環境、補助製品、有形な手がかり、サービス提供プロセス
参加者	サービス担当者（訓練、自由裁量権、コミットメント、インセンティブ、外見、担当者間の行動）、態度、他の顧客（行動、関与度、顧客どうしの接触）
物的証拠	環境（調度品、色彩、配置、騒音レベル）、補助製品、有形な手がかり
サービス提供プロセス	方針、手順、機械化、従業員の自由裁量権、顧客の関与、顧客の誘導、王道の流れ

出所：Booms, B. H. and Bitner, M. J.〔1981〕p.50.

　サービスにとって、価格は品質に対する事前期待形成の手がかりとしての役割を果たす。したがって、価格を設定する際には、サービスの品質や価値に対して顧客がどのように知覚するかを考慮しなければならない。そのためには、自社が提供するサービスの顧客はだれか、その顧客にとってのベネフィット（便益）は何かを理解し、その知覚ベネフィットに応じた価格水準を設定することになる。

③　プレイス

　サービスは生産と消費が同時に行われ、そのためサービスを貯蔵し移動（輸送）することができないため、顧客にとってアクセス可能性の高い立地を選択することが重要となる。

④　プロモーション

　サービスのプロモーションは、有形財のマーケティング・ミックスと同様の広告、パブリシティ、販売促進に加えて、サービスは手に取って

見ることができないために、サービス内容を伝達するためのメッセージが重要となる。また、サービス・マーケティングでは、有形財のマーケティングに比べて、人的販売が大きな役割を果たす。サービス担当者だけでなく、顧客との接触を持つ社内スタッフも人的販売を担っている。

⑤ **参加者**

サービス業者は、サービスを提供する過程でサービス担当者と顧客とのインタラクションや顧客どうしのインタラクションが行われることが多い。そのため、サービス担当者の訓練、裁量の付与、コミットメントやインセンティブだけでなく、外見や行動も重要となる。また、他の顧客の行動や関与度も焦点顧客の満足度に影響を及ぼす。そのため、場合によっては**顧客教育**が施されることがある。

⑥ **物的証拠**

サービス自体は形がないため、顧客にとってはサービス業者や**サービス・エンカウンター**での物的環境が品質評価の手がかりとなる。たとえば、レストランの建物外観や内装、調度品、部屋の色調、部屋の配置、室内の騒音レベルなどは、**サービス品質**に対する事前期待形成の手がかりとなる。

⑦ **サービス提供プロセス**

サービス業は、どのような手順で顧客にサービスを提供するのかというプロセスを設計しなければならない。どのような方針で、どのような手順で、どの部分を機械化しどの部分をサービス担当者が行うのか、さらには顧客にどのようにサービスの生産に関与してもらうのか、そしてその顧客をどのようにサービス生産活動に誘導するのかを決定する。これは、サービス・プロセスを詳細に描写したフローチャートである**サービス・ブループリント**によって図式化される（Shostack, G. L. 〔1984〕.）。

サービス・マーケティング・ミックスのこれらの7つの要素は、顧客の購買意思決定だけでなく顧客満足度や再購買意思決定にも影響を及ぼす。また、有形財のマーケティングの4P同様に、サービス・マーケティングの7Pについても標的顧客に対して一貫性が保たれるように統合

されなければならない。

（5）製造業のサービス化

　サービス・マーケティングの研究は、1970年代末から1980年代にかけて活発化され体系化されてきた。初期のサービス・マーケティングは、有形財である製品との比較によってその特徴（主に、無体性ないし非有形性）を明確化し、その特徴を考慮してマーケティング・ミックスを体系化していた。そのため、有形財のマーケティングと無形財のマーケティングという別個のマーケティングが体系化されていた。しかしその後、**サービス経済化**の進展と工業分野での競争の激化によって、製造業者の間では製品の販売だけでなく製品にサービスを付加することによって**競争優位**を獲得しようという取り組みが見られるようになった。

　このような取り組みや戦略は、**サービタイゼーション**と呼ばれている（Vandermerwe, S. and Rada, J.〔1988〕.）。サービタイゼーションとは、サービスを中心として、顧客の視点から、製品、サポート、セルフサービス、知識を束ねて自社の**オファリング**を構成することである。たとえば、コンピュータ・メーカーは、製品としてのコンピュータに、保守サービス、アプリケーションの提供、ユーザー・トレーニング、顧客による自己診断を束ねて自社のオファリングとして顧客に提供することで、単なる製品による競争から脱却することができる。

　近年においては、単に製品またはサービスのみを提供している企業がまれとなっていることから、製造業とサービス業の境界線がより曖昧になり、製品を生産および販売している企業を製造業と呼び、サービスを提供している企業をサービス業と呼ぶことができなくなっている。企業が提供しているのはオファリングさらには**ソリューション**であるとみなし、自社をソリューション・カンパニーと呼ぶ企業も台頭している。

第5節 マーケティング・ミックスの理解

学習のポイント

◆マーケティング・ミックスとは、単なるマーケティング手段の混合ではなく、①手段や方法の側面、②コストの側面、③時間軸、という3つの側面を持った多次元的なものである。
◆マーケティング・ミックスの構成要素とは、①製品計画、②価格決定、③プロモーション計画と管理、④マーケティング・チャネル、⑤物流・パッケージング、の5つである。

1 マーケティング・ミックスの概念

(1) マーケティング・ミックスとは

　マーケティング・ミックスについて、多くのテキストでは、非常に単純に「マーケティング手段の混合ないし組み合わせ」と説明しているが、それはマーケティング活動の平面的な説明でしかない。
　マーケティング・ミックスとは、「マーケティング・コンセプトの経営理念を達成することを前提に、標的市場の**顧客価値を創造**し、伝達し、それを効果的に届け、かつ、目標とする利益が確保できるようにマーケティング諸要素を適切に混合し、組み合わせること」である。つまり、マーケティング・ミックスを策定する管理者は、市場環境の変化と標的市場の規模と諸特性、需要の量と質といったさまざまな側面について十分な分析をしたうえで、その標的市場に最もふさわしい最適なマーケティング手段や方法を選択しなければならない。

91

（2）マーケティング・ミックスの多次元的特性

　マーケティング戦略を展開しようとする場合に決めなければならない中心的な課題は、マーケティング・ミックスをどう組み合わせるかということである。その際、その多次元的な特性を理解することが重要である。マーケティング・ミックスは、単なるマーケティング手段の混合と理解されがちであるが、基本的に注意しなければならないことは、次の4つの次元である。

① 　企業のマーケティング・コンセプトを、マーケティング・ミックスに十分反映することである。つまり、経営目的を達成するための手段選択の次元であることを忘れてはならない。

② 　マーケティング・ミックスは、マーケティングの提供物と手段から成っている。つまり、それは手段的側面の次元である。

③ 　マーケティングの手段的諸要素は、マーケティング・ミックスとして投入される**マーケティング・コスト**の次元でとらえることができる。いうまでもなく、マーケティング・コストを財務会計としてとらえれば、損益計算書に計上される販売費や人件費、広告費、交際費、減価償却費などにとどまらず、貸借対照表に計上される製品開発研究費も含められる。つまり、マーケティング・コストがマーケティング・ミックスと表裏の関係であることを理解しておかなければならない。

④ 　マーケティング・ミックスは、静態的な条件でミックスされるものではない。標的市場に対して一定期間の中での**時間軸**の次元に沿ってミックスされることを忘れてはならない。つまり、マーケティング・ミックスは、一定期間にわたって標的市場に対してインプットされ、その最適な投入の結果として得られた収益は、アウトプットとみなすことができる。この収益が得られるように、企業のマーケティング諸要素の最適な組み合わせをめざすのが、マーケティング・ミックスである。

　以上のことを図示すると、図表1－5－1のようになる。

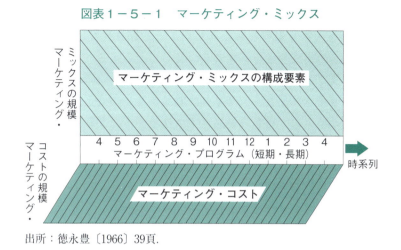

図表1－5－1　マーケティング・ミックス

出所：徳永豊〔1966〕39頁.

2 マーケティング・ミックスの構成要素

　マーケティング・ミックスの構成要素は、一般に4P、つまり製品（Product）、価格（Price）、プロモーション（Promotion）、チャネル（Place）の4つを取り上げて説明されている。この分類図式は、マッカーシーによって提唱されたものであるが、4Pによってマーケティング・パラダイムを意図したのではなく、その著書を『ベーシック・マーケティング』と名づけたことからしても、まさに初心者向けのマーケティング読本にふさわしく、記憶に残りかつ理解しやすいようにとの配慮があったものと解したほうが素直であろう。その証拠に、広告と販売員の販売活動をまとめてプロモーションの頭文字をとってPとしている。そして、マーケティング・チャネルや取引は市場で行われるといったことから、market-placeのplaceを強引に解釈して4Pとしただけである。それが本人の意図に反して、一部の学者がマーケティング・パラダイムとして勝手に解釈し、持ち上げてあおりたてたが、その論理的な根拠はない。

　したがって、本書ではこれらのことを考慮し、さらに20世紀末に全世

界の政治・社会・経済に大きなインパクトを与えた情報革新が、マーケティングにも大きな影響をもたらしたことも踏まえて、マーケティング・ミックスの構成要素を、次の5つとしてとらえる。

① **製品計画**：次に関する政策と手順
　a．製品ライン：品質、デザイン、製品ラインの拡張と縮小など
　b．製品ミックス：複数の製品ライフサイクルによる製品廃棄計画ないし陳腐化計画の検討
　c．ブランド：トレード・マークの選択
　　・商標政策：個別商標か統一商標か
　　・プライベート・ブランドかノーブランドか
　d．パッケージ：包装とラベル・デザインの考案
　e．販売すべき市場：だれに、どこで、いつ、いかなる量を
　f．新製品政策：製品コンセプトの開発と研究開発プログラム

② **価格決定**：次に関する政策と手順
　a．採用すべき価格水準：競争相手との対応でリーダーシップをとるか追従するか。あるいは初期高価格ないし初期低価格かなど
　b．採用すべき特殊価格（端数価格か、端数のない価格かなど）
　c．価格政策：単一価格か複数価格か、価格維持、定価の利用など
　d．採用すべきマージン、会社のマージン、販売業者のマージンなど

③ **プロモーション計画と管理**：次に関する政策と手順
　a．人的販売：人的販売にかける比重および採用すべき方法
　　・製造業者の組織
　　・卸売段階
　　・小売段階
　b．広告とパブリシティ：広告媒体の選択と各媒体に投入すべき量。採用すべきコピー（望ましい製品イメージや企業イメージを創造する）。画期的な新製品を市場に紹介するにあたって、新聞媒体やテレビ所有機関に向けて、ニュース・リリースを送付することによってもたらされる報道である企業のパブリシティは、(a) 企業の広告

担当者と媒体編集者との日ごろからのリレーションシップの確立、(b)絶え間ないニュース・リリースによる情報提供、(c)イベントによる話題提供、(d)新製品・新事業その他、記者会見による発表など、たゆまぬ努力が必要である。
　c．販売促進：次に関する政策と手順
　　・特売計画にかける比重、あるいは直接販売業者への販売もしくは販売業者への販売に用いる販売用具の形態と頻度
　　・消費者向け販売促進ならびに販売業者向け販売促進用具の形態と頻度
④　**マーケティング・チャネル**：次に関する政策と手順
　a．垂直的マーケティング・システムに関する基本政策
　b．卸売業者と小売業者の選択度合い
　c．販売業者の協力支援のための努力
⑤　**物流・パッケージング**：次に関する政策と手順
　a．輸送
　b．荷役・保管・在庫管理
　c．流通加工・外装（梱包）
　d．受発注情報処理

3 マーケティング・ミックスの実行と修正

　マーケティング・ミックスは、計画と実行結果とを比較して、思いがけないほどの効果を上げることもあれば、意図した効果が得られない場合もある。その比率は、おそらく意図に反した結果を伴うことのほうが多いであろう。そのような場合には、1つの経験として学習し、部分修正ができるように、どこに問題があったのか、なぜ狂いが生じたかを分析して、次回に期すことがなければならない。
　たとえば、一定期間にわたってマーケティング手段を投入するミックスの順序に問題があったのか、時期的に問題があったか、競争相手の妨

害が発生したのか、その他さまざまな問題が偶然に発生したのか。これらの原因を追求することの積み重ねを通じて、部分修正を施した追加ミックスの投入をすることが必要である。

コラム コーヒーブレイク

《マーケティング意思決定幹部は、創作料理のミキサーたれ！》

　ボーデン（Borden, N. H.）によってマーケティング・ミックス概念が誕生したが、それは同僚からヒントを得てマーケティング用語として一般化したものである。つまり、ミックス概念は、顧客（標的顧客）に対して、手持ちの食材（マーケティング・ミックスの構成要素）を用いて、価値ある料理（マーケティング・ミックス－材料軸＜事前の準備＞時間軸＜熱を加え・逆に冷やすタイミング＞食器へ美的に盛る）を提供する一連の行為と、きわめて類似している。

　マーケティング幹部は、どの料理店でも作るような料理ではなく、まさに、食材を非常に優雅な料理へと誘う、創作料理の創造者でなければならない。

第1章　理解度チェック

次の設問に解答しなさい（解答・解説は後段参照）。

1. 次のマーケティングの歴史と定義に関する記述のうち、誤っているものを1つ選びなさい。
   ① マーケティングはわが国の実業界に昭和30年代に導入され、アメリカの影響を受けながら大きく発展してきた。
   ② 1950年には、マネジリアル・マーケティングが提唱され、階層化した組織におけるマーケティングの役割が認識されるようになっている。
   ③ マーケティング・コンセプトは、大規模多角的企業において顧客志向の実現のために提唱された企業の経営理念として解釈される。
   ④ 2004年に制定されたAMAのマーケティングの定義には、マーケティング・ミックスが含められている。

2. マーケティングの環境に関する次の記述のうち、適切なものを1つ選びなさい。
   ① ミクロ環境とは、ミクロな生物が社会の環境に影響を与えることを意味する自然環境のことである。
   ② 社会経済的視点からマーケティングを研究することをトータルマーケティングという。
   ③ マクロ・マーケティングは、社会全体の視点から分析で需給の両サイドの仮定条件を合理的な人間とみなしてしまうことで、需給にかかわる均衡を計算してしまう危険性がある。
   ④ 顧客に提供する価値は製造業者の付加価値計算によって決まるので、とにかく製品に付加価値を加えるほうがよい。

3. 次の文章の（　）欄にあてはまる語句を、A～Fから選びなさい。
   マーケティング・（①）は、（②）であるが、単なる信条や（③）

97

であってはならない。それは（④）であり、その目的を達成するために（⑤）を定め、その目標を達成するための（⑤）に基づく実践を身につけることが肝要である。

A　スローガン　　B　目標　　C　経営理念　　D　企業の目的
E　行動指針　　　F　コンセプト

4. 次のマーケティングの基礎概念に関する記述のうち、誤っているものを1つ選びなさい。
① マーケティング・コンセプトの推進は、経営者やマーケティング担当者に限らず、企業にかかわるすべての人々にとって重要である。
② 市場細分化では、地理的変数を中心に進めていくことが必要となる。
③ PEST分析とは、マクロ環境分析を行ううえで有効な分析手法である。
④ 戦略マーケティングに含まれるべき条件としては、顧客志向、競争志向、財務志向、計画志向がある。

5. マーケティング・コンセプトとマーケティング・ミックスに関する記述のうち、誤っているものを1つ選びなさい。
① マーケティング・ミックスとは、製品、価格、チャネル、プロモーションの4つの領域に関する意思決定領域のことである。
② 顧客をマーケティング・ミックスに含めることはない。それはマーケティング・ミックスが手段だからである。
③ 企業のマーケティング・コンセプトをマーケティング・ミックスに十分反映するよう心がけねばならない。
④ マーケティング・ミックスは、マーケティング・コストとはまったく無関係なものである。

第1章　理解度チェック　解答・解説

1. ④
マーケティング・ミックスが強調されるのは、1985年の定義である。2004年の定義では顧客関係管理とステークホルダーが強調される。

2. ③
社会環境、自然環境、経済環境といった間接的な環境がマクロ環境となり、企業に直接影響を与える市場や顧客がミクロ環境となる。

3. ①－F　②－C　③－A　④－D　⑤－B　⑥－E

4. ②
市場細分化では、地理的変数、人口統計的変数など複数の変数を組み合わせて用いる。

5. ④
マーケティング・ミックスの構成要素とコストは、表裏の関係にある。

〈参考文献〉

井上崇通「戦略マーケティングの分析枠組みを求めて (一)」名古屋経済大学・市邨学園短期大学『社会科学論集』1990.

井上崇通・村松潤一編著『サービス・ドミナント・ロジック―マーケティング研究への新たな視座』同文舘出版、2010.

井上崇通『消費者行動論』同文舘出版、2012.

徳永豊『マーケティング戦略論』同文舘出版、1966.

徳永豊『マーケティングの統合をめざしてⅠ』明大商学論叢58巻6号、1975.

徳永豊・森博隆・井上崇通『例解 マーケティングの管理と診断〔改訂版〕』同友館、1990.

(財)日本生産性本部『マーケッティング視察団報告書』、1957.

水尾順一『マーケティング倫理-人間・社会・環境との共生』中央経済社、2000.

Aaker, D. A., *Developing Business Strategies,* John Wiley and Sons, 1988.

Abell, D. F., *Defining the Business: The Starting Point of Strategic Plannin,* Prentice-Hall.（石井淳蔵訳『事業の定義』千倉書房、1984.）

Ansoff, H. I., *Corporate Strategy,* 1965.

Ansoff, H. I. and Hayes, R. L., *Strategic Planning to Strategic Management,* 1976.

Assael, H., *Marketing Management,* Strategy and Action, 1985.

Booms, B. H. and Bitner, M. J., "Marketing Strategies and Organization Structures for Service Firms," Donnelly, J. H. and George, W. R. (eds.), *Marketing of Services,* American Marketing Association, 1981, pp.47-51.

Chandler, A. D. Jr., *Strategy and Structure: History of American Industrial Enterprise,* MIT Press, 1962.（有賀裕子訳『組織は戦略に従う』ダイヤモンド社、2004.）

Darroch, J., Miles, M. P., Jardine, A. and Cooke, E. F., *The 2004 AMA Definition of Marketing and Its Relationship to a Market Orientation,* Journal of Marketing Theory and Practice; Fall, 2004.

Fortenberry, Jr. J. L., *Marketing Tool for Business Executives*, Oxford Crest, 2004.

G. S. デイ、徳永豊・井上崇通・篠原敏彦共訳『市場駆動型の組織』同友館、1999.

Greenley, G. E. and Foxall. G. R., *External Moderation of Associations Among Stakeholder Orientations and Company Performance*, International Journal of Research in Marketing, 1998.

Grönroos, C., *Service Management and Marketing: Customer Management in Service Competition*, 3rd ed., John Wiley & Sons, 2007.（近藤宏一監訳・蒲生智哉訳『北欧型サービス志向のマネジメント-競争を生き抜くマーケティングの新潮流-』ミネルヴァ書、2013.）

Gummesson, E., "Marketing-orientation Revisited: The Crucial Role of the Part-time Marketer," *European Journal of Marketing*, Vol.25, No.2, pp.60-75.

Gundlach Gregory T.and William L Wilkie, The American Marketing Association's New Definition of Marketing: Perspective and Commentary on the 2007 Revision, *Journal of Public Policy & Marketing* Fall 2009, Vol 28, No.2, pp.259-264.

Houghton, J. R., "The Age of Hierarchy Is Over", *New York Times*, September 24, 1989.

Howard, J. A., *Marketing Management: Analysis and Decision*, 1957.（田島義博訳『経営者のためのマーケティング・マネジメント』建帛社、1960.）

Nonaka, I. and Takeuchi, H., *The Knowledge-Creating Company*, 1995.（梅本勝博訳『知識創造企業』東洋経済新報社、1996.）

Kelley, E. J., Lazer,W., *Managerial Marketing*, 1958 and 1967.

Kelley, E. J., Marketing: *Strategy and Functions*, 1965.

King, R. L., The Marketing Concept, *Science in Marketing*, Edit., Schwartz, G., 1965.

Kotler, P. and Armstrong, G., *Principles of Marketing*, 16th ed., Prentice-Hall, 1994.

Kotler, P., *Marketing Management: Analysis, Planning, and Control*, Prentice-Hall, Inc., 1980., 1984.

Kotler, P., *Principles of Marketing*, Prentice-Hall, 1980 and 1994.

Levitt, T., *Innovation in Marketing*, McGraw-Hill, 1962, レビット著「レビットのマーケティング思考法」1983.

Levitt, T., "Marketing Myopia," *Harvard Business Review*, July/August, 1960. Harvard Business Review（日本語版）2001年11月号、「T. レビット特集号」ダイヤモンド社.

Lovelock, C. H. and Wirtz, J., *Services Marketing: People, Technology, Strategy*, 6th ed., Prentice-Hall, 2007.（白井義男監修『ラブロック＆ウィルツのサービス・マーケティング』ピアソン・エデュケーション、2008.）

Lusch Robert F. and Stephen L. Vargo, *Service-Dominant Logic: Premises, Perspectives, Possibilities*, Cambridge University Press 2014, 井上崇通監訳、庄司真人・田口尚史訳『サービス・ドミナント・ロジックの発想と応用』同文舘出版、2016.

McCarthy, E. J., *Basic Marketing: A Managerial Approach*, 1960.（粟屋義純監訳『ベーシック・マーケティング』東京教学社、1978.）

Normann, R., *Service Management: Strategy and Leadership in Service Business*, 2nd ed., John Wiley & Sons. 1991.（近藤隆雄訳『サービス・マネジメント』NTT出版、1993.）

Park, C. W. and Zaltman, G., *Marketing Management*, 1987.

P. F. ドラッカー、上田惇生訳『現代の経営（上）』ダイヤモンド社、1996.

Phelps, D. M. and Westing, J. H. *Marketing Management*, 1960.

Resnik, A. J., Turney, P. B. B. and Mason, J. B., "Marketers turn to 'Countersegmentation'", *Harvard Business Review*, September-October, 1979.

Shostack, G. Lynn, "Designing Services that Deliver," *Harvard Business Review*, Vol.62, No.1, pp.133-139, 1984.

Vandermerwa, S. and Rada, J., "Servitization of Business: Adding Value by

Adding Services," *European Management Journal*, Vol.6, Vol.4, pp.314-324, 1988.

Vargo, S. L., and Lusch, R. F., 'Evolving to a New Dominant Logic for Marketing', *Journal of Marketing*, 68 (1), 2004

Walker, O. C. Jr., Boyd, Jr. H. W. and Larreche, J. C., *Marketing Strategy: Planning and Implementation*, Irwin, 1992.

Weitz, B. and Wensley, R., "Introduction to Strategic Marketing," in *Readings Strategic Marketing: Analysis Planning, and Implementation*, B. Weitz and R. Wensley, eds., The Dryen Press, 1988.

Wind, Y. and Robertson, T. S., "Marketing Strategy: New Directions for Theory and Research", *Journal of Marketing*, Vol.47, Spring, 1983.

第2章

マーケティング・リサーチ・消費者行動基礎

【この章のねらい】

　マーケティング・リサーチは、組織が有効なマーケティング戦略を策定するうえで欠かすことのできない活動である。第2章の前半では、このマーケティング・リサーチの基本的な内容を理解するために、リサーチの目的や活動内容、マーケティング意思決定との関連性、リサーチで取り扱われるデータの種類、そしてデータの基本的な分析方法といった点を学習していく。

　消費者行動については、消費者の行動様式を具体的に理解できるように、消費者の購買行動に影響を与える諸要因について、消費者の心理的側面、すなわち、動機・知覚・学習・態度などの基礎概念の理解と、消費者の社会的側面、すなわち、文化・準拠集団・家族、そしてライフ・スタイル（ＡＩＯ分析、ＶＡＬＳ分析）などの理解を通じて、戦略マーケティング策定の基礎となる消費者に関する理解を高めるよう学習する。

第1節 マーケティング・リサーチの基礎

学習のポイント

◆マーケティング・リサーチの目的は、マーケティング担当者の意思決定を情報の面から支援することである。
◆マーケティング・リサーチは、特定の意思決定問題に特化したプロジェクト型の意思決定支援活動であるのに対して、マーケティング情報システムは、さまざまな意思決定を支援する汎用性を持った継続的なしくみである。
◆マーケティング・リサーチで収集されるデータには、1次データだけでなく2次データも含まれる。また、定量データであるか定性データであるかによってその後の分析の仕方が異なってくる。
◆マーケティング・リサーチは、標本調査の形式で実施されることが多く、標本の抽出方法には、無作為抽出法と有意抽出法という2つのタイプがある。

1 マーケティング・リサーチの意義と内容

　マーケティング担当者たちは、日々、さまざまな意思決定問題に直面している。もちろん、取り扱う製品・サービスなどによってその内容は異なってくるが、それらの問題を解決していくためには、おおむね図表2−1−1に示されるような内容の情報 Key Word が必要となってくる。
　これらの情報は、組織内外のさまざまな場所に存在し、容易に調査で

図表2-1-1　マーケティング情報ニーズのカテゴリー

マクロ環境 ・人口統計的トレンド ・経済動向 ・ライフスタイルの傾向 ・イノベーションの動向 ・法規・規制の動向
ビジネス環境 ・消費者情報 ・協力企業情報 ・競合企業情報
企業環境 ・売上げおよび市場シェア ・注文と繰越注文（バックオーダー） ・コスト ・顧客、製品、セグメント、流通チャネル、発注サイズ、そして地域ごとの顧客利益率 ・その他

出所：Kotler, P. 〔1991〕訳書、119頁.

きるものもあれば、調べることが困難なものもある。また、なかには種々の統計モデルやマーケティング・モデルを利用しなければ得られないような情報もある。複雑に、そして急速に変化するビジネス環境に創造的に適応していくためには、そういった情報を通じてマーケティング現象の状態やその背後にある傾向といったものを知り、意思決定上の不

> Key Word

情報——厳密にいうと、データと情報（あるいは戦略情報）は異なった概念である。現象の状態を記述的に表現したものをデータと呼ぶのに対し、このデータを処理・分析して意味解釈が付されたものを情報という（Lazer, W.〔1974〕訳書、徳永ほか〔1989〕.）。しかし、本文中では混乱を避けるため、これらを同義の言葉として使用する。

合理性や不確実性を軽減し、その有効性を可能な限り高めていかなければならない。

本節では、こういったマーケティング意思決定の情報環境を整備する機能としてマーケティング・リサーチを取り上げ、その内容と用法について説明していく。

(1) マーケティング・リサーチとは何か

マーケティング・リサーチを厳密に規定する統一された見解があるわけではないが、ここでは、引用頻度の高いアメリカ・マーケティング協会（AMA）の定義（1987年に発表されたもの）を読み解きながらそのおおまかな輪郭を描いていくことにしよう。

「マーケティング・リサーチとは、情報を通じて消費者、顧客、公衆とマーケティング担当者とを結びつける機能である。この情報は、マーケティング機会やマーケティング問題の把握と定義、マーケティング活動の生成、精緻化および評価、マーケティング成果の監視、そしてプロセスとしてのマーケティングの理解の改善に利用される。

マーケティング・リサーチは、これらの問題を扱うために必要とされる情報を特定し、情報の収集方法をデザインし、データ収集プロセスの管理と実施を行い、結果を分析し、そしてその調査からの発見と含意をコミュニケーションする」（Bennett, P. D.〔1995〕pp.169-170.）

かなり長い定義文であるが、これを整理すると、前半部分からはマーケティング・リサーチの目的を、後半部分からはその活動内容を読み取ることができる。

① マーケティング・リサーチの目的とその達成要件

リサーチと聞くと、データの収集や分析といったイメージを持つ人も多いと思われる。もちろん、そうした活動は重要な要素であるが、マーケティング・リサーチは、データの収集や分析それ自体を目的とするような活動ではない。その目的は、定義内に示されているようなマーケテ

ィング・プロセス上に見られるさまざまな**マーケティング意思決定**を情報という点で**支援**することである。

　このような目的が達成されるためには、主として2つの要件が満たされなければならない。1つ目の要件は、意思決定に提供される情報が適切な手続にのっとって、収集・分析されていなければならないという点である。マーケティング・リサーチは他のさまざまな調査と同様に、社会調査法や統計解析法などにおける原理やルールに従って進められなければならない。

　しかし、この要件が満たされているだけでは不十分である。第2の要件とは、提供される情報が意思決定にとって有用なものでなければならないという点である。有用であるかどうかは、情報の意思決定時における利用価値によって決まる。つまり、その情報が当該意思決定に必要で、かつ、その内容を意思決定者が理解できなければならない。

　この第2の要件は一見すると容易にクリアできそうに思えるが、たとえば、調査部門や外部の調査会社に調査を依頼するときなどのように、調査担当者と意思決定者（つまり調査結果の利用者）が同じではない場合には、それを満たすのは容易なことではない。なぜなら、調査担当者が当該意思決定問題を深く理解しているとは限らず、また、調査結果を利用する意思決定者が必ずしも収集手法や分析技法に精通しているとも限らないからである。いわゆる「マーケティング情報の氾濫（はんらん）」は、せっかく収集した情報が有効に利用されないまま組織の中にあふれかえっている状態であり、マーケティング・リサーチのネガティブな結果としていまでもよく取り上げられるテーマであるが、これは、この第2要件を満たすことが難しく、不必要な情報が膨大に集められていたり、必要な情報が意思決定者に理解されない形のまま放置されていたりしている実情を物語っている。→図表2－1－2

② **マーケティング・リサーチの活動内容**

　アメリカ・マーケティング協会が出している定義の後半部分は、先述したマーケティング・リサーチの目的を達成するのに必要な活動の内容

が描かれている。これによると、マーケティング・リサーチは、特定の意思決定を支援するために必要な情報が何かを特定し（**必要情報の特定化**）、その情報にかかわるデータの収集方法のデザイン、実施、統制を行い（**データの収集**）、それにより得られたデータを分析し（**データの分析**）、最終的には分析結果からもたらされる発見や含意について意思決定者との間でコミュニケーションを図る（**調査結果のコミュニケーション**）という、一連の活動領域で構成されている。

　これらの領域を、前述した2つの要件に関連づけて整理すると、情報の収集および分析にかかわる領域は第1の要件と深くかかわっており、こうしたリサーチ手続の適切性を確保するためのさまざまな事柄は、マーケティング・リサーチだけでなくあらゆるタイプの調査にも共通する部分である。一方、必要情報の特定化と調査結果のコミュニケーションという活動領域は、第2の要件と深くかかわっている。意思決定に必要な情報内容がどのようなものであるのかということを、調査する側とその結果を利用する側の双方で協議することにより、必要な情報の確保を促進するとともに不必要な情報の収集を抑制することができる。また、分析結果に対するさまざまな解釈の可能性について両者で話し合うことにより、分析結果の意思決定への利用可能性を高めていくことができる。この両活動領域は、調査担当者と意思決定者との接触点を示しており、マーケティング・リサーチを成功させるためには、こうした活動を通じて調査担当者が意思決定者のマーケティング問題に対して積極的に関与することが必要であることを示唆している（Stanton, W. J., et al.〔1991〕.）。→図表2－1－2

③　マーケティング・リサーチ・プロセス

　先述した活動内容をベースに、マーケティング・リサーチが行われるプロセスをまとめたものが図表2－1－3である。最初の段階では、リサーチの目的を明確化するとともにその目的のもとで必要な情報が何であるのかの特定化を行う。次の段階では、そうした必要情報を収集し分析するための計画が策定される。その後、この調査計画に基づきながら

図表2－1－2　マーケティング・リサーチの目的、目的達成要件、活動内容

目的	目的達成のための要件	活動内容
マーケティング意思決定の支援	提供する情報の収集・分析手続が適切であること	・情報収集方法のデザイン、実施、統制 ・情報の分析
	提供する情報が意思決定にとって有用であること	・必要情報の特定化 ・調査結果に関する意思決定者とのコミュニケーション

図表2－1－3　マーケティング・リサーチ・プロセス

必要情報の特定化 ⇒ データの収集 ⇒ データの分析 ⇒ 調査結果のコミュニケーション

実際に情報の収集と分析が行われ、最後の段階では調査結果に関して意思決定者との間でコミュニケーションが行われる。

（2）マーケティング情報システムとマーケティング・リサーチ

　マーケティング・リサーチと同様に、マーケティング意思決定を情報面から支援する機能を果たしているのが**マーケティング情報システム**（MIS：Marketing Information System）である。MISは、マーケティング意思決定に関係する情報を組織内外から取り込み、保存（記録）し、分析を施し、必要に応じてそれらの情報を組織内の意思決定者に流通させる、人と設備と手続の織り成す継続的な構造体であり（Aaker, D. A., et al.〔2004〕.）、概念的には次の**3つのサブシステム** Key Word の密接な連関を通じて情報の収集、保存、分析、組織内流通といった機能を提供している。→図表2－1－4

　　1）データ・システム……MISでは、組織内外の環境について定期的に情報収集がなされる。この定期的に収集される情報や過去のマーケティング・リサーチにおいて収集された情報は、後の検索に効

第2章 マーケティング・リサーチ・消費者行動基礎

図表2－1－4　マーケティング情報システムの構造

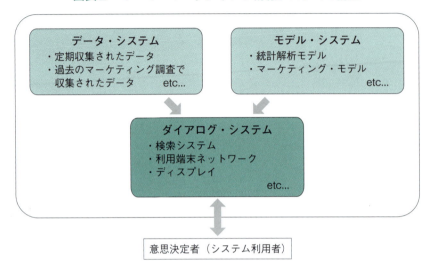

出所：Churchill, G. A., et al.〔2005〕p.28に加筆したもの.

果的に対応しうるような形で管理、保存される。データ・システムとは、こういった情報の取得や保存にかかわる機能を果たしている部分を指している。

2）モデル・システム……データ・システムに蓄積された情報を分析

Key Word

3つのサブシステム——このサブシステムの分け方は、意思決定の支援という点を強調しているChurchill, G. A., et al.〔2005〕によるものであるが、研究者によってサブシステムの構成に関する意見も異なっている。たとえば、MISの概念モデルを提示した先駆的研究であるMontgomery., et al.〔1970〕では、データ・バンク、統計バンク、モデル・バンク、ディスプレイ・ユニットという4つのサブシステムでMISが説明されている。しかし、こういった見解の相違が生じるのは機能の分け方が異なるからであって、内容的にはほぼ同じものであると考えてよい。

し、意思決定に有益な形に変換するための手続や手法（統計解析モデルやマーケティング・モデルなどの利用にかかわるもの）によって構成されている。組織の持つデータ・システムの大規模化に伴い、近年では「データ・マイニング Key Word」など、新しい手法がモデル・システムに組み入れられ始めている。

3) ダイアログ・システム……意思決定者（＝システム利用者）と前出の2つのサブシステムとのインターフェイスを構成する部分であり、意思決定者がデータやモデルを利用する際の環境（たとえば、検索手続やディスプレイ様式など）に関係している。利用しやすいインターフェイスの構築がこのサブシステムのめざすべき方向であることはいうまでもないが、重要な経営資源である情報をさまざまな脅威から保護するという視点で見ると、アクセス権限やシステム・セキュリティなどといった問題も検討されなければならない。

マーケティング・リサーチもMISも共に、マーケティング意思決定を情報の側面から支援するという役割を果たしているが、両者はまったく同じというわけではない。最後に、両者の違いについて簡単に触れておこう。マーケティング・リサーチは、何らかのマーケティング意思決定問題の発生を契機に始まり、その問題の解消とともに終了するようなプロジェクトとしての性質を持っている。つまり、特定の意思決定問題を解決するために必要に応じて行われるアドホックな意思決定支援を指している。これに対して、MISは、そういった始点や終点を持たない

Key Word

データ・マイニング――データ・マイニングとは、莫大なデータの集積の中から意味のあるパターン（変数間の相関関係など）を抽出するための技法の総称である。POSシステムやインターネット調査の広がりとともに、分析の対象となるデータの量が爆発的に増大してきており、小標本特性から母集団の特性を推測することを課題とした推測統計学とともに、重要な役割が期待されている。

継続的な存在であり、マーケティングに関連する情報フローを常時統制しながら意思決定環境を整備するしくみを指している。したがって、MISにはこうしたシステムの継続性に関連して「情報の保存」というマーケティング・リサーチにはない機能が含まれている。

また、マーケティング・リサーチは個々の意思決定問題に対してオーダーメードされるものであり、むろん、だれがその利用者であるかは調査プロセスに先立って決まっている。しかし、MISは特定の意思決定に限定されるものではなく、将来のあらゆるタイプの意思決定にも適用できるような汎用性を有しておかなければならない。このように、MISでは、情報の利用が、いつどこで発生するか不確実なので、それに迅速に対応できるような準備が必要とされるのである。ダイアログ・システムが主として担う「情報の組織内流通」機能は、そのために遂行されるMIS独自の機能である。

2 マーケティング戦略とマーケティング・リサーチ

マーケティング戦略は多種多様な意思決定によって構成されている。ここでは、そうした意思決定の主要な領域を取り上げながら、マーケティング・リサーチがマーケティング戦略の中でどのような役割を果たしているのかを確認していく。

(1) 市場の決定とブランドのポジショニング

マーケティング意思決定において、標的市場の設定とブランドのポジショニングは非常に重要な決定項目である。市場を選ぶためには、市場を細分化し各セグメントを特徴づけなければならない。このときの中心的な調査課題は、細分化に有益な分類基準を把握することと市場セグメントの魅力度を予想することである。市場を細分化する場合、年齢や性別といった比較的わかりやすいものの組み合わせを使って市場を分ける場合がある（たとえば、「20歳代の仕事を持った女性」など）。しかし、

市場の構造をより詳細に調べ、市場の中にある同質性と異質性を明確に把握するために、さまざまなリサーチ技法が利用される場合も多い。たとえば、インタビュー調査やアンケート調査などを通じて収集された人口統計的特性、心理的特性、行動的特性などに関するデータを収集し、それを因子分析やクラスター分析にかけることで細分化基準を抽出したり市場を同質的なグループに分割したりすることができる（片平秀貴〔1987〕.）。また、細分化された市場の中から標的とするセグメントを選ぶ際には、市場の魅力度や特徴を考えなければならない。勘や経験からそれらを判断することもあるが、市場の魅力度を表す指標の1つである需要規模を調べる際には市場需要予測調査などが用いられ、需要の特性を調べには需要弾力性調査や購買動機調査などが用いられることもある。

　ポジショニング調査の中心課題は、知覚マップの作成である。知覚マップとは、市場で展開されている製品やブランドが消費者の知覚の中でどのように位置づけられているのかを、空間上の位置関係に置き換えて表現したものをいう。消費者が似ていると知覚しているブランドどうしは地図上でも近くになるように配置される。このマップの作成方法には、各ブランドをいくつかの属性ごとに評価してもらい、その属性評価データを因子分析にかけて作成する方法と、各ブランドの組み合わせを「似ている＝似ていない」という類似性で評価してもらい、その類似性データを多次元尺度構成法にかけて作成する方法などがある（高根芳雄〔1980〕.）。

(2) マーケティング・ミックスの計画・管理

　このカテゴリーにおける意思決定は、マーケティング・ミックスの計画段階に見られるものと、それらが実行された後に生じる管理段階のものに大別できる。ここでは、組織内外の状態に関する情報だけでなく、あるマーケティング刺激に対して消費者がどう反応するかといった情報も必要となってくる。代表的なものとして製品コンセプト調査と広告効果調査を中心に紹介しよう。

① 製品コンセプト調査

　製品コンセプト調査は、計画段階に見られる代表的な調査の1つである。この調査は、製品開発プロセスの初期段階において、製品コンセプトの開発と評価を行う際になされる調査であり、自由な発想や意見が得られやすいように、定性的な調査手法が利用されることが多い。たとえば、コンセプト開発につながるキーワードを抽出するために**フォーカス・グループ・インタビュー**や**深層心理面接法**などを行う例が多い。製品コンセプトを評価する場合には、アンケート調査など定量的な調査手法が用いられることもある。また、ここでの調査対象には、消費者ばかりでなく、その企業の販売担当者や小売店の接客担当者なども含まれる。

② 広告効果調査（広告効果測定）

　管理段階における代表的な調査例として、広告効果調査を挙げることができる。この調査は、**AIDMAモデルやDAGMARモデル**といった種々の広告効果モデルをベースに、消費者の心理的変数を使って広告の効果を測定していく（仁科ほか〔1991〕．）。たとえば、アンケート調査などを使ってブランド知名率を調査する場合や、標的市場に対する媒体別・ビークル別のメッセージ到達度（あるいは到達頻度）を調査する場合がある。近年多く見られるようになってきたインターネット広告では、クリックレートなど新たな広告指標が開発されてきており、いままで以上に迅速で正確な広告効果調査が可能な領域も出てきている。

③ その他の調査

　マーケティング・ミックスの計画および管理の際に行われる調査は多岐にわたっている。それらを網羅的に挙げることは紙面の都合上不可能であるが、製品関連ではコンセプト調査以外にも収益性調査や試作品調査などが、価格関連では競合製品の価格調査や標的市場の価格弾力性に関する調査などが、流通チャネル関連では販売エリア別、あるいは販売店別の売上高調査などが、そしてプロモーション関連では購買動機調査や値引き効果調査などがなされている。また、前記のようなミックス要素別の調査ではなく、ミックス全体に関する調査も行われている。たと

えば、計画段階でいうとテスト・マーケティングなどがそれにあたり、また、管理段階では購買者実態調査や消費者満足／不満足調査などを挙げることができる。

3 マーケティング・データの収集

(1) マーケティング・リサーチで取り扱うデータの種類

　マーケティング・リサーチで扱うデータには多種多様なものが含まれる。ここでは、2つの観点からデータのタイプ分けを行いつつ多様なデータの特性を整理していく。代表的な分け方の1つが、データを1次データと2次データに整理する方法である。**1次データ**とはその調査の中で新たに収集されるデータを指している。たとえば、調査項目や調査の様式をみずからが設定し、それを基にアンケート調査や面接調査などを通じてデータを収集したとすると、それは1次データを収集したことになる。これに対して、**2次データ**とはすでにだれかが別の目的のために収集し利用可能な状況になっているデータのことである。たとえば、総務省統計局などの官公庁が公表している統計データや業界団体などが出している業界データ、シンクタンクやコンサルタント企業の公表しているデータなどは2次データであり、無料で公開されている場合もあれば、有料で販売されている場合もある。

　マーケティング・リサーチというと、1次データとのかかわりが強そうに思われるかもしれないが、2次データも重要なデータに含まれる。2次データの収集は、一般に、1次データの収集よりもコストが低く調査期間が短い傾向があるため、マーケティング・リサーチの効率的な実施に寄与することが多い。また、マクロ・レベル（たとえば、業界レベルや国レベル）でのデータなど、1次データとして一企業が調査することが困難なデータもあるため、2次データの収集に頼らざるを得ない場合もある。ただし、2次データはすでにだれかによって別の目的の下で収集されたデータであるので、収集方法や変数の定義などを自分で決め

ることはできない。そのため、調査目的に適うデータであるかどうかに十分な注意を払わなければならない。また、2次データは統計資料のように加工された形で入手される場合が多く、**ロー・データ** Key Word が必要とされるような分析手法が適用できない場合もある。

　マーケティング・リサーチで扱われるデータは、定量データ（量的データ）か定性データ（質的データ）かという分け方で整理することもできる。**定量データ**は、知りたい事象の状態を数量的にとらえているデータである。たとえば、自動車の保有台数を回答してもらう場合、これは定量データとなる。一方、**定性データ**は知りたい事象の状態を質的にとらえているデータである。たとえば、自動車の色を回答してもらう場合は定性データとなる。

　データは、数値の形で収集される場合もあれば、文字やテキストの形で収集される場合もある。ただし、数値の形で収集されたデータが常に定量データであるとは限らない点に注意すべきである。たとえば、主な通勤手段を調査する際に、公共交通機関を1、自家用車を2、自転車を3、徒歩を4、その他を5として回答してもらったとしよう。データは数値の形で得られるが、これらは定量データではない。2（自家用車）を2倍しても4（徒歩）と等しくなるわけではないし、3（自転車）から2を引いても1（公共交通機関）が余るわけでもない。この数値は数量的な表現ではあるものの数値としての情報を持ち合わせておらず、足

Key Word

ロー・データと加工データ──ロー・データとは、サンプルのおのおのがどのように回答したかがわかるような状態のデータを指す。ロー・データのロー（raw）とは「加工されていない生の」という意味である。これに対して、平均値を求めたり表にまとめたりといった加工作業を行った後のデータのことを加工データという。1次データの場合は、通常、ロー・データの形で入手されるが、2次データの多くは加工データの形で公表されていたり販売されていたりする。

したり引いたりすることができない。また、ランキング順位など物事の順序を表すような数値も定量データではない。なぜなら、この数値は順序の情報しか持ち合わせておらず、1位と2位の差（つまり2－1）と2位と3位の差（つまり3－2）が常に同じ1であるとはいえないから、こちらも数量として足したり引いたりすることができないのである。このように数値で収集されるデータが定量データであるか定性データであるかは、その数値の持っている尺度 Key Word によって決まってくる。一

Key Word

尺度──数値にはそれぞれ尺度というものがあり、一般に以下のような4つの尺度タイプに分けられる（Tyler, L. E.〔1963〕訳書）。①名義尺度：記号の代わりに数値が用いられているようなもの。本文中の通勤手段の調査で紹介した数値のように1は2や3などのほかの数値とは違うという情報だけしか持たず、大小関係の情報も大小の量的な違いに関する情報も持ち合わせていない。②順序尺度：順位を表すものとして数値を用いているようなもの。数値の中に大小関係の情報が付加されてはいるものの、数値の間に等差性が保証されておらず大小の量的な差については情報を持っていない。③間隔尺度：大小関係についてもその差の量的な差についても情報を持っているが、絶対的な0が自明ではない数値を指す。たとえば、温度を表す数値はこれに該当する（0℃は温度がないということを表しているわけではない）。マーケティング・リサーチでは、満足度の程度や意見に対する同意の程度を測定するような場合に評定尺度やリッカート尺度というものを利用する（たとえば、「まったく同意できない」を0、「同意できない」を1、「どちらかというと同意できない」を2、「どちらとも言えない」を3、「どちらかというと同意できる」を4、「同意できる」を5、「完全に同意できる」を6とする場合など）。これらは、間隔尺度とみなされることが多い。④比例尺度：算数や数学の中で通常使われている数値であり、数としてすべての情報を持ち合わせている。自動車の保有台数や店舗の売上高、家計所得などがその例である。

般に、名義尺度や順序尺度で測られている数値は定性データ、間隔尺度や比例尺度で測られている数値は定量データとされる。定量データか定性データかによって適用されうるデータ分析の方法が異なってくるので、尺度の違いを理解することはマーケティング・リサーチにおいて非常に重要なことになる。

(2) 調査における標本の役割と標本抽出法

実際にデータを収集する場合、その調査の母集団と標本(サンプルともいう)を区別しておく必要がある(→図表2-1-5)。**母集団**とは、調査を通じて性質や状態を明らかにしたい調査対象全体を指す用語で、**標本**とはその母集団の中で実際に調査が実施される対象を指している(宮川公男〔1999〕.)。たとえば、3,000名の会員を持つスポーツクラブがあり、その会員の利用実態を調べるとしよう。この場合、知りたいことは会員全体の当該施設における利用実態なので、母集団は会員資格を持つ3,000名の人たちとなる。このうち100名の人に調査への協力をお願いしデータを得たとすると、標本はこの実際に調査がなされた100名の会員となる。この例のように、実際の調査が母集団を構成する全員ではなくその一部に対して実施される場合を**標本調査**という。一方、母集

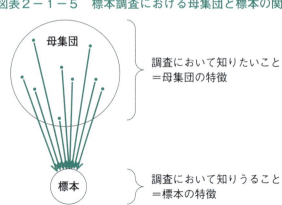

図表2-1-5 標本調査における母集団と標本の関係

団のすべてを調査するような場合、つまり母集団と標本が完全に一致するような場合、これを**全数調査**や悉皆調査という。

　全数調査では母集団をくまなく調べるため、知りたいことについて確実な情報が得られる。母集団の一部に対してしか調査を実施しない標本調査に比べると、より好ましい調査のやり方のように思われるかもしれない。しかし、マーケティング・リサーチの場合、もし仮に母集団全員に対して調査を行うことが可能であったとしても、そうすることで莫大な費用や時間が必要になってしまうという理由から、標本調査が採用されることが圧倒的に多い。マーケティング・リサーチはあくまでもマーケティング意思決定の支援として行われるものであり、それに無制限に費用をかけることは支援という意義に反してしまう。また、市場の変化は激しいため、調査にあまりにも時間をかけてしまうと得られた情報がいかに正確であったとしても適時性を失ってしまい、意思決定を支援するという目的を達成することが難しくなってしまう。こうした理由から、マーケティング・リサーチでは標本調査の形式が広く採用されているのである。

　これまでに述べてきた母集団と標本の関係からもわかるように、標本調査の場合、知りたいことは母集団全体の情報であるのに、実際に知りうることは母集団の一部分でしかない標本の情報に限られてしまう。言い換えれば、母集団全体のことを知るための唯一の手がかりとなるのが標本の情報なのである。それゆえ、標本をどう選ぶかは調査結果を左右する非常に重要な事柄となる。

　標本を抽出する方法には、無作為抽出法と有意抽出法という2つのタイプのものがある（豊田秀樹〔1998〕.)。**無作為抽出法**とは、母集団の中のだれが標本に選ばれるかが偶然や確率によって決定される抽出法のことを指している。この考え方を最も忠実に実行しているのが**単純無作為抽出法**と呼ばれる抽出方法であり、母集団を構成する要素すべてが同じ確率で標本に選ばれるようなしくみを使って標本が抽出される。この方法は、母集団のすべての要素が含まれるリスト（これをフォームや抽出台帳などという）が入手できなければ実行できないが、実際のマーケ

ティング・リサーチではこうしたリストを準備することはなかなか難しい。そのため、そうしたリストが入手できるように単純無作為抽出法を少し変更した方法が採用されることが多い。そうした方法の1つに**多段階無作為抽出法**が挙げられる。たとえば、全国を都道府県（これを第1次抽出クラスターと呼ぶ）で分けると簡単にすべての都道府県が含まれるリストを作成することができる。ここからランダムにいくつかの都道府県を抽出し、抽出された都道府県をさらに市町村（第2次抽出クラスターと呼ぶ）に分けると市町村のリストを入手することができるので、その中からランダムにいくつかの市町村を抽出し、それらをさらに小さな行政区に分けるといった具合に無作為抽出を多段階に分けて実行する方法である。この方法は、所属する抽出クラスターが違うと標本に選ばれる確率にも差が出るという意味で単純無作為抽出法ほど厳密な無作為抽出法ではないが、実行可能性が高いため各種の世論調査などでよく使われている。

　一方、**有意抽出法**とは、標本に選ばれるかどうかを決める基準に偶然以外の要因が入り込むような標本抽出法を指す総称である。標本を選ぶ際に入り込むこの偶然以外の要因には多種多様なものがあり、また、有意抽出法が選択される理由もさまざまである。**紹介法**とは、調査に協力してくれそうな人を標本にする方法であり、そうした人からさらに友人などを紹介してもらい紹介の輪を広げて調査していく方法のことを、特にスノーボール法と呼んだりする。また、**インターセプト法**とは、駅やショッピング・モールなどの特定の場所で行き交う人を呼び止めて調査に協力してもらうやり方である。こうした方法は、標本抽出の実行可能性を高めるために採用される便宜的な手法であるといわれている。たとえば、都内に住む60歳以上の男女を母集団に設定したとしよう。無作為抽出を行うためにリストを準備し無作為に選んだ1人ひとりにアンケート票を送るより、高齢者が多く立ち寄りそうな場所に行ってアンケートに回答してもらったほうが、金銭的にも時間的にもコストを抑えることができる。しかし、一方で、特定の場所に立ち寄るか否かが標本に選ば

れる前提に設定されているため、標本が偏ってしまい母集団を代表できていない可能性が高まるというデメリットも存在している。

　有意抽出法の中には、母集団に関する何らかの情報をベースに標本を抽出しようとする方法もある。たとえば、**典型法**は、設定した母集団の典型例と思われるような特徴を持つ人を標本として選ぶ方法である。この方法は典型例の設定の仕方によってだれが標本に選ばれるかも規定されてしまうため、その設定による標本の偏りに常に注意を払う必要がある。もし、事前に母集団の構成がわかっているならば、それに合わせて標本を抽出するという方法もある。たとえば、あるクラブの会員全体の男女比が7：3であることが事前にわかっていて、その中から100人を標本として抽出するならば、70名を男性、30名を女性と設定して標本を抽出することができる。こうした方法は**割り当て法**と呼ばれ、事前にわかっている情報を偶然や確率の代わりに使って標本抽出を行おうとするものである。

4 マーケティング・データの分析

　マーケティング・データが入手できたら、次に、そのデータの分析を通じて意思決定を支援するような情報を引き出さなければならない。データ分析には、簡単にできるものから非常に多くの知識と手間を必要とするものまでさまざまなものがある。たとえば、調査項目の中の1つにだけ注目して、その回答データがどのように分布していたのかということを考察するものがある。円グラフを書いたり、平均値を求めたりする方法がこれに当たり、単変量データ分析と呼ばれている。これに対して、2つの調査項目について得られたデータの関連性を分析するような方法は2変量データ分析、3つ以上の項目に対するデータの関連性を同時に分析するような方法は多変量データ分析などと呼ばれている。また、DAGMARモデルやハフ・モデルなど、マーケティング事象そのものを説明したモデルをベースにデータを分析することもある。ここでは、

データ分析の方法の基礎として単変量データ分析と2変量データ分析について説明を行っていく（多変量データ分析や各種のマーケティング・モデルを使った分析については、『マーケティング2級』テキストで説明を行う）。

（1）単変量データ分析

データ分析の最も単純なものは、1つの変数 Key Word だけを取り上げて、その分布の様子を要約するというものである。こうした分析は単変量データ分析や1次元データ分析と呼ばれている。たとえば、ある小売店舗の買い物客に対して、「年齢」「性別」「店舗までのアクセス時間（分）」「店舗への再来店意図（「また来たい」「どちらとも言えない」「もう来たくない」の3選択肢から1つ選択）」という4つの項目を調査したとしよう。これらの項目はすべて度数となる。このとき、男女比のグラフを作成したり、店舗へのアクセス時間の平均値を算出したりすることは、性別やアクセス時間の分布の様子をそれぞれ単独に、つまり他の変数とは独立した形で分析しているので、単変量データ分析に該当している。

データの分布の様子を知る方法には、表やグラフ、統計量を使った方法がある。たとえば、度数分布表を使うと、データがどの範囲にどの程度分布していたのかを一目で把握することができる（→図表2－1－6の左側）。度数とは特定の値をとる回答の個数を意味している。図表2－1－6でいえば、「また来たい」と回答した人が34名いた場合、その度数は34となり、同じ行に34と記載される。また、度数という概念は、ある範囲に含まれる回答の個数を指す場合もある。たとえば、20歳から

Key Word

変数──変数とは、観察対象（たとえば回答者）によって状態が異なりうる側面をデータとして測定したものをいう。たとえば、性別や年収、睡眠時間などは回答者によって異なりうるので、こうした調査項目について測定したデータは変数とみなされる。

図表2−1−6　度数分布表とヒストグラム

店舗への再来店意図	度数
また来たい	34
どちらとも言えない	28
もう来たくない	16
合　計	78

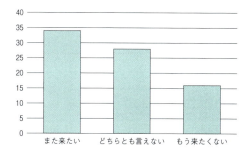

29歳までの回答数を合計し20歳代の度数としてまとめることもできる。グラフを使って分布の様子を把握する場合は、用途に応じてさまざまなグラフを使い分ける必要がある。たとえば、**ヒストグラム**は度数分布表の情報をそのまま柱の高さで表現したものであり（→図表2−1−6の右側）、**円グラフ**や**帯グラフ**は、全体を100とした場合にそれぞれの度数がどの程度の割合を占めていたのかということを把握するのに適している。分布の様子を統計量という数字で表す場合によく利用される統計量は平均値と標準偏差である。**平均値**とは、いうまでもなく、その変数の測定値をすべて足してデータの個数で割った値であり、分布の位置を示す統計量の1つである。これに対して、分布のばらつきを示す統計量の代表例が**標準偏差**である。標準偏差の値が大きいほど分布のばらつきが大きいことを表しており、図表2−1−7に示しているように、同じ平均値であっても標準偏差が異なると分布の様子もまったく異なってくるので、単変量データ分析の際には分布の位置ばかりでなくばらつき具合にも注意を払わなければならない。

（2）2変量データ分析

　2変量データ分析とは、2つの変数を同時に分析することでそれらの間に見られる変数間関係を理解する分析手法のことである。ここでいう2変数間の関係とは、2つの変数の変動の間に見られる関係の規則性や

図表２－１－７　平均と標準偏差による分布の把握

	サービスへの満足度 （10点満点）
男性A	6
男性B	6
男性C	4
男性D	4
男性平均	5.0
女性A	8
女性B	3
女性C	7
女性D	2
女性平均	5.0

分散：
$(5-6)^2+(5-6)^2+(5-4)^2+(5-4)^2 \div 4=1$
標準偏差：
$\sqrt{分散}=\sqrt{1}=1$

分散：
$(5-8)^2+(5-3)^2+(5-7)^2+(5-2)^2 \div 4=6.5$
標準偏差：
$\sqrt{分散}=\sqrt{6.5}=2.55$

平均値は同じであるが、女性の満足度のほうが男性の満足度よりも約2.5倍のバラつきがある

パターンのことを指している。先に例示した小売店舗の買い物客調査の例でいうと、男女比やアクセス時間の平均値をそれぞれ別々に分析するのではなく、女性よりも男性のほうがアクセス時間が長い傾向があるなど、性別という変数とアクセス時間という変数を同時に分析してその関係を明らかにするのが２変量データ分析である。２変数間の関係を把握する方法にはさまざまなものがあるが、代表的な分析手法として、クロス集計表を使った方法と相関分析について簡単に説明していく。

① **クロス集計表**

クロス集計表とは、図表２－１－８に示されているように、表側と表頭と呼ばれる部分に関係を明らかにしたい変数のペアをとり、それぞれの交点に該当する度数が書き込まれた表のことである。たとえば、表頭の「20歳代」の列と表側の「また来たい」の行の交点に13という値が示されているのは、年齢が20歳代で再来店意図にかかわる質問に「また来たい」と回答した人が13人いたということを表している。この表の特徴は、先に説明した度数分布表と対比するとよく理解できる。図表２－１－６に示されている度数分布表を見ると、「また来たい」という人が「も

図表2-1-8　クロス集計表による2変量データ分析

店舗への再来店意図	20歳代	30歳代	40歳代	50歳代	60歳代	合計
また来たい	13	12	7	2	0	34
どちらとも言えない	3	7	11	4	3	28
もう来たくない	0	1	1	6	8	16
合計	16	20	19	12	11	78

表頭は「年齢」、表側は「店舗への再来店意図」。

う来たくない」という人よりも多く、この店舗は全体的には好意的に評価されていると解釈できるかもしれない。しかし、この度数分布表に年齢という変数を加えて図表2-1-8に示されるようなクロス集計表にすることで、評価の内容には年齢によって差があり、高い年齢層の人からの評価は高いとはいえないという新たな情報がもたらされるようになる。このように、2つの変数の同時分布を知ることで、単変量データ分析からでは引き出せない新しい情報を得ることができる場合があり、クロス集計表はこうした2変量データ分析を手軽に行うためのツールとしてマーケティング・リサーチでよく利用されている。

② **相関関係の分析**

　分析の対象となる2つの変数がともに定量データである場合、2変量データ分析として最もよく利用されるのが相関分析である。相関分析とは2つの変数間に見られる相関関係を明らかにするための手法であり、相関関係とは、一方の変数が大きい値をとる人はもう一方の変数も大きい値をとる（あるいは小さい値をとる）傾向があるといったように、2変数の同時分布上に見られる一次関数上の規則性の状態を表している（芝・南風原〔1990〕．）。たとえば、身長と足の大きさという2つの定量データで測定された変数の間には、一般に、身長が高い人ほど足のサイズも大きい（逆に、身長が低い人ほど足のサイズは小さい）という傾向が見られるだろう。このように、一方の変数の大小ともう一方の変数の

大小の間に見られる一定の線形関係のことを相関関係という。

相関関係は2つの次元から評価される。1つは関係の方向である。一方の変数が大きい値をとる場合はもう一方の変数も同じく大きい値をとる、あるいは一方の変数が小さい値をとる場合はもう一方の変数も同じく小さい値をとるといったように、2つの変数の動きが同じ方向に変動するような場合、「正の方向に相関関係がある」、あるいは単に「正の相関がある」という。これに対して、一方の変数の値が大きい値をとる場合はもう一方の変数は逆に小さい値をとる（あるいはその逆に、一方が小さければもう一方は大きい）ように、2つの変数の動きが逆方向に変動するような場合、「負の方向に相関がある」、あるいは「負の相関がある」という。もう1つの評価次元は関係の強さである。相関関係の場合、先に示した関係の方向についての評価に加えて、単に関係があるかないかという評価ではなく、「非常に強い関係がある」や「弱い関係がある」「ほとんど関係は見られない」などのように、どの程度の強さの関係が見られるのかという点も評価される。したがって、この2つの評価を合わせて、たとえば、「○○という変数と××という変数の間には、正の方向に非常に強い相関関係が見られる」などといった感じで相関関係の状態が評価されることになる。

この相関関係を知るための方法には、相関図（あるいは散布図）というグラフを利用する方法と相関係数という統計量を利用する方法がある。

1）相関図を使った方法

相関図とは、縦軸と横軸に該当する変数の値をとるようにすべての回答者のデータを配置したグラフであり、その点の分布の様子を通じて2つの変数の相関関係を読み取ることができる。たとえば、図表2－1－9には、2つのブランド（XとY）に対する満足度を10人の人に調査した際のロー・データ（左側）と、その相関図（右側）が描かれている。図中に示されているように、AさんのXに対する満足度（横軸）が7点、Yに対する満足度（縦軸）が5点だったとすると、Xの座標が7、Yの座標が5のところにAさんの点を置くことになる。同様にBさん、Cさ

第1節 マーケティング・リサーチの基礎

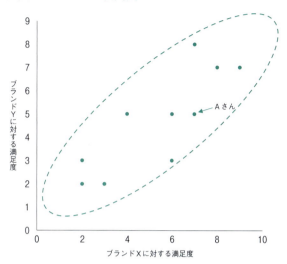

図表2-1-9 相関図

	Xの満足度 (10点満点)	Yの満足度 (10点満点)
A	7	5
B	6	5
C	2	2
D	8	7
E	4	5
F	2	3
G	7	8
H	6	3
I	9	7
J	3	2

んとすべての回答者の点が配置できれば相関図は完成する。では、相関図上の点の分布の様子から、先に説明した相関関係の方向と強さをどのように読み取っていくのか。関係の方向は点の分布が右上がりになっているのか右下がりになっているのかによって判断する。図中で破線の楕円として描かれているように、このケースでは右に行く（Xに対する満足度が高い値をとっている）ほど上に行く（Yに対する満足度が高い値をとっている）ような関係の中に多くの点が配置されていることが読み取れる。つまり、ブランドXの満足度とブランドYの満足度は正の方向に相関関係が見られるということになる。逆に右下がりの関係の中に多くの点が分布しているような場合は、その2つの変数の間には負の方向に相関関係があると解釈できる。関係の強さは点の分布する範囲の幅によって示されている。分布の幅が狭く直線に近い範囲に多くの点が配置されているほどその2変数間の相関関係は強く、分布の幅が広く円に近いほど相関は弱いということを示唆している。

2）相関係数を使った方法

相関関係を知るためには相関係数を算出するという方法もある。**相関係数**とは、相関関係を１つの数値で表している統計量のことで、最近の表計算ソフトや統計ソフトでは簡単に算出することができるようになっている。とりうる範囲は－１から１までであり、１つの数値で相関関係の方向と強さを表すことができる。相関関係の方向は相関係数の符号で表されていて、符号がマイナスであれば負の相関関係があることを、プラスであれば正の相関関係があることをそれぞれ表している。また、関係の強さは、相関係数の絶対値の大きさ（０からの距離）によって表されている。相関係数の絶対値が大きいほど強い相関関係が見られることを示している。この上なく関係が強い場合（これを完全相関という）は－１か１を、相関関係がまったくない場合（これを無相関という）は０をとることになるが、完全相関や無相関になることはきわめてまれであり、実際には0.74や－0.23といったような小数点が含まれる値で示されることが多い。

　図表２－１－10は、**相関行列**と呼ばれるものを表している。一般的な統計分析のできるソフトウェアで相関係数を算出する場合、このような行列の形で出力されることが多い。ここでは、４つの製品（Ａ、Ｂ、Ｃ、Ｄ）の１ヵ月あたりの購入頻度の相関係数を算出したケースが例示されている。この相関行列では、行と列にＡからＤまでそれぞれの枠がとられ、その交点に相関係数が記されている。たとえば、製品Ａの列の製品Ｂの行には、ＡとＢの購入頻度の相関係数が示されていることになる。同じ変数同士の相関係数、つまり行列の対角線にあたる部分に書かれている相関係数はすべて１となる。また、Ａの列のＢの行（つまり、ＡとＢの相関関係）とＢの列のＡの行（つまり、ＢとＡの相関関係）は同じ数字になるので、対角線部分より上にあるほうの枠（図表２－１－10では相関係数が薄く記載されている部分）には相関係数をわざわざ示さないことが多い。最も強い正の相関関係が製品Ａと製品Ｄの購入頻度の間に見られるので、製品Ａを頻繁に買う人は製品Ｄの購入頻度も高い（あるいは、製品Ａをあまり買わない人は製品Ｄの購入頻度も低い）という

図表２－１－10　相関行列と相関係数

	製品A	製品B	製品C	製品D
製品A	1	0.35	－0.29	0.71
製品B	0.35	1	－0.18	0.39
製品C	－0.29	－0.18	1	－0.49
製品D	0.71	0.39	－0.49	1

傾向が相対的に強く見られたといえる。また、製品Ｃは製品Ｄとの間に負の相関関係が見られることから、製品Ｃを頻繁に買う人ほど製品Ｄをあまり買わないということが示唆されており、これらの製品が代替関係にある可能性も考えられる。

　相関図を使う方法と相関係数を使う方法はそれぞれ相互補完的な関係を持っている。相関図を使うことで、２変数間の連動の全体像をビジュアルに理解することができる。しかし、たとえば、関係の強さをいくつかの変数のペアの間で比較しようとすると、相関図でははっきりとした比較を行いにくい。そうした場合は、数値として明確に表現される相関係数を使って比較を行うとよい。ただし、相関係数では、曲線関係のような直線的ではない関係の情報を読み取ることができないので、連動の全体像が見渡せる相関図を常に確認する必要がある。

３）相関関係と因果関係

　相関関係も因果関係も変数間の関係を表しているという意味では同じであるが、その意味は異なっている。因果関係の場合、どの変数が原因でどの変数が結果であるかが定まっていて、原因となる変数から結果となる変数へと直接的な影響が働いている関係を指す。これに対して、相関関係は原因や結果といった役割が定まっておらず、変数どうしの変動に一定の線形的な関連性が見られるということだけを示している。

　したがって、相関関係が見られるからといってその変数の間に因果関係が存在しているとは断言できない。たとえば、ブランドＸとブランドＹの評価の間に相関関係が見られたとしよう。しかし、それが必ずしも

「Xが好きだからYが好き（あるいは、その逆）」という因果関係の存在を示唆しているとは言い切れない。どちらのブランドも環境問題に配慮しているから好きなのかもしれない。この場合、環境配慮製品への評価という変数が共通原因となってXとYの評価を規定しており（つまり、環境配慮製品が好きな人はXもYも評価が高いという関係があり）、XとYとの間に直接的な因果関係があるわけではない。

　また、相関関係が見られるにもかかわらず直接的な因果関係が存在しないようなもう1つの例として、第3の変数が介在しているケースがある。この手の関係を説明する際によく利用される例として猫とクローバーの話がある。ある調査によると、猫の生息数が多い地域ほどクローバーの生育範囲も広いという関係が見られるそうだ。これは、猫の生息数とクローバーの生育範囲の間に正の相関関係が存在していることを示している。しかし、猫の生態をいくら調べてもクローバーの生育を促すような特徴（あるいは、その逆にクローバーが生えていることが猫の生息数を増やすことにつながるという証拠）は見つからなかった。つまり、猫とクローバーの間には直接的な因果関係はなかったのである。しかし、この矛盾はネズミの生息数という第3の変数を導入することで説明がつくようになる。猫の生息数とクローバーを食べるネズミの生息数に負の相関関係（猫が増えるほどネズミは減るという因果関係）があり、ネズミの生息数とクローバーの生育範囲に負の相関関係（ネズミが減るほどクローバーは増えるという因果関係）があると、結果的に、直接的な因果関係を持たない猫とクローバーの変動の間に相関関係が見いだせるのである。

　このように、相関関係と因果関係やそのほかの関係を区別して考えることは非常に重要である。相関分析を通じて2つの量的データの間の相関関係を知ることは、それ自体が分析の目的になる場合もあれば、このように変数の間に潜むさまざまな関係を解き明かしていく際の手がかりとして役立つこともある。

第2節 消費者行動の分析

学習のポイント

◆今日の消費者は、変化の激しい時代に生活していると同時に、消費者自身も豊富な情報と選択肢の中で購買および消費活動を行っている。そのような消費者の姿を理解するには、多面的な角度から消費者を理解する必要がある。そこで、本節では、さまざまな学問領域の知識や技法を援用しながら、消費者理解を深めていきたい。

◆そのためには、いわゆる学問横断的あるいは学際的な研究が必要となってくる。消費者の内面を理解するには、心理学、社会心理学といった学問領域が重要となるし、消費者の社会的かかわり合いを理解するには、社会学、人類学、経済学などの知識が必要となる。

◆本節では、心理的側面の研究課題として、動機、知覚、態度、学習といった諸点を中心に理解を深めてもらい、社会的側面に関しては、文化、準拠集団、家族といった諸点からの知識を深めてもらう。

◆最後に、今日の消費者を理解するうえでの重要なキーワードとして、ライフスタイルがある。これは、今日の企業と消費者の関係が、単に一過性のものではなく、持続的・継続的なものであることが求められ、さらには個々の消費者とのきめの細かい対応が求められるようになってくる。そこには、おのずと、1人の消費者の人生とのつきあいをしていくという視点が必要となる。いわゆる、生涯価値の実現への貢献である。ここに、ライフスタイルの研究の重要性が結びつくのは当然といえる。この点を踏まえて学習していただきたい。

1 消費者購買行動様式……購買および消費プロセスに影響を与える諸要因

　消費者行動は、さまざまな要因が相互に関連しながら複雑に絡み合っている。このような問題は特定の研究領域における研究成果のみではつかみきれるものではない。それが、消費者行動の研究に学問横断的な研究が有効とされるゆえんである。すなわち、消費者行動の理解のためには、社会学、社会心理学、心理学、文化人類学などで培われてきた人間行動の研究成果を消費者行動の理解のために応用する必要がある。以下ではこれらの研究成果を踏まえて、消費者の購買意思決定プロセスに影響を与える内的（心理的）要因と外的（環境）要因に分け、重要と思われる諸概念について解説していく。

（1）消費者の心理的側面の分析

　前述したように消費者の心の中で何が起きているのか、外から直接観察することは不可能である。場合によっては、消費者自身も自分の行動の理由を説明しきれないことがある。また、自分ではわかっていても、人に話すとなると真の理由を話そうとしないかもしれない。そこで、消費者の購買意思決定プロセスを分析するうえで、動機づけ、知覚、学習、態度といった心理的要因を理解することが大切となってくる。

① 動機

　動機はすべての消費者行動の基本である。経営者が応えなければならない基本的問題は、「何が、自社製品あるいはサービスを購入するよう人々を動機づけたか」ということである。消費者の心の中に満たされない要求が発生した場合、そこに一種の緊張状態が生まれる。その際、その要求を満たしてくれる目標（対象）を見つけられれば、当然その緊張は減少するため、その目標の達成あるいは対象の獲得に努めるであろう。このようなある目標に向けて行動を引き起こす心理的状態のことを動機と定義することができる。

第2節 消費者行動の分析

図表2－2－1　代表的動機分類

（1）基本的動機と選択的動機 　　　　基本的動機…消費者がある製品クラスを購入しようとする動機 　　　　選択的動機…かかる製品クラスの中の特定のブランドを購入しようとする動機 （2）合理的動機と情緒的動機 　　　　合理的動機…理性に訴え、客観的判断基準に基づいた動機 　　　　情緒的動機…理性に訴えることなしに生起し、人間の感情に起因する動機 （3）意識的動機と潜在的動機 　　　　意識的動機…動機を自分自身で認知しており、経験として意識したものから出てきた動機 　　　　潜在的動機…消費者自身も認知しておらず、何らかの方法で意識の上に浮かび上がらせる必要のある動機 （4）愛顧動機…購買を行う場所（店舗）あるいは商品（ブランド）を決める場合のよりどころとなる好意に根ざした動機

　消費者行動の理解に役立つ動機分類には図表2－2－1のようなものがある。

② 知覚

　知覚とは自分の内的および外的環境から刺激を受け取ったり、引き出したりするプロセスのことである。

　知覚は、外的要因と内的要因に依存している。知覚が外的要因の性格に依存していることは容易に理解できるであろう。たとえば、広告の量の多さはより注意を引きやすく、カラー広告は白黒の広告よりも注意を引くであろう。このように外的要因の頻度・反復性・強調度が知覚にとって重要な要因となる。

　また、消費者の要求度・価値観・経験なども刺激を知覚する程度に影響を与える。たとえば、出かける前にジョギングをして一汗流した後にテレビを見ている人は、起きぬけ早々洋服に着替えながらテレビを見ている人より、飲料水の広告に注意を向けるであろう。また、たとえ同一の広告であったとしても、消費者の価値観や経験によって、好き・嫌い、あるいは好意的・批判的なものとして知覚される。

　このような知覚には、いくつかの顕著な特徴を抽出することができる。

その特徴を理解することで、店舗の立地や構え、製品デザイン、プロモーションなどさまざまな側面に対するアプローチ上の適応を考えることができる。以下、特に重要な4つの特徴を指摘しておく。

1）知覚は選択的である

消費者は自分たちの周囲にあるすべての刺激のうち、ごく一部しか知覚していない。たとえば、消費者は日々雑誌、新聞、テレビなどから膨大な広告にさらされているが、その一部しか知覚していない（意識的・無意識的に）。これは、記憶と連動した知覚作用を喚起する必要がある。

ここでは、「想起セットないし想起集合（evoked set）」という概念も、知覚の選択性に大きく影響されている。

消費者行動の研究（特に購買行動）に大きな影響を与えている地理学の中で唱えられている「メンタルマップ（mental map）」という概念も知覚の選択性と深く関連している。

2）知覚は統合的である

消費者は、知覚の対象を組み合わせて、解釈を加え、意味を引き出している。われわれの知覚の対象として身近にいる友人、家族のことを考えてみよう。その人の顔や姿の全体的イメージは、目、鼻といった個々の部分の知覚が組み合わされ、そこに解釈・意味が付加された結果である。このような状況は、製品、ブランド、店舗などのイメージが形成されていく過程でも同様のことがいえる。「ゲシュタルト法則」を見れば理解できよう。

●ポイントとなる考え方……知覚のゲシュタルト法則　→図表2－2－2

① 閉合性（closure）
② 連続性（continuity）
③ 類似性（similarity）
④ 図と地（figure and ground）
⑤ 親近（近接）性（proximity）

図表２−２−２　知覚の統合性（ゲシュタルト法則）の事例

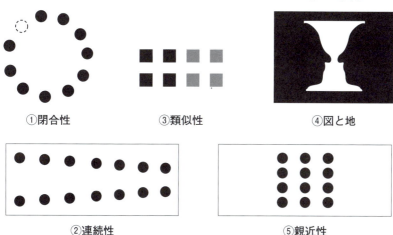

①閉合性　　　　③類似性　　　　　　　④図と地

②連続性　　　　　　　　　　　　　　⑤親近性

３）知覚は刺激の持つ特徴に依存している

　消費者がある刺激を知覚するかどうか、そしてどの程度知覚するかどうかは、その刺激の持っている対比・強度・頻度・大きさといった特徴に依存している。たとえば、頻度の高い広告、大きな広告物はより注目を受けやすく、カラー広告は白黒広告よりも注目を引くであろう。
●ポイントとなる考え方
　①　対比
　②　強度
　③　頻度
　④　大きさ

４）知覚は個人的要素に依存している

　消費者の記憶・経験・価値観、情報を得る能力、現在置かれている状況なども知覚に大きな影響を与える。たとえば、同じ飲料水の広告がテレビから流れてきても、激しいスポーツを行った後とふだんのときでは知覚の度合いが大きく異なる。また、過去に受けた経験がブランドや店舗に対する知覚イメージを変えるということもある。

●ポイントとなる考え方
① 身体状況（physical appearances）
② ステレオタイプ（stereotypes）
③ 第一印象（first impressions）
④ ハロー効果（halo effect）

③ 学習

　消費者が、ある製品を知覚し、その製品を購入するかどうか検討し始めるかどうかは、主として過去の学習の結果に影響されていることが多い。

　一般に、**学習**とは、同一あるいは類似の経験の繰り返しからもたらされる行動の比較的継続した変化として定義づけられる。

　たとえば、テニスラケットを初めて購入しようとしている消費者は、まずその製品に関する情報を収集し、代替製品をリストアップし、それらを評価し、そのうえで特定のブランドの製品を購入しようとするであろう。しかし、何回かの買い替えを行ううちに、その製品の特性およびそれと自分の好みや能力の関係について学習を積むことになる。その結果として、それは習慣となり、最初に経験したような複雑な意思決定プロセスを踏むことなく購買に至ることができるようになる。

　われわれは、このような学習により、購買する製品の種類、購買する店舗、購買の方法を子どものころから学習しているのである（→本節**3**）。そして、ある購買行動が学習されると、それは習慣となり同じ行動パターンが将来にわたり繰り返されていき、より「強化」されていくことになる。

　消費者が購買・消費行動を蓄積していくうえで、効果的な学習プロセスを経ていくかどうかは次のような諸点から考察してみる必要がある。

　1）強化

　　消費者がある商品または店舗を選択する確率は、同じ購買行動パターンが将来にわたって繰り返されていくようになると、高くなる傾向がある。

しかし、このような通常の学習効果だけでなく、ある手続を経ることでより強力に特定の行動をとらせることができる。たとえば、両親が子どものある行動をほめてあげたり、奥さんの料理を家族中でほめることで、成績が上がったり、料理の腕が上がったりすることがある。
　このように特定の刺激を用いて反応がより効果的に引き出せるようにすることを「強化（reinforcement）」という。
　強化には次の3つのタイプがある。
　○連続強化（continuous reinforcement）……連続実施のバーゲンやCM
　　→学習の即効性が期待できるが、強化が止まると効果も消去
　○部分強化（partial reinforcement）……宝くじの当選
　　→即効性は期待できないが、消去にも時間がかかるので、行動の継続性が期待される。
　○間欠強化（variable reinforcement）……不規則あるいは時間をおいて行われる広告
　　→最初の刺激の効果が薄れるときに、次の刺激を与えるという形で、行動を強化していく。

2）報酬

　ある商品を購入しようとして、偶然立ち寄った店、あるいは試しに購入したあるブランドの商品が高い満足を与えてくれた（報酬）とすると、その店舗、あるいはそのブランドは、別の商品購入の際も、高い頻度で利用することが考えられる。この場合など強化の例といえる。さらに、家族の者のほめ言葉や喜ぶ顔がさらに反復的購買を強化させることがある。このような例はだれもが経験したことのある強化の例である。
　報酬には2つのタイプがある。
　○正の強化（positive reinforcement）……前述の事例は正の強化に当たる。
　　→物理的・心理的報酬が反復的行動を強化させる。

○負の強化（negative reinforcement）……痛みや苦痛
→これを除去することができると、その除去に関連する行動や選択を強める。

3）シェーピング（shaping＝反応形成）

消費者に対してこれまで自発的行動を起こさなかった新しい行動を誘発させるために、ある行動を起こす前に、強化刺激を与えて特定の購買行動を形成させる手法のことをシェーピングという。テレビＣＭで商品のすばらしさやおいしさを知り、実際に手にしてそれを実感した場合や、新製品の無料サンプル配布、特売品の提供、試乗などによる購買刺激もその例である。もちろん、買い物を重ねていくうちに、強化が起こり、特定の行動を反復的に行うことはよく見られる例である。

4）観察学習（observational learning）

消費者は、自分で学習を行わなくとも、他人の姿を観察することでも学習を行うことができる。消費者は常に社会生活の中で、自分の行動や信念の模範を提供してくれる人を身近に見つけることができる。そのような人の存在を確認するには、その消費者がどのような集団に属しているかによって知ることができる。あるいはどのような集団に属したいと考えているかを知ることによっても知ることができる。このような集団のことを「準拠集団（reference group）」（→本節**2**）と呼ぶ。特に、模範を提供してくれる個人のことをオピニオン・リーダーという。

④　態度

社会心理学者の定義に従うと、「いろいろな対象や事象に対して一貫した一定の反応傾向を示すこと」を意味する言葉である。

態度には３つの構成要素が含まれているといわれている。認知要素、感情要素、行動要素がそれである。認知要素とはある対象に対する評価あるいは信念（よい－悪い）と結びついたものであり、感情要素はある対象に対する情緒的側面（好き－嫌い）と結びついたものである。さらに、行動要素とはある態度が形成されると、それが特定の行動に移る潜

在的な可能性と密接に結びついているということを意味している。たとえば、ある商品に対する肯定的態度は、その商品の推奨あるいは購入という行動への準備ができているということであり、否定的態度は、攻撃あるいは不買という行動への準備ができているということになる。

　態度とは、一度形成されると一定期間持続することが一般的であるが、それが、何らかの理由により変化することがある。これを**態度変容**という。企業の行うさまざまなプロモーション活動は、消費者が自社の製品あるいはサービスに対する肯定的態度を持続させ、もし肯定的程度が形成されていない場合は、肯定的態度へと変化（態度変容）させるために行う説得的コミュニケーションということができる。

1）ブランドに対する態度モデル

　消費者行動の研究領域での「**消費者の態度モデル**」は、社会心理学における態度形成と行動との関係に注目し、購買における態度形成が、選択対象（ブランド）の属性に対する満足度あるいは評価の程度によって決定されるというものである。そのような特徴から、一般に**多属性態度モデル**（multiattribute attitude model）と呼ばれ、その有効性についていくつかの角度から検証が行われてきている。これは、製品のもつ複数の属性に対して消費者がどのような評価を加えているのかを計量的に把握し、全体として当該製品の評価の高さを測定しようとするものであり、今日行われている**顧客満足度調査**と結びつく測定方法である。その属性に対する評価・信念の程度を考慮に入れたモデルとしては、フィッシュバイン（Fishbein, M.）のモデルを挙げることができる。その概略を図式化したものを示しておく。→図表2－2－3

　図表2－2－3の公式を利用して、具体的な事例にあてはめると図表2－2－4のようになる。

2）ブランド等に対する態度変容……認知的不協和の理論

　われわれの購買行動に見られるように、一度形成された態度は、なかなか変えようとしない。しかし、自分たちのもっている態度と相反

図表2-2-3　Fishbeinモデル

$A_i = \sum_{1}^{n} a_i b_{ij}$ （n；取り上げられている属性の数）

A_i：ブランドA_iに対する態度（＝全体的評価）

a_i：その属性 i に対する評価
（属性 i をどう評価するか＝ex.評価する－しない）

b_{ij}：特定の属性 i を持つことに対する信念の強さ
（属性 i を持っていると判断するかどうか
＝ex.ありそうだ－なさそうだ）

図表2-2-4　ある消費者のブランドX、Y、Zに対する評価、信念、態度（Fishbeinモデルより）

属 性	評 価 評価する(+3)～しない(-3) a_i	ブランドX b_{ij}	ブランドX $a_i b_{ij}$	ブランドZ b_{ij}	ブランドZ $a_i b_{ij}$	ブランドY b_{ij}	ブランドY $a_i b_{ij}$
価格が安いこと	-1	0	0	-1	1	3	-3
デザインが良いこと	2	2	4	2	4	-1	-2
色が良いこと	3	1	3	3	9	-2	-6
洗濯がしやすいこと	0	0	0	1	0	1	0
しわになりにくいこと	2	-1	-2	2	4	-2	-4
材質がすぐれていること	3	2	6	3	9	-2	-6
軽いこと	2	3	6	3	6	3	6
全体的態度（A_i）			17		33		-15

各ブランドに対する信念（bij）　ありそうだ(+3)～なさそうだ(-3)

する行動をとらざるを得なかったり、相反する態度と遭遇した場合、どのように対処するであろうか。

　消費者の態度変容に貢献した理論として、フェスティンガー（Festinger, L.）により開発された「**認知的不協和の理論**（cognitive dissonance theory）」というユニークな理論が存在する。認知的不協和

とは認知すること（知ること）によって、不協和な（心理的に不安あるいは不安定な）心理状態になることである。たとえば、私たちは商品を選択するときに、いくつかの選択肢から1つを選び出すという作業を行っている。そのことは、当然、最後まで迷っていた、いくつかの商品をあきらめるという行為を行っていたはずである。すると、そこには程度の差こそあれ、多くの人々の心の中に、不愉快な割り切れなさが残るものである。この不愉快な状態あるいは不安定な状態を人々は何らかの方法で解消しようとするはずである。このような不愉快な状態あるいは不安定な状態を不協和と呼んでいる。これを消費者自身が十分感じている状態を認知的不協和の状態という。これを図式的に表現すると図表2－2－5のようになる。

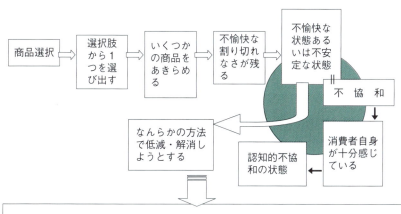

図表2－2－5　不協和発生のプロセス

〈不協和を低減・解消する方法〉
①積極的な態度変容…不協和を低減する行動そのものを変える
　　　　　　　　　（購入した商品を使用しない）
②不協和を生じさせる情報の回避…（購入しなかった商品の広告を無視したり、
　　　　　　　　　　　　　　　　　批判的な人物の接触を避ける）
③新しい情報を探索する…（好意的な情報を積極的に集める）
④情報の重要度のランク付けを変える…（批判的な情報のウエートを低くし、
　　　　　　　　　　　　　　　　　　好意な情報のウエートを高くする）

2 消費者の社会的側面の分析

消費者行動は社会的要因によっても影響されている。ここでは文化、準拠集団、家族を取り上げることにする。

(1) 文化

文化とは、内面的には一定の社会の中で、ある世代から別の世代に継承されていく信念、規範、価値観のセットのことであり、外面的にはそれらの結果として生じる人々の行動あるいは習慣のセットのことである。さらに、物質的に考えれば、それらを背景にして生産され消費されていく製品をも指すものと考えることができる。その意味で、企業が消費者に提供する製品およびサービスは、その文化の一部をつくり上げているといえる。

冠婚葬祭に見られるさまざまな風習、あるいは衣食住にかかわる基本的慣習およびそれに伴い購入されていく製品・サービスなどは、文化的影響を抜きにして考えることはできない。このことは、これに関連する製品・サービスが国あるいは地域により大きく異なり、企業の製品開発および販売活動において慎重な対応を必要とするということを意味している。特に、今日のように企業の多国籍化および製品の海外輸出が活発になるに従って、ますます重視しなければならない環境要因の1つとなってきている。

さらに、国内に目を向けると、時代とともに、地域間あるいは世代間において大きな文化変容が見られ、そのことがマーケティング戦略に影響を与えている。そこで、企業はそれらの国内外に見られる文化の特徴および変化を定期的に再検討し予測し、的確に文化的諸側面を理解しておく必要がある。

(2) 準拠集団

われわれは、社会集団の中で生活しており、その集団からさまざまな

影響を受けている。さらには、その集団への参加、逸脱あるいは承認獲得といった行動をとろうとする。その際、それらの行動を目に見える形で表現したり、メッセージとして他人に伝えようとする。われわれは、それを服装、車、装飾品などの身の回りの所有物や居住地域などで表現することがある。つまり、消費者としてのわれわれは、商品をみずからの所属しているあるいは所属したいと願っている社会集団を明らかにする手段として利用することがある。まさに、消費者は、商品の物理的・機能的な特性とは別に、社会集団との関係を示す象徴的な手段として商品を利用することがある。

　準拠集団という言葉は、一般には耳慣れない言葉であろう。これは社会学の言葉であるが、消費者行動を理解するうえでも重要な概念である。準拠集団とは、人が自分の信念、態度、価値観および行動を形づくるときのよりどころ（準拠）とする集団のことである。人はこの集団の成員と自分を同一視したり、その成員になりたいと願望することがある。

　自分の所属している集団がそのまま準拠集団になることも多いが、所属したいが容易に参加できないような集団の規範や基準を自分の行動の準拠ポイントにしている場合もある。また、所属したいと欲している集団を準拠ポイントとして受け入れ、周囲のメンバーとは異なる行動をとることもある。その意味で自分の所属している集団と区別する意味で「準拠集団」（reference group）と呼ばれているのである。

　家族、会社、学校、趣味や習いごとの集団、友達仲間は、自分たちの信念、態度、価値観、行動を決定するうえで準拠ポイントとして利用される。これも準拠集団である。若者がタレントや俳優にあこがれ、彼らのファッションあるいはヘアースタイルをまね、彼らを自分たちの準拠ポイントにしている場合なども、準拠集団の1つの例である。また、自分が所属したくないと思っている集団も、いわゆる反面教師として、準拠集団となる。

　準拠集団と製品およびブランドの選択との関係についての研究で特に有名なものとして、古くは、ボーヌ（Bourne, F. S.）の研究があるが、

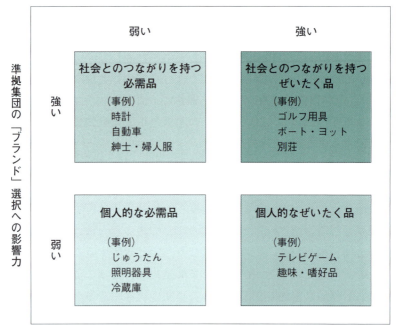

図表２−２−６　製品・ブランドの購買への準拠集団の影響

出所：Bearden, W. O., et al.〔1982〕p.185を一部変更．

　最近では、バーデン（Bearden, W. O.）とエツェル（Etzel, M. J.）の研究に引き継がれている。彼らによると、製品およびブランドの選択に対する準拠集団の影響は、次のような４つのカテゴリー分類できるとしている。→図表２−２−６

　① 準拠集団が製品の選択に影響を与えるが、個々のブランドの選択には影響を与えない（図表２−２−６の右下）。

　② 特定のブランド選択に影響を与えるが、製品の選択には影響を与えない（図表２−２−６の左上）。

　③ 製品およびブランドの選択双方に影響を与える（図表２−２−６の右上）。

④ 製品およびブランドの選択双方に影響を与えない（図表２－２－６の左下）。

これは準拠集団と購買決定の１つの例にすぎないが、われわれの周りにはこれに類した消費者行動を多く見受けることができる。

（３）家族

われわれが社会生活を営むうえで、最少の単位ではあるが、最も身近で重要な社会単位として存在しているのが家族である。個人としての消費者を対象にする場合と大きく異なるのは、家族における購買・消費行動は、組織と同じようにさまざまな役割担当者が存在するということである。その特徴的な役割を図式化してみると図表２－２－７のようになる。

図表２－２－７　消費者の役割

このような視点を考慮に入れると、家族の中のだれかが意思決定者となるのかを考えることは重要であろう。家族の中でだれによって意思決定がなされる商品なのかを見極めることは、その商品の差別化を促進するうえで、製品属性の点からも、プロモーション戦略のうえからも、重要な意味を持ってくる。→図表２－２－８

１）家族の意思決定

家族は、われわれが社会集団の中で生活していくうえで必要な、さまざまな責任・義務・権利などを経験のうちに学習し、必要な役割を習得していく最初の集団である。このようなプロセスのことを「社会

図表2-2-8　消費に見る日本の家族力学

消費財	夫	妻	子	寸　評
スーパーマーケット	1	8	0	毎日の消費の決定権は妻
デパート	2	8	1	時々の買い物も家事関連も妻が圧倒消費
冷蔵庫・洗濯機	3	7	0	
スナック菓子	1	5	4	食べる、飲む、シャンプーするは母子消費
ボディシャンプー	1	6	2	
レジャー	4	5	1	非日常行事の最終決定権は妻
生命保険	5	5	0	家族のセーフティネットは、夫婦の共同作業
貯蓄・ローン	5	5	0	
エアコン	5	4	0	インフラの決定権は夫の面目躍如
損害保険	6	4	0	
ビール	6	3	1	憩いのひとときは夫が選択の主役の座を維持
テレビ・ビデオ	5	3	1	
パソコン	6	2	3	デジタル商品は子どもの意見
クルマ	6	2	2	夫が妻子の意見を平等に聞く
株・債券	7	3	0	夫のわがままが通せる最後の砦
計	3	5	1	

出所：博報堂生活総合研究所〔2001〕を一部修正.

化（socialization）」という。**社会化**とは、人が個人として存続し、しかも社会のメンバーとして受け入れられるために必要な肉体的・精神的・社会的な熟練性を、ライフサイクルの諸段階でのさまざまな経験を通じて獲得する過程である。特に、幼児期の社会化についてその重要性が指摘されている。すなわち、生物的個体として誕生した人間が、自己と他者との社会関係の中で（特に、親のしつけ、子ども自身の模倣、および役割取得によって）、その社会に特有な役割や行動様式を身につけて大人になっていく過程である。

マーケティング論の中では、特に、「**消費者の社会化**（consumer socialization）」という概念で論究されてきている。一般に、消費者の社会化とは、人がさまざまな認知と行動を通じて消費という社会的

行動様式を学習していく過程である。消費者の社会化においても重要なのは幼児期の経験であるとされており、子どもは両親の買い物のしかたおよび購入した商品の使用方法を観察し、広告を視聴し、自分自身で製品を使用することで、消費者としての知識あるいは行動様式を獲得していく。

このような消費者の社会化を理解すべき理由としては次のような点を指摘できる。
・幼児期の経験についての知識を得ることにより、マーケティング担当者が成人の消費行動の諸側面を外挿的に予測することを可能とし、
・子どもが消費と関連した熟練性、知識、態度を獲得していくプロセスを理解することが、子ども市場それ自体のマーケティング・プログラムを開発していくうえで重要なものとなるからである

2）家族のライフサイクル

家族構成がそのライフサイクルのうえでどの段階にあるのかを見極めることも重要な点である。

家族のライフサイクルとは、時間の経過とともに家族の中に現れる変化を表す概念である。そして、このライフサイクル段階の区分は、配偶者の有無および子どもの成長の過程（誕生、成長、独立）を基礎としている。この段階に沿って家族の購買行動のあり方も変化していく。

マーケティング研究者および消費者行動の研究者の中で最も一般的に用いられている家族のライフサイクル段階は、図表2－2－9に示すようなものである。

3 ライフスタイル分析と消費者行動

（1）ライフスタイル分析の重要性

近年、顧客のライフスタイルの重要性が指摘されるようになってきている。**ライフスタイルの分析手法**は、AIO分析、VALS分析（VALS1、

第2章 マーケティング・リサーチ・消費者行動基礎

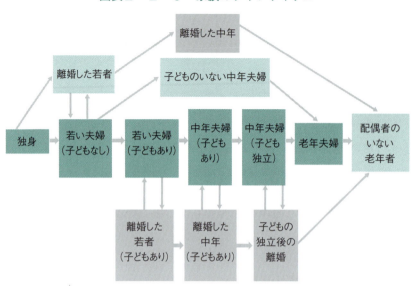

図表2－2－9　家族のライフサイクル

VALS2）などが開発されてきている。さらには、コーホート分析といった手法も利用されてきている。

　ライフスタイルとは、「消費者の生活態度、生活様式」のことである。つまり、特定の生活パターン（様式）と言い換えることができる。この場合、特定の生活パターン（様式）を持つ消費者（顧客）とは、企業が標的として、特定の顧客を選定するうえで重要な考慮要因である。

　ライフスタイルの観点に立つと、顧客の行動をより適切に記述し、理解することができる。活動、関心、要求、自我、価値観といった点に立って顧客を考えることは、提供する商品の種類、価格ライン、店内レイアウト、プロモーション・プログラムを立てるうえでメーカーや流通業者を助けてくれる。

　しかし、ここで注意すべき点は、ライフスタイル分析は、人口統計的・地理的・社会経済的情報に追加されるときに、その有効性を発揮するものであるという点である。

ライフスタイル分析はそれらの分析に置き換えられるものではない。むしろ、ライフスタイルという視点を加えることで多面的な分析が可能となり、顧客についての知識が豊富になり、顧客のニーズに適切に応えることができると考えるべきである。

さらにわが国でも、最近、格差社会という名称のもと、日本人のライフスタイルにかなりの多様性が出現していることが指摘されている。また、今日の企業と消費者の関係に求められているものが、個人としての消費者への継続的・長期的な関係の構築となってきており、消費者に提供しえる生涯価値が重要なものとなってきている。その点からも消費者のライフスタイルの理解が求められてきている。ライフスタイルから消費者の暮らしを分析する手法について調べておく。

（2）ライフスタイルに影響を与える要因

このライフスタイルの問題をより具体的にとらえるために、今日の消費者に見られる、ライフサイクルに変化を与える要因を検討してみると、次のような諸点を指摘することができる。

1）格差社会（意識）の出現
2）核家族の変化
3）共働き世帯の増加（女性の社会進出）
4）子どもとの接触時間の減少
5）買い物時間の減少
6）離婚率の上昇
7）学校教育の重要性の増大（高学歴化）
8）世代間における経験の格差の増大
9）単身世帯の増加
10）子どもの数の減少（少子化）
11）団塊の世代を中心とした高齢化の進展
12）男女の平等化の進展
13）技術革新の家庭内への浸透

14）地域的な差異の縮小
15）高関与型の商品への関心の増大

　これらの要因がどのような形でライフスタイルに変化を与え、さらに、それらがどのような形でマーケティングのあり方に変化を与えるか考えておいてほしい。ただし、ライフスタイルがマーケティング上にどのような形で影響を与えるかを検討するためには、少なくとも次の諸点から分析する必要があろう。

① **コーホート分析**

　消費者を、そのライフスタイルから分類するものとして、コーホート分析と呼ばれるものが存在する。**コーホート**（cohort）とは、同僚、仲間、隊、団などを意味し、同時期に同様な体験を共有する人々の集団のことである。

　コーホート分析が消費者行動研究に適応される場合、年齢や所得といった人口統計的な変数と、生活上の経験や価値観といった変数を組み合わせることによって消費者の分析を行おうとするものである。

　最もよく用いられる例としては出生コーホート（同時出生集団ともいう）がある。

② **ライフスタイル・セグメンテーション**

　ライフスタイル・セグメンテーションの焦点とするところは次の諸点である。

1）消費者は自分たちの時間をどのように使っているか
2）消費者の関心を示しているところは何か、すなわち、彼らの置かれている状況の中で重要性を置いているものは何か
3）消費者自身あるいは彼らを取り囲む環境に対してどのような意見をもっているか
4）ライフサイクル、所得、教育、そして居住地域といった基本的特性はどのようなものか

　ライフスタイル・セグメンテーションを、特にAIOセグメンテーションと呼ぶことがある。

③ AIO分析とセグメンテーション
1）AIO分析

AIOとは、活動（Activities）、関心（Interests）、意見（Opinions）の頭文字をとったものであり、AIOセグメンテーションとは、たとえば、以下のような視点から消費者のライフスタイルを分析し、そのうえで市場を細分化していこうとするものである。→図表2−2−10

図表2−2−10　AIO分析の各次元に含まれる要素（1つの事例）

活　動	関　心	意　見
仕事	家族	自分自身
趣味	家庭	社会問題
社会での出来事	仕事	政治
休暇	地域	ビジネス
娯楽	レクリエーション	経済
クラブ参加	ファッション	教育
地域社会	食べ物	製品
買物	メディア	将来
スポーツ	学業	文化

出所：Plummer, J.〔1974〕pp.33-37.

2）VALS分析

さらに、最近では、VALSの略称で呼ばれている手法も用いられている。これは、スタンフォード・リサーチ研究所（Stanford Research Institute：SRI）による「価値およびライフスタイル・プログラム（Value and Life Style Program）」の略称である。アメリカ人を調査し、そこに現れてくる価値観あるいはライフスタイルの違いから、消費者をいくつかのタイプに分類し、重層化した消費者の姿をより鮮明に浮かび上がらせようとしたものである。この調査分析は、まず、1978年に約1,600世帯の人々を対象に実施され、8つの消費者グループに分類することができた。各グループは、ライフスタイル、価値観、人口統計的基準によって識別されていった。

このプログラムは、1989年代初頭に改めて調査され、VALS2として公表されている。これについては、図表2－2－11を参照するとよい。
　また、わが国では、日本SRIとNTTデータが「Japan-VALS」を共同開発している。→図表2－2－12

図表2－2－11　VALS2の8分類

	原則志向	地位志向	行動志向
豊富な資産		実現する人 Actualizers	
	満足する人 Fulfillers	達成する人 Achivers	経験する人 Experiencers
	信念の人 Believers	努力する人 Strivers	作る人 Makers
貧しい資産		困窮する人 Strugglers	

出所：Assael, H.〔1995〕p.401.

第2節 消費者行動の分析

図表2－2－12　Japan-VALSによる日本市場の構造図

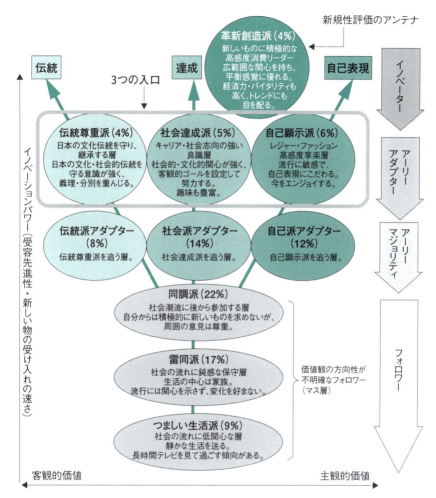

出所：http://tokyo.strategicbusinessinsights.com/programs/vals/a.html

第2章　理解度チェック

次の設問に解答しなさい（解答・解説は後段参照）。

1. 次の設問に、○×で解答しなさい。
マーケティング・リサーチは、マーケティング担当者の意思決定環境により、多くの情報を提供することを目的としている。

2. 次の文章のうち、誤っている記述を1つ選びなさい。
① 自動車（特定の製品クラス）がほしいという動機を基本的動機という。
② 消費者が商品を購入したとき、最後まで残った選択肢のいくつかをあきらめてしまった心の割り切れなさを「認知的不協和」の状態という。
③ 消費者は製品やブランドを選択するとき準拠集団の影響を受けることがある。
④ 消費者の社会化とは、消費者が環境問題や消費者被害などの社会問題に目を向けるようになることである。

・・・・・・・・・・・・・・ 解答・解説 ・・・・・・・・・・・・・・

1. ×
重要なのは情報の量ではない。情報過多の状態は情報不足と同様、意思決定の障害となる。

2. 正解　④
消費者の社会化とは、消費者が成長過程の経験の中でさまざまな社会性を身につけていくことである。

〈参考文献〉

朝野熙彦・上田隆穂『マーケティング&リサーチ通論』講談社サイエンティフィク、2000.

石井栄造『図解 マーケティングリサーチの進め方がわかる本』日本能率協会マネジメントセンター、2012.

岡本眞一『コンジョイント分析』ナカニシヤ出版、1999.

片平秀貴『マーケティング・サイエンス』東京大学出版会、1987.

神田範明編『商品企画七つ道具－新商品開発のためのツール集』日科技連出版社、1995.

木下栄蔵『入門AHP－決断と合意形成のテクニック』日科技連出版社、2000.

酒井隆『マーケティングリサーチハンドブック』日本能率協会マネジメントセンター、2004.

高根芳雄『多次元尺度法』東京大学出版会、1980.

徳永豊・D. マクラクラン・H. タムラ編『詳解 マーケティング辞典』同文舘出版、1989.

豊田秀樹『調査法講義』朝倉書店、1998.

二木宏二・朝野熙彦『マーケティング・リサーチの計画と実際』日刊工業新聞社、1991.

仁科貞文・田中洋・丸岡吉人『新広告心理』電通、1991.

博報堂生活総合研究所『生活新聞』2001、NOV.30／No.347.

宮川公男『基本統計学〔第4版〕』有斐閣、2015.

村山孝喜『統計調査ハンディブック』日刊工業新聞社、1971.

Aaker, D. A., Kumar, V., Day, G. S., *Marketing Research,* 8th ed.,John Wiley & Sons, Inc., 2004.

Assael, H., *Consumer Behavior and Marketing Action,* South-Western College Publishing, 1995.

Bearden, W. O., Etzel, M. J., "Reference Group Influence on Product and Brand Purchase Decision", *Journal of Consumer Research,* September, 1982.

Bennett, P. D., *Dictionary of Marketing Terms*, 2nd ed., American Marketing Association, 1995.

Churchill, G. A., Iacobucci, D., *Marketing Research: Methodological Foundations*, 9th ed., 2005.

Festinger, L., *A Theory of Cognitive Dissonance*, Row, Peterson and Company, 1957.（末永俊郎監訳『認知的不協和の理論』誠信書房、1965.）

Katz, E., Lazarsfeld, P. F., *Personal Influence*, The Free Press, 1955.（竹内郁郎訳『パーソナル・インフルエンス』培風館、1965.）

Kotler, P., *Kotler on Marketing*, The Free Press, 1999.（木村達也訳『コトラーの戦略的マーケティング』ダイヤモンド社、2000.）

Kotler, P., *Marketing Management*, Prentice Hall, 1991.（村田昭治監修『マーケティング・マネジメント〔第7版〕』プレジデント社、1996.）

Lazer, W., *Marketing Management: A Systems Perspective*, John Wiley & Sons, Inc., 1974.（村田昭治・嶋口充輝訳『現代のマーケティングⅠ』丸善、1974.）

Montgomery, D. B., Urban, G. L., "Marketing Decision-Information System: An Emerging View", *Journal of Marketing Research*, May, 1970.

Plummer, J., *The Concept and Application of Life Style Segmentation*, Journal of Marketing, 1974.

Stanton, W. J., Etzel, M. J., Walker, B. J., *Fundamentals of Marketing*, 9th ed., McGraw-Hill, Inc., 1991.

Tyler, L. E., *Tests and Measurements*, Prentice-Hall, Inc., 1963.（高田洋一郎訳『テストと測定』岩波書店、1966.）

第3章

マーケティング政策基礎

【この章のねらい】

　第3章では、企業のマーケティング政策の基本を形成する製品、価格、マーケティング・チャネル、物的流通およびパッケージ、プロモーションに関する5つの諸政策の領域について学習する。

　企業経営にとって、この5つのマーケティング政策は、マーケティング行動の骨格を形成するものであり、その1つひとつが個々ばらばらに計画され、行動することでは成果を上げることはできない。

　企業を取り巻く諸環境の変化の度合いは、明らかに伝統的な企業経営が対応するスピードよりもはるかに加速しており、その加速したスピードに、それら諸政策が1つの全体として、創造的に適合しうるように努めなければならない。

　本章のねらいは、それらの変化に対応しうる基礎的なマーケティング諸政策の知識を理解し、現実の状況に応用できるようになることを期待している。

第1節 製品政策

> **学習のポイント**
>
> ◆売りたい製品を買いたい製品にするには、製品と向き合うことが必要となる。どういうものが製品なのか。マーケティングにおける製品とは何か。製品はいかに分類できるのか。以上を理解することが、製品政策のホップとなる。
> ◆「事を適切に行う」だけが日々の業務ではない。製品開発および商品化に際し、「適切なことを行う」にはどう考えればよいのか。以上を理解することが、製品政策のステップとなる。
> ◆製品開発の概要、製品ライフサイクルの理論と実際、製品ミックスと製品ラインの核心、そしてブランド政策の概要はどのようなものであるのか。以上を理解することが、製品政策展開へのジャンプとなる。

1 製品の概念と分類

(1) 製品の概念

　製品へのアプローチはさまざまな視点から検討することが求められる。製品は単なる原材料や素材、部品の集合ととらえたり、あるいは、単なる形があるものとして製品をとらえることは、マーケティングの視点から本質を見誤ることになる。製品そのものは、市場での取引を通じて対価としての貨幣と交換されることになるが、製品そのものだけを検討することは視野を狭くする。いわゆるマーケティング近眼視となってしまう。

かつてアメリカのマーケティング学者であるレビットは、産業が衰退する理由として、製品の機能そのものに焦点を当てすぎてしまうということを指摘した。鉄道産業が鉄道そのものを強調することによって、変化への対応に遅れたと指摘し、自社の事業や製品の本質をとらえたマーケティング活動の重要性を指摘したのである。

同様の指摘はコトラーの製品階層でも表れている。コトラーは、コア製品、実際製品、拡張製品という3つの製品のレベルを指摘した。コア製品は製品が提供する本質的な機能であり、顧客の本質的ニーズを満たすものとなる。実際製品は、それを形にしたものとしてとらえることができる。製品の特性やパッケージなどがこれに当たる。拡張製品は、アフターサービスや保証などそれを伴うことによって製品の価値が高まる要素となる。

そのため、マーケティング担当者は、製品をより包括的な視点でとらえることが求められる。つまり、単なる部品や原材料が集まったものとして製品をとらえるのではなく、提供物として、顧客に何を提供しているのかを理解しておく必要がある。

近年では、顧客経験（エクスペリエンス）もしくはコトと呼ばれる使用段階もしくは利用段階での製品やサービスの評価が重要となっている。

 コラム **ちょっとご注意**

《電動バリカンと理髪店》

標準価格の理髪店と低価格の理髪店と電動バリカンがある。いずれの理髪店にも、そこでする調髪を財とみなすお客がいる。ところが、電動バリカンを買ってきて自分で調髪をしている人もいる。電動バリカンがどんどん使いやすくなっていき、こういう人が増えていったら理髪店はどうなるのか。

製品開発および商品化するということは、結局のところは自社製品を他社製品よりも「買ってもらえる財」にすることなのである。

そのためにも、本節**2**「製品政策の論理」で述べるような考え方をマスターしておくことが大切なのである。

ディズニーランド、スターバックスのような企業は、製品やサービスだけではなく、それを通じて得られるベネフィットを重視しているように、製品政策において求められる視点は、幅広い視野を持つことであるといえよう。

(2) 製品の分類

　製品には、さまざまな分類がある。製品がどのように分類できるのかを考えることは、製品政策の観点からも必要なことであるし、製品政策の主体の識別にもつながる。

　製品の分類視点には、常に多用されてきたものが2つある。第1は**製品態様**に基づく分類視点であり、第2は**買い手**に基づく分類視点である。

　まず、第1の製品態様に基づく分類視点は、個々の製品ごとにさまざまとなっていく**製品特性**（他の製品との差異を示す「属性」のこと）を集約する視点である。

　伝統的には、製品特性を集約することによって、製品が**有形財**か**サービス財**かという2態の製品態様に区分されてきた。しかしながら、ここでは産業の情報化や情報の産業化の進展をも考慮し、**情報財**を加えた3態によって、すべての製品を区分している。図表3－1－1を参照してほしい。

　有形財は、物質そのものが財であり、その所有権や使用権が取引され

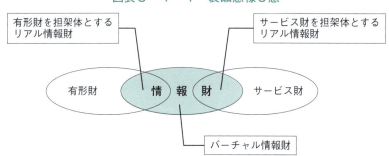

図表3－1－1　製品態様3態

る製品のことで2つに大別できる。置物の一定した状態や生鮮食品の限定期間内の状態といったように、物質の**状態**が財である場合と、動かして使う機械類のように、物質の**挙動**が財である場合である。

サービス財は、その使用権が取引される製品であり、**人的サービス財**（人の状態と挙動を財とする製品）と**物的サービス財**（物・物質の「機能」を財とする製品）に大別できる。図表3－1－2を参照してほしい。両者のウエートに違いはあるが、多くのサービス財は同図表のセルⅠに該当する。そして、サービス財は、経済のサービス化を反映して、これを提供する産業の範囲がかなり拡大している。

図表3－1－2　サービス財

人的サービス財 \ 物的サービス財	有	無
有	Ⅰ	Ⅱ
無	Ⅲ	Ⅳ

人的サービス財の買い手は、自己の精神や身体の一部や所有物などを素材として提供して、その変換を期待していると見ることができる。物的サービス財の買い手は、全自動洗車機、ホテルの部屋、産業用重機やDVDでも、それらを所有はしたくないが使用したいと考えていると見ることができる。有形財のレンタルやリースという使用権の取引が行われる場合が、そうである。

人的サービス財の人の行為には、**ハード行為**と**ソフト行為**がある。ハード行為を受けた結果は、その直接的対象の変形や移動として現れる。理髪店の調髪行為や造園業者の剪定行為の結果のたぐいは、変形に該当する。車の交通誘導行為の結果のたぐいは、移動に該当する。一方、ソフト行為を受けた結果は、内面変化や内容変化となって現れる。

ソフト行為に基づく人的サービス財は、すぐさま**情報財**といいうる。ただし、間接的にせよ内面変化や内容変化をももたらすようなハード行

為に基づく人的サービス財であるならば、やはり情報財だといえなくもない。

特殊事例を1つ挙げておこう。エネルギー財は、有形財とハード行為に基づく人的サービス財の合成財である。エネルギー供給業は、物質に凝結しているエネルギーを抽出し供給している。有形財由来のエネルギーと、抽出や供給というハード行為に基づく人的サービス財を提供している。

情報財は、情報そのものが財である製品のことで**リアル情報財** Key Word と**バーチャル情報財** Key Word に区分できる。

パソコンでダウンロードできないものはリアル情報財であり、それができるものはバーチャル情報財である。ただし、たとえば写真をアップロードしたり、映像音楽を放送するなどのように、有形財やサービス財からバーチャル情報財をつくることもできる。ライブならば、リアル情報財である。教育機関を例にとれば、教師の本や教師のライブ講義はリアル情報財であり、Eラーニングのための遠隔授業（ライブ中継講義）はバーチャル情報財である。

バーチャル情報財は、売り手のアップロード行為と買い手のダウンロード行為（スクリーンを直接に目視すればそれで済む場合などを除き）による電子化された市場での移動が可能な情報財である。前記の図表3－1－2におけるセルⅣの場合は、バーチャル情報財が提供されていると考えておけばよい。

なお、有形財もサービス財もバーチャル情報財も、組み合わせて提供されることが多い。ここに、現代の商品化の傾向を見ることができる。

Key Word

リアル情報財——有形財やサービス財あるいはその両方が情報の担架体である情報財。

バーチャル情報財——コンピュータ脳が実現している仮想物質や仮想行為あるいはその両方が情報の担架体である情報財。

もう1つの買い手に基づく分類は、買い手が消費者なのか、企業もしくは組織なのかによって分かれる。近年では、これを企業・消費者間取引（Business to Consumer：BtoC）と企業間取引（Business to Business：BtoB）ということもある。消費者が購入する場合は消費財となり、企業や組織が購入する場合は産業財となる。

　消費財と産業財を比較する際には、図表3－1－3のような対比で示されることが多い。産業財は特に購買センターといわれる意思決定にかかわる組織的なかかわりを考慮する必要がある。購買センターは実際の購買担当者だけでなく、購入を決定する意思決定者、購買する商品の選択にかかわる影響者、購入した商品を用いる使用者のほか、窓口担当者（ゲートキーパー）がかかわることになることを示すものである。産業財の担当者は、通常、購買担当者や窓口担当者しか接点を持つことができないが、その組織の購買センターの特徴を把握することによってマーケティング戦略を検討することが必要となる。

図表3－1－3　消費財と産業財の比較

	消費財	産業財
購買者	消費者	組織
市場	多数、地理的分散	少数、地理的集中
頻度・購入量	多頻度・小量	少頻度・大量
購買態度	衝動・感情・慣習的	計画・合理的
購買目的	私的消費による満足	組織的利益の拡大
商品知識	一般に高くない	豊富で専門的

　マーケティング戦略を考える際に、消費者の購買行動を基準にした製品分類は、有益なヒントを提示する。消費財の分類にはさまざまな視点が用いられてきたが、近年では、購買動機の消費者の購買努力から最寄品、買回品、専門品、そして非探索品に分類されている。

　① **最寄品**……価格が低く、購買意思決定が即座に行われ、入手しや

すく購買頻度も高い製品。石鹸（せっけん）のような日用品など。衝動買いも見られやすい。

② **買回品**……複数の店舗を探索して価格や品質を比較するなど購買意思決定に時間と労力をかける製品。ファッション衣料、装身具など。

③ **専門品**……独自の特性や魅力があると感じ、購買のために多大の努力を惜しまない製品。特定ブランドへの固執が高いほど類似品との比較をしない。車、音響機器など。

④ **非探索品**……その存在に気づいていないか、やがて買えばいいと思う製品。前者には認知されるまでなかなか普及しない新製品、後者には生命保険、墓石などがある。

2 製品政策の論理

（1）製品膨張と製品要素

以上のようないかなる製品の開発および商品化を考えるうえでも、製品を、売り手側の**提供物**としても、そして買い手側の**期待物**としても見る必要がある。しかも、その提供物と期待物との間に、図表3－1－4

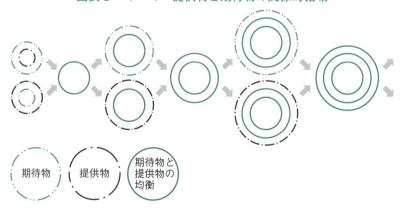

図表3－1－4　提供物と期待物の関係的循環

のような関係的循環が生まれる。

提供物が期待物を超えている場合もあれば、その逆の場合もある。前者の場合には、欲望は欲望を満足させる過程に依存するという意味の**依存効果（dependence effect）**によって、後者の場合には、欲望を満足させる過程は欲望に依存するという意味の**適応効果（adaptation effect）**によって、提供物と期待物のギャップがなくなり均衡に向かう。しかしながら、その均衡は短期間で解消し、再び先と同じ過程を繰り返す。ある意味でイタチごっこといってもよい。

提供物と期待物の関係的循環は、図表3－1－4における均衡円の多層化（製品要素の数かつまたは製品要素の機能が増加すること）、すなわち**製品膨張**をもたらすが、これこそが製品開発および商品化過程の本質なのである。現実には、関係的循環の逆行による均衡円の単層化（製品要素の数かつまたは製品要素の機能が減少すること）、すなわち**製品収縮**も見られる。しかしながら、長期的に見れば、やはり製品は膨張しているのである。

この製品膨張、時として起きる製品収縮の理解を推し進めていくことによって、現代的なそして戦略的な製品開発および商品化を導くような製品のとらえ方ができるようになる。まずは、期待物と提供物の関係において、製品の諸要素と、その属性や**機能**を、柔軟にそしてトータルに考えられるようになる必要がある。

製品は、さまざまな属性を持つさまざまな要素から構成される。このとき、観察される諸機能のうち、何が製品の**コア機能** Key Word と認められるのかによって製品の**主要素** Key Word が決まり、その他の機能の要素

Key Word

コア機能──製品の諸機能のうち、売り手が主として訴求する販売促進上の機能または買い手の購買意思決定の主要因になっている機能。

主要素──製品のコア機能を担架する要素。

バンドル要素──製品の主要素以外の要素。

は製品の**バンドル要素** Key Word として認識されることになる。

　製品の要素は、結局は既述の分類のように有形財、サービス財、情報財に集約できてしまうが、この3要素の組み合わせというだけでは、製品の要素構成を考えづらい。そこで、もう少し敷延しておくことにする。

　有形財をその内側と外側に分けてみよう。その内側のことを通常は「本体」などと呼んでいる。しかしながら、そう呼んでみたところで、その本体なるものが、コア機能の担架体であるとは限らない。

　むしろ、その外側すなわち**パッケージ** Key Word や、**ブランド** Key Word や、**価格** Key Word 、場合によっては**表示** Key Word に引かれ、それらにコア機能を見いだしているかもしれない。液体洗剤も、その液体ではなく「ノー漏れキャップ」のボトルのように、パッケージが製品の**コア機能**を担架する主要素とみなせる場合もある。「……ラー」と呼ばれるブラ

Key Word

パッケージ（package）——包装と訳される。有形財に直接に、さらに追加的に施される容器やラップ、または物流や陳列上の必要から施されるものもある（→本章第4節）。なおサービス財や情報財にも、パッケージ的な機能を果たす要素が考えられる。

ブランド（brand）——焼印を押すという意味の「burned」から派生した言葉であり、商標と訳される。文字、図形、記号もしくは立体的形状もしくはこれらの結合またはこれらと色彩の結合であって、本来は製品に使用するもの。→本節3

価格——製品のある販売時点までの諸活動から生じた各主体のコストと利益の総和。→本章第2節

表示——購買意欲を喚起する販売促進表示、製品の履歴追求（traceability）・デメリット・単位価格・廃棄方法などを伝える解説表示、そして無料修理などの自己保証や業界保証、エコ・JAS・JISマークなどの団体保証の表示がある。表示媒体には、表裏面に直接印刷するパッケージ、ラベル、タグ、説明書などがある。

ンド狂信者は「……ブランド」を、バーゲン・ハンターは価格を、そのように考えているのではないだろうか。他のケースでは、もっと外側の要素に、製品のコア機能が見いだされているかもしれない。

　バンドル要素は、主要素の提供時またはその前後に提供される。むろん主要素との補完関係があるが、バンドル要素は、ひとまず付随的バンドル要素と付加価値的バンドル要素に区分できる。**付随的バンドル要素**とは、T字型ひげそりの替え刃や、デジタル・カメラのSDメモリといったキャプティブ製品など、買い手の想定あるいは期待に応える要素で、**付加価値的バンドル要素**とは、市場でのさらなる差別化をねらって、買い手の期待を超えて提供する要素である。たとえば、卵形チョコレートの中に精巧なフィギュアを入れた場合を考えてみよう。われわれは、そのフィギュアを、単なる「おまけ」にすぎないと見るのか。それとも付加価値的バンドル要素と見るのか。むしろ主要素と見るのか。この例は、何を製品のコア機能と認めるのかということが、人によって大きく異な

コラム 知ってて便利

《短期の製品収縮》
　マクネア（McNair, M. P.）の小売りの輪の仮説の後に、イズラエリ（Izraeli, D.）の小売りの3つの輪の仮説が登場した。
　均衡状態のところへ、低コスト・低価格の新業態が参入したり、高コスト・高価格の新業態が参入したりすると、既存の業態はその影響を受けて格下げや格上げを行い、新たな均衡状態に至る。そして、同じことが繰り返される。
　たとえば、100円ショップが流行したときのように、製品が低価格で提供され、それが期待されているときには、製品収縮（図表3−1−4の逆行過程）が起きている。そのときには、既存業態にもその影響が出て、格下げが起きた。しかし、100円ショップもすでに部分的な高級化を始めている。
　均衡化の過程で一時的に製品収縮が起きることもあるが、長期的に見れば、新たな均衡に達するたびに、製品は膨張を繰り返しているのである。

る場合があるということを示している。

　また、バンドル要素は、オプション化されて別価格となる場合もある。しかし、それが標準装備となった時点では、提供と期待が均衡したと考えられる場合もある。

　なお、製品膨張を、製品の要素ごとの**属性膨張**と**機能膨張**に分けて考えておくと、製品開発および商品化の硬直化を避けることができる。属性膨張とは製品要素がそれまでになかった性質を帯びることで、機能膨張とは属性膨張の結果あるいは属性一定のままで機能が増加することである。

　たとえば、機能膨張がないのに、属性膨張があるとすれば、過剰設計の場合がある。また、属性には何らの変化がなくとも、機能膨張は起きる。布団乾燥機は、発売後のマーケティング・リサーチによって、消費者がダニ退治という機能に着目していることがわかり、メーカーも泥縄式にその機能を訴求するようになったことがある。

 コラム　**ドッチも本当？**

《製品主要素の業種別比較》
　産業分類上の識別を重視するうえでは、本文で述べたような柔軟な理解とは別に、製品主要素について、次のように考えておく必要もある。
　製造業ならば有形財、サービス業であればサービス財、情報業であれば情報財、商業であれば有形財とサービス財の合成財という具合である。
　また、このように固定化してとらえることには、業種別の本業意識を高めるうえでは有効である。商業も産業分類上は広義サービス業に属するが、商業とサービス業の製品主要素には、基本的違いがある。→第４章第２節
　商業は、有形財を仕入れるが、それをただ再販売しているだけではない。商業固有の「商品分類取り揃え」という機能を行っている。仕入れた有形財の価値を高めるこの機能は、まさに商業の本業であり、社会的存立根拠なのである。

（2）製品の仕様・品質・価値

　製品開発および商品化においては、**マーケティング・ミックス**（→第1章第5節）の理解を、**製品膨張**の理解と接合させる必要もある。すなわち、マーケティング・ミックスのさまざまな要素の属性や機能にまで拡張して、製品をよりトータルに考えることになる。

　デル（Dell）社のパソコンが常に人気ランキングの上位にあるのは、なぜか。デル社の製品についていくら考えても、その答えは出ない。デル社のマーケティング・チャネル（→本章第3節）と価格が、競合他社との差別性を生み、デル社のパソコンを上位にランクさせているからである。メーカー直接販売による流通コストの削減に基づく低価格の実現、これが答えである。

　しかも、さまざまな機能部門の諸活動までもが要素として重視できる場合もある。たとえば、生産部門のジャスト・イン・タイム方式に対する評価が高いトヨタ車の場合を考えればわかるだろう。

　では、さまざまな要素の属性や機能にわたって、どうすれば買い手の期待を満たしながら、さらにそれを超えるような製品が提供できるのか。

　まず、**仕様** Key Word そのものについて再考する必要がある。この用語が、実は特定部門の慣習的な理解に基づいて使われている場合があるからである。たとえば、慣習的理解の偏りに気づかぬまま、仕様品質、要求品質といったような用語の使い分けをしていないだろうか。

　要求をいかにとらえるのか、要求をいかに仕様に反映するのかが、製品開発および商品化の成否を大きく左右するのである。このことを示したものが図表3－1－5である。

　そもそも、要求のとらえ方に偏りがあれば、仕様そのものが特定の要求主体の要求を実現したものにしかなり得ない。要求主体には、少なくとも5者が考えられる。消費者、買い手の企業、そして企業内の研究開

Key Word

仕様──製品が「要求」を満たすために必要な属性と機能に関する情報の記述。

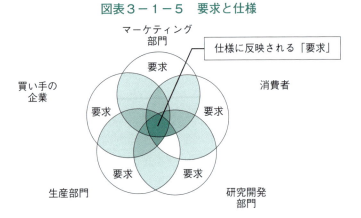

図表3－1－5　要求と仕様

発部門、生産部門、マーケティング部門である。顧客の要求を直接に探るのはマーケティング部門といってもよい。マーケティング部門は、そのうえで自部門の要求と、研究開発部門や生産部門の要求との調整を図り、さまざまな要求を統合する役割を有している。

　要求や仕様を以上のように考えられるならば、結局、品質 Key Word のとらえ方も変わるだろう。ただし、品質が唯一の基準ではない。製品価値 Key Word の追求も忘れてはならない。品質と製品価値の大きな違いは、仕様水準を見るのか、コストを見るのかという違いである。

　ここで製品価値を追求するということは、その値がより大となるよう

Key Word

品質——製品の現実水準（AL）とその仕様水準（SL）との一致度。「差」（AL－SL）ならば0、「商」（AL／SL）ならば1が最高の品質となる。現実水準を買い手の知覚水準とすれば「知覚品質」となり、0や1を超えることもある。

製品価値——買い手にとってのベネフィット（B）と、それを獲得するために費やしたすべてのコスト（C）の「差」（B－C）または「商」（B／C）として表される。

に、ベネフィット Key Word の値とコスト Key Word の値の一方あるいは両方を変化させるということである。

　ところが、ベネフィットも、価格以外の精神的要因などの要因を含めればコストも、そして結局は製品価値も主観性が高いほど、これらをいかに操作して数値化するのかということが問題になる。主観性が高いとは、認識の連続における主観に近い説明変数が多いということである。認識の連続とは、個々の考えという意味の「主観」、少数で共有された主観という意味の「間主観」、多数に共有された主観という意味の「客観」というつながりを意味する。

　なお、コスト・パフォーマンスという語があるが、コスト・ベネフィットや、コスト・ユーティリティーといっても同じことであり、これらは、商（B／C）の形で表した製品価値に同じである。

Key Word

ベネフィット──経済学でいう「効用」と同義であり、製品の現実水準に関する買い手の知覚に基づく評価。
コスト──価格だけでなく、情報収集コスト、再学習コスト、直接コスト、間接コスト、失敗のリスクがはらむコスト、精神的コストなど。

コラム　コーヒーブレイク

《顧客経験》
　コモディティ化が進む中で、顧客経験による差別化を達成しようとする動きがある。この枠組みとして、パインとギルモアは、経験を設定する際、顧客の参加と経験との関連性から４つの領域を考慮する必要があると主張する。それは、Entertainment（娯楽）、Education（教育）、Esthetic（美的）、Escapist（脱日常）である。これらから経験価値となるものを分析することで、マーケティング戦略を再考することが可能となる。

（3）部門間連携の必要性

　経営学の泰斗であるドラッカーは、「顧客を創造することが**企業の目的**であるために、企業は2つの―しかもただ2つの―基本的機能・職能、すなわちマーケティングとイノベーションをもつことになる」（Drucker, P. F.〔1974〕p.61.）と語っている。**イノベーション**（→詳細は『マーケティング2級』参照）や**マーケティング**の機能は、特定部門を超えて全社に及ぶものである。

　企業で特定部門の特定活動に従事している者の多くが、マーケティングということをあまりよくわかっていないと、**仕様**をつくるにもそれぞれの要求が折り合わず大変なことになる。仕様水準そのものが適正でないのならば、品質を一生懸命に管理しても、無意味なことである。ましてや、**販売部門**や**営業部門**の人間がマーケティングをわかっていないようでは、困ったものである。部門横断的チームの編成がわりと頻繁に見受けられるようになったが、さすがにこういう場合には、そういうことはないのだろうと考えたい。

　ともかく、販売部門、営業部門、**マーケティング部門**にはマーケティングの実務専門家が必要だが、マーケティングをこれら部門の専売特許のように考えてはならないのである。一方、他の部門にしても、その立場から畑の違う別の泰斗の言説を引いて、同じことがいえるはずである。

　製品開発および商品化というのは、そのくらい実は、組織的にいっても手間のかかることなのである。図表3－1－6を参照してほしい。

　「開発・生産・営業部門間での意見の相違の有無が、**新製品開発**の成功・失敗に影響する」という仮説を立て、同図表のデータを用いX^2（カイ二乗）検定を行った。その結果、1％と5％いずれの有意水準でも、仮説は支持された。

　すなわち、「意見の一致をみるように3部門間の連携や調整が行われているほど、新製品開発が成功しやすくなる」ということが経験的に認められるのである。**部門間連携**が必要だというのは、決して建前だけの話ではないのである。

図表3－1－6　開発・生産・営業の連携
～開発・生産・営業の一体化した取り組みが必要～
(%)

		開発・生産・営業での意見の相違の有無				
		ほとんど合う	合うことが多い	合わないことが多い	ほとんど合わない	合計
過去の新製品開発の成功・失敗の割合	ほとんどが失敗してきた	11.5	21.8	63.2	3.4	100.0
	成功よりも失敗の方が多い	11.3	41.6	45.9	1.3	100.0
	失敗よりも成功の方が多い	18.3	56.5	24.6	0.7	100.0
	ほとんど成功してきた	33.2	48.2	17.4	1.3	100.0

注）製品開発する過程において、「営業・生産・開発の部門間で意見が合わないことがあるか」を尋ねている。

出所：中小企業研究所〔2004〕.

　ただし、製品の種類によっては、マーケティング部門の果たす調整・統合的役割にも違いが生じてくる。製品を、成熟製品 Key Word と先端技術製品 Key Word とに区分して比較してみよう。
　成熟製品の場合には、消費者や買い手企業のニーズ（needs＝抽象的な欲望、期待、要求）とウォンツ（wants＝具体的な欲望、期待、要求）への適応のウエートが高くなる。彼らのニーズやウォンツを企業内に反映するマーケティング部門の果たす役割は大きい。
　一方、先端技術製品の場合には、シーズ（seeds＝ニーズ、ウォンツに対応させてよく使われる語。製品が生まれる元となる技術を意味している）が、消費者や買い手の企業のニーズやウォンツに先行する。ニーズやウォンツ自体を創造するウエートが高くなるため、創造に成功すれ

Key Word

成熟製品──市場普及率は高く横ばいであり、企業間で製品技術水準に差異はほとんどない。今後の技術的変化は見込めない状況にあることが多い。
先端技術製品──先進的企業における製品技術の研究開発が盛んであり、まだまだ技術的変化は著しい。製品の改良を超えた進化につながる。

ば、依存効果が生じる。

　だからといって、依存効果を高めて市場（普及率）を拡大する、といっていいのだろうか。いや、それでいいのである。ただし、研究開発部門が、マーケティングをわかっているならばである。それがわかっていないがために、依存効果の高まりへの批判が余計に膨らむことがある。

③ 製品開発の基礎

（1）製品開発の概要

　製品開発は、一般的には、次の7つの活動に区分できる。
① アイデア創出……さまざまなグループとの相互作用や創造性を生み出すテクニックを用いて、意味あるアイデアを生み出す。
② アイデア・スクリーニング……さまざまなアイデアの中から有望なアイデアを本格的に審査し、市場に出せると見込める製品アイデ

コラム **コーヒーブレイク**

《真の新製品の創造》
　電話、自動車、飛行機、コンピュータ、スペースシャトル。これらがこの世に登場したときのことを考えてみよう。
　遠くの人と話がしたい、もっと楽に早く遠くへ行きたい、鳥のように空を飛びたい、膨大な計算を短時間でこなしたい、宇宙と地球を行き来したい。
　こういうニーズは多くの人が抱いていた。しかしながら、それらの製品をつくってほしいと具体的な形で要求した消費者は、どこにもいなかった。
　技術研究者や企業が、ウォンツに先行して、製品開発を行い商品化したのである。真の新製品とは、世の中を大きく変える、このような新製品をいう。
　真の新製品であるほど、創造に対する依存について、あまりだれも問題視しない。むしろ、歓迎しているほどである。
　ところが、過度なモデル・チェンジのような改良や、浪費をつくり出すような新製品の投入ということになると、依存を引き起こす創造が疑問視されだす。

アを選抜する。

③　**製品コンセプト決定**……製品アイデアから開発した「製品コンセプト」を買い手の反応テストにかけ、最高評価のものを選択する。製品コンセプトは、製品開発の方針や、買い手への製品訴求において重要なコミュニケーション・メッセージとなる属性表現や機能表現である。製品のさまざまな要素の機能を、巧みに１つに表現することも考えなければならなくなる。仕様書に用いられる表現とは別の、買い手に通じる言葉による属性表現や特に機能表現が必要になってくる。

④　**市場導入計画**……第１に標的市場、製品ポジショニング、２〜３年の売上げ・シェア・利益の目標について、第２に初年度の予定価格、チャネル、マーケティング予算について、第３に長期の売上げ・利益や他のマーケティング・ミックスについての計画を立て、事業としての魅力度を評価する。

⑤　**製品開発**……製品コンセプトに基づき研究開発やエンジニアリングによって具体的ないくつかの試作品をつくり、プロトタイプを機能テストや消費者テストにかける。

⑥　**市場テスト**……テスト・マーケティングともいう。テストに通ったプロトタイプを新製品として市場に出す経験をし、発売すべきか否かの最終決定の情報を手に入れる。テスト・マーケティングの手法としては、使用者を限定し、そこから得た情報をもとに改良するモニター調査、あるいは販売地域を限定してテストする方法のほか、アセッサーなどのようなプログラムを利用してシミュレーションする方法がある。テスト・マーケティングは情報が漏れるという危険性もあるが、特に販売数量やマーケティング手法が有効であるかどうかを確認するためにも重要となる。

⑦　**市場導入**……標的市場規模に合わせて生産体制を確立し、新製品を、地域的・全国的あるいはグローバルな市場に導入すること。競争相手の市場導入時期との比較で、先発参入・並行参入・後発参入

図表３－１－７　製品開発の実施スタイル

ファースト化 →
延期化 ↓

		段階的成果		同時的調和	
		単純連鎖	短縮連鎖	重複連鎖	短縮重複連鎖
	計画的	リレー			オーケストラ
	即興・創発的	すごろく			ラグビー

に区分できる。市場導入は、そのタイミングが重要である。

→詳細は『マーケティング２級』参照

しかし、現実には、前記の順序どおりに製品開発が実施されるとは限らない。成功した競合製品を模倣するときなどに**市場テスト**を行わないことがあるように、前記の特定活動が省略される場合すらある。

また、図表３－１－７を参照してほしい。かつては、計画的で諸活動が単純連鎖する、いわば**リレー・スタイル**が標準的な実施スタイルであった。しかしながら、開発期間のファースト化や意思決定の**延期化**という傾向の中で、その他の実施スタイルが識別できるようになっている。それぞれをわかりやすく喩えうる的確なメタファーは、現場の体験から浮かび上がるであろう。

ともかく、製品開発における諸活動には、同時的調和が重視されたり、即興性が求められる場合が増えている。**製品開発プロセス**や**製品開発実施スタイル**に、そうした違いが出てくるのには、**製品の新しさ**（企業にとっての新しさ、市場にとっての新しさ）の度合いや、市場導入のタイミング、後述する**製品ライフサイクル**の短縮化という要因も影響している。

製品は、その新しさの度合いによって、次のようにカテゴリー化できる。

① 新市場を創造する新製品
② 既存市場への新規参入を可能にする新製品
③ 参入済みの既存市場に追加する新製品
④ 既存製品の現実水準やコスト面を改良した新製品や既存製品と入れ替える新製品

⑤　新市場や新市場セグメントにターゲットを変更した既存製品のリポジショニング製品

新市場を創造する新製品は、高度な**イノベーション**を必要とする。しかしながら、それは、上記のさまざまな新製品全体の10％にも満たないといわれている。環境の変化が激しいときほど必要とされるにもかかわらず、イノベーティブな製品の開発される割合が少ないのは、次のような理由による。

①　アイデアの枯渇が指摘される製品分野があること
②　市場の細分化が進み新製品を市場導入しても売上げや利益があまり見込めないこと
③　消費者の安全や環境に配慮しなければならないという制約があること
④　研究開発部門、生産部門、マーケティング部門のコストなどからなる開発コストが高くつくこと
⑤　豊富なアイデアがあっても開発を立ち上げるだけの資金が不足していること
⑥　開発期間を圧縮するためのさまざまな方法を学習しなければならないこと
⑦　新製品を市場導入しても他社の模倣により投資を回収するだけの十分な先行期間を確保できなくなっていること

新製品開発に成功する最大の鍵は、他社にまねのできない**製品のユニークさ** Key Word にある。そのほかにも、**製品コンセプト**、技術シナジー、マーケティング・シナジー、製品開発の諸活動における実施の質、市場の魅力度が挙げられる。

Key Word

製品のユニークさ──コンピタンス（競争優位をもたらしている組織の内的要因）の1つとして挙げられることが多い。ユニークさの源泉となる資源や能力が他社にとって模倣困難なほど、競争優位が持続する。

（2）製品ライフサイクルの理論と実際

製品ライフサイクル（PLC：Product Life Cycle）の理論は、製品開発期間を経て市場導入された製品に関する4つの仮定に基づいている。すなわち、

① 製品の生涯には限りがある
② 製品はその売り手にさまざまな脅威や機会を引き起こすはっきりと区別できる段階を通過する
③ 製品の売上げと利益はその段階により増加したり減少したりする
④ 製品はその各段階で異なったマーケティング戦略、財務戦略、製造戦略、購買戦略、人的資源戦略を必要とする

PLCについては、過去の消費財を中心に、その発売後の売れ行きや

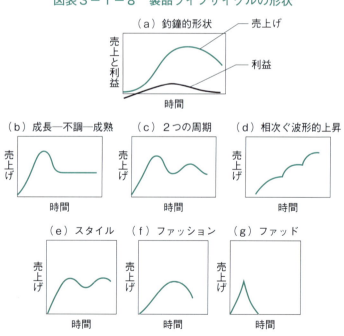

図表3－1－8　製品ライフサイクルの形状

出所：Kotler, P., et al.〔2006〕pp.322-323.

第1節 製品政策

図表3−1−9　製品ライフサイクル各段階の特徴

	導入期	成長期	成熟期	衰退期
売上高	低	急成長	ピーク	減衰
コスト	高	平均的	低	低
利益	マイナス	上昇	高	減衰
採用者カテゴリー Key Word	革新的採用者	初期少数採用者	前期多数採用者 後期多数採用者	採用遅滞者
競合他社	少数	増加	安定から減少	減少

出所：Kotler, P., et al.〔2006〕pp.322-323. を一部抜粋、一部変更.

利益の変遷に関する膨大なデータが蓄積されてきた。それらを踏まえて、実にさまざまな形状が指摘されてきたが、製品の典型的なPLCは、図表3−1−8の（a）である。この釣鐘的形状（S字形状）のPLCは4段階に区分されるが、各段階の特徴は図表3−1−9のようにまとめることができる。製品には後述するように集計水準の違いによりいくつかの製品階層があるが、その水準を下げるほど、衰退までの時間は短くなるものである。そして、その時間の中で売上高の上昇や下降などを示す。

そのほかでよく見かけられるPLCには、いったん普及した後に買い替え需要が続く小型キッチン家電のような（b）、大々的に販売促進された後にもう一度売り込まれる新薬のような（c）、新用途や新市場が

Key Word

採用者カテゴリー──新製品は、まず冒険好きでリスクを背負う金銭的ゆとりや複雑な技術知識の吸収能力がある「革新的採用者」によって購買される。その後、革新に対する採用意欲は強いがさまざまな点も検討してから採用する「初期少数採用者」に購買される。そして、革新を採用するのに熟考し時間をかける「前期多数採用者」、社会的圧力の高まりに応じて革新を採用する「後期多数採用者」、伝統的価値観に縛られ変化を好まない「採用遅滞者」の順で購買され、普及過程を終える。

何度も広がっているナイロンのような（d）がある。また、周期的にはやり廃りを繰り返す**スタイル**のPLCは（e）、ゆっくり進みしばらく人気を保ってゆっくり衰退する**ファッション**のPLCは（f）、短期間だけ流行し、限られた層だけが受け入れる傾向が強い**ファッド**のPLCは（g）である。

需要を刺激するために、**計画的陳腐化**（製品の寿命を計画的に短縮化すること）を行うことがある。新機能やより高度な機能を付加した新製品を市場導入することで、需要の伸び悩んでいる製品からの乗り換えを促す場合がそうである。

計画的陳腐化には、物理的な陳腐化と心理的な陳腐化、機能的陳腐化がある。自動車業界で多く行われていたモデル・チェンジやソフトウェアでよく見られるバージョン・アップはその典型例である。製品の耐久性が高くなり、頻繁な買い替え需要が見込めないときに、取り入れられることになる。物理的な陳腐化は、製品そのものの耐久性を低くすることによって製品の寿命を短縮化することである。心理的な陳腐化は、デザインを変更することによって既存の製品の価値を低くする方法である。

コラム　ドッチも本当？

《PLCはマーケティング活動の従属変数なのか独立変数なのか》

　PLCは、マーケティング活動の従属変数なのか、それともマーケティング活動を適合させるべき独立変数なのか。

　前者のようにとらえるべきだと主張する者は、特にブランド水準のPLC理論を無意味だと考える傾向が強い。マーケティング次第で、PLCの示すコースが可変的なものになるからである。

　後者のようにとらえるべきだと主張するものは、PLCを不可避のコースととらえがちなので、誤って認識すれば、みずから製品に幕を下ろしてしまうかもしれない。

　どちらでどちらを説明するのかということは、分析の目的に応じて決めることといえるだろう。

機能的陳腐化は、バージョン・アップをすることによって、既存製品を古くしてしまう方法となる。

頻繁なモデル・チェンジは消費者からの批判を受けやすくなるうえに、使えるモデルである場合はうまくいかないこともある。

(3) 製品ミックスと製品ラインの核心

さまざまな**製品ブランド** Key Word および**製品アイテム** Key Word を有するさまざまな**製品ライン** Key Word によって、**製品ミックス** Key Word が成り立っている。個々の製品開発は、この製品ミックスに関する意思決定に基づいて行われている。

製品ミックスは、その①**長さ**、②**幅・広さ**、③**深さ**、そして④**一貫性**という観点から検討することができる。

① 製品ミックスの長さ……それぞれの製品ラインの長さの総和、すなわち製品ブランドの総数および製品アイテムの総数
② 製品ミックスの幅・広さ……製品ラインの数
③ 製品ミックスの深さ……すべての製品ライン内の各ブランドのアイテム数の総和

Key Word

製品ブランド──ここでは、「製品ライン」内外の他の製品とは異なる名称で区別される製品の意味。

製品アイテム──製品ブランド内の最小単位。サイズ、価格、外観、その他の属性がほかとは若干でも異なれば識別され、在庫管理の単位にもなる。

製品ライン──同じような機能を有しているか、同一の顧客グループに販売されているか、同一販路またはチャネルを通じて販売されているか、特定の価格帯に属しているかという点で密接にかかわりのある製品グループである。

製品ミックス──製品アソートメントともいう。ある売り手が販売するすべての製品ラインおよび製品アイテムからなる製品構成のことである。

第3章　マーケティング政策基礎

図表3－1－10　P&Gジャパン(株)の製品ミックス構成

```
洗剤・ファブリックケア                    紙製品
・アリエール：洗濯用洗剤                   ・パンパース：乳幼児用紙おむつ
・ボールド：柔軟剤入り洗剤                 ・ウィスパー：生理用ナプキン
・さらさ：衣料用洗剤、柔軟剤
・レノア：洗濯用柔軟剤                    化粧品
・ジョイ：台所用洗剤                      ・SK-Ⅱ
・ファブリーズ：布製品リフレッシュ           ・イリューム

ヘアケア                                シェーバー
・ヴィダルサスーン                        ・ジレット
・パンテーン                              ・ジレットヴィーナス
・パンテーンクリニケア
・ハーバルエッセンス                      電気シェーバー、美容家電
・h&s                                  ・ブラウン
・h&s for men                          ・ブラウン オーラルB
・ヘア レシピ
```

出所：http://jp.pg.com/products/（2017年8月時点）を一部修正.

④　**製品ミックスの一貫性**……さまざまな製品ラインが最終用途、生産条件、流通チャネルその他における関連の度合い

図表3－1－10を参照してほしい。同図表から、P&Gジャパンの製品ブランド数で見た製品ミックスの長さは21、幅は6であるから、**製品ラインの長さの平均**は21/6となる。そして、洗剤などのケア製品のラインだけでなく、「電気シェーバー、美容家電」という製品ラインを有している。かつては、これら製品ラインに加えて、バッテリー用品やペットケア商品、プリングルズといったスナックを含めていたことで、製品ミックスの一貫性は低いものであったが、複数のラインを減らすことで生活関連に集中している。

製品ミックスを効果的に考えるには、**消費者によるカテゴライゼーション**の視点から、**製品階層**および消費者の心の中にある**製品カテゴリー階層**に関する知識が必要となる。製品階層には、その集計水準によって、**製品クラス** Key Word 、**製品カテゴリー** Key Word 、**製品タイプ** Key Word 、

製品ブランド、製品アイテムがある。
　ポイントは、製品クラス内の製品カテゴリー階層をどのようにとらえるかということである。そこで、図表３－１－11を参照してほしい。さらに細かい分類もできるが、たとえば飲料の場合に、消費者は、このような製品カテゴリー階層に沿ってトップダウンで意思決定を行い、最後

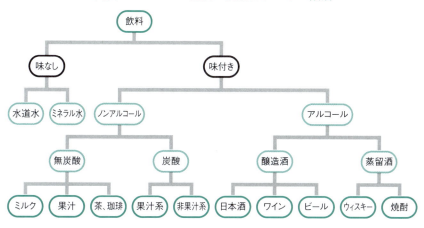

図表３－１－11　飲料の製品カテゴリー階層

Key Word

製品クラス──一定の機能的な一致があるとみなされる製品グループ。たとえば、飲料。

製品カテゴリー──消費者の記憶内に一般に存在する、ある製品クラスの分類図式における製品グループ。ただし、階層的にとらえることができる製品カテゴリーの最上位階層は製品クラスと同義であるが、ここでいう製品カテゴリーは、製品クラスよりも下位の製品グループを意味する。

製品タイプ──いちばん下の製品カテゴリー（→図表３－１－11）をさまざまな基準で分類した際の製品グループ。たとえば、ビールならば、醸造法によるドラフト、アイス、ドライ、価格と品質によるディスカウント、プレミアム、スーパープレミアムなどがある。

に製品ブランドおよび製品アイテムを選んでいる。

そこで、ある水準でとらえた製品カテゴリーを製品ラインとし、さらには、その製品サブ・カテゴリーや製品タイプを製品ラインの中のグループとして区分し、その全体（すなわち製品ミックス）を消費者にウェブサイトで示したうえで、さまざまな製品ブランドおよび製品アイテムをも示す企業が増えている。

このような意味で、製品カテゴリーを踏まえた製品ラインの定義が、製品ミックスを決定するときの重要な出発点となる。

（4）ブランド政策の概要

ブランド政策のプロセスは、図表3－1－12のように示すことができる。この基礎編では、同図表のブランド要素までの流れを述べる。

図表3－1－12　ブランド政策のプロセス

ブランド・スポンサーに関する決定 → ブランド・エクイティとブランド・アイデンティティ → ブランド要素 → ブランディング戦略 → ブランド・ポジショニング

企業は、ブランド政策の最初の段階で、**ブランド・スポンサー**になるかならないかを決定しなければならない。すなわち、自社製品をブランド化するのかしないのか、そして自社製品に自社ブランドを付けるのか付けないのか、ということをまず決定しなければならないのである。これらの決定にあたっての選択肢を示したものが、図表3－1－13である。

ブランド政策は、みずからがブランド・スポンサーになる場合と、特定のスポンサーからそのブランド使用のライセンスを受ける場合に、必要となる。かつては**ノー・ブランド**だった農畜産物や水産物でもブランド化が積極的に行われるようになっている。

ブランド・スポンサーは、権利侵害から自己の製品ブランドを保護するために、一般に商標登録を受けている。商標登録を受けた製品aブラ

図表３－１－13　ブランド設定に関する決定

	ブランド化	非ブランド化
自社ブランド	ブランド・スポンサー （ブランドの名付け親）	ノー・ブランド （一般的な名称のみの製品[※1]）
他社ブランド	ライセンスド・ブランド （使用料を払い自社製品への使用権を獲得している他社のブランド[※2]）	OEMブランド （相手先ブランドによる製造の場合[※3]）

※1　パイナップルの缶詰など廉価な食料品や日用品に多い。ホールセール・クラブで見かけることが多い。近年では医薬品で急増している。ジェネリック・ブランド、アンブランドなどともいう。
※2　ディズニー・ブランドの製品などによく見られる。
※3　家電製品でも、自社ブランドをあえて付けずに、開発や製造だけに特化している場合がある。

ンドを、日本では「登録商標」、アメリカでは「トレードマーク」という。

ブランドは、まずはブランド・スポンサーに基づいて、次の４つが挙げられる。

① 製造業者ブランド……製造業者の所有するブランド。全国展開の製造業者を想定する場合に、ナショナル・ブランド（NB：National Brand）と呼ぶことが多い。

② 商業者ブランド……卸売業者や小売業者が設定し所有するブランド。プライベート・ブランド（PB：Private Brand）と呼ぶことが多い。なかでも、大規模小売業者の設定するブランドは、ストア・ブランド（Store Brand）あるいはハウス・ブランド（House Brand）とも呼ばれている。

③ サービス業者ブランド……サービス業者の所有するブランド。ヤマト運輸の「クール宅急便」、マリオット・インターナショナルが展開する「マリオット」「フェアフィールドイン」など。

④ 共同ブランド……独立した２つの会社の、すでに確立されたブランドを同じ製品に使うことをいう。クレジット・カードなどで増加している。

商標法においても、有形財だけでなくサービス財に使用する製品ブラ

ンドが挙げられている。

　また、ブランドには、製品ミックス内でのそのブランドの設定範囲の違いから、次の２つなどがある。

① 個別ブランド（individual brand）……ある製品カテゴリー内のいくつかの製品タイプごとに別々に設定されたブランド。

② 統一ブランド（family brand）……複数の製品カテゴリーおよび製品ラインに共通して設定されたブランド。かつて松下電器（現・パナソニック）は、ナショナル、パナソニック、テクニクスという３つの統一ブランドを用いていたが、現在では企業名（企業ブランド）をパナソニックとし、商品カテゴリー別にブランドを展開している。全製品ラインに共通して設定されたブランドを、単一ブランドともいうが、これが企業名と同一の場合には、企業ブランドとして区別する場合もある。

　→詳細は『マーケティング２級』参照

　さて、ブランドの設定目的は、ブランドに起因するマーケティング効果を高めることである。製品コンセプトの決定と並んで、**顧客ベースのブランド・エクイティ** Key Word を構築し管理することが、マーケターの能力として重視されてきている。

　ブランド・エクイティを構築するには、**ブランド認知**と**ブランド・イメージ**からなる顧客の**ブランド知識**が鍵になる。ブランド認知を高め、ポジティブなブランド・イメージを形成することによって、製品カテゴリー内のブランドが同一であると顧客に考えさせないことが、ブランド政策の鍵である。

　ブランド機能 Key Word がうまく発揮されるように、ブランド要素を最適に組み合わせることによって、ブランド・エクイティを最大化し、**ブランド・アイデンティティ**を確立することができる。

　ブランド要素には、次の６つがある。

① ネーム……文字によって表記し、発音できる正式名称。

② ロゴ……ネームを特徴的な字体や色彩で表記した「ワード・マー

ク」と、その他の装飾的な図形や記号や色彩などの「シンボル・マーク」。
③　キャラクター……シンボル・マークに使用される、実在または架空の人物や動物など。マークを抜け出した立体的なものもある。ＮＴＴドコモの「ドコモダケ」など。ゆるキャラなどといわれる地域キャラクターを活用する企業もわが国では増えている。
④　スローガン……販売促進的情報や解説的情報を伝える簡明なフレーズ。「元気はつらつオロナミンＣ」「ゴホンといえば龍角散」など。龍角散の派生商品には「のど、直接、うるおう龍角散ダイレクト」。
⑤　ジングル……耳に残る音楽に乗せたフレーズを特にこのようにいう。「ミルキーはママの味」「くしゃみ３回ルル３錠」「本を売るならBOOK OFF」。
⑥　パッケージ……ブランドを強く識別させるそのデザイン。「だるま」の愛称が生まれたサントリー・オールド。

ブランド機能に基づいて、ブランド・エクイティを高めるブランド要素の選択基準をまとめたものが、図表３－１－14である。
　新製品に新ブランドを設定することが、特に重要な意思決定となるが、

Key Word

顧客ベースのブランド・エクイティ──ケラー（Keller, K. L.）によれば「あるブランドのマーケティングに対応する消費者の反応に、ブランド知識が及ぼす効果の違い」と定義されている。

ブランド機能──①高い水準のブランド認知を達成する「記憶可能性」、②固有の意味によってブランド連想の形成を促す「意味性」、③法律上や競争上の観点での「防御可能性」、④他の言語圏や文化圏に導入するにあたっての「移転可能性」、⑤変化に応じた長期にわたって柔軟に更新できるものであるための「適合可能性」。さらには、美的な「好感性」が挙げられることもある。これら以外の基本機能として、一定品質を約束するという「安心・安全への責任の証」が挙げられてきた。

図表3－1－14　ブランド要素の選択基準

ブランド要素＼ブランド機能	記憶可能性	意味性	防御可能性	移転可能性	適合可能性
ネーム	ブランド再生と再認を高める	ほとんどすべてのブランド連想を強化する	一般的によいが限界がある	ある程度限界がある	困難
ロゴ	一般にブランド再認に有効	ほとんどすべてのブランド連想を強化する	きわめて有効	きわめて有力	一般的にデザイン変更が可能
キャラクター	一般にブランド再認に有効	製品非関連イメージとブランド・パーソナリティに有効	きわめて有効	ある程度限界がある	時によりデザイン変更が可能
スローガン	ブランド再生と再認を高める	ほとんどすべてのブランド連想を明示的に伝達する	きわめて有効	ある程度限界がある	修正が可能
パッケージ	一般にブランド再認に有効	ほとんどすべてのブランド連想を明示的に伝達する	コピーされる可能性が高い	やや有力	一般的にデザイン変更が可能

出所：Keller, K. L.〔1998〕邦訳、212頁.

製品ミックスの中の既存製品や既存ブランドとの関係を戦略的に考える必要もある。

第2節 価格政策の意義と目標

学習のポイント

◆価格は、消費者にとって商品を購入する際、商品の価値と比較して高いか低いかを判断する重要な要素となる。したがって、価格は企業にとってマーケティングを展開していくうえできわめて重要であり、商品にどのような価格を付けるかが大きな課題となる。

◆価格設定には方法と手順があり困難を伴うが、基本的な価格設定方式は一般に、①コスト志向型方式、②需要志向型方式、③競争志向型方式、に大別される。

◆新製品の価格設定にあたっては、商品の性質を判断し、①初期高価格政策(policy of high initial price)または、②初期低価格政策(early low-price policy)、がとられる。

1 価格設定の基礎

 価格政策は、価格戦略と価格戦術を合わせたものをいうが、価格政策の領域には価格設定と価格管理が存在する。このうち価格設定は、それぞれの製品にどのような基本的価格を設定するかについての検討である。

 価格設定は、コスト・需要・競争ならびに商品の種類や競争企業の反応・状況、あるいは価格設定に影響を及ぼす要因を考慮して決める方法、そしてまた、過去あるいは他の競争業者の価格を模倣または参考にして決める方法がある。

（1）価格設定の方法と手順

価格設定の方法と手順を体系的な流れに沿って要約すると、図表3－2－1のようになる。それは、大別すると、「方法と手順に至るまでの前提条件」と、「方法と手順」に分けられる。

① 方法と手順に至るまでの前提条件

価格設定の前提条件としては、まずは「企業の目標と戦略」が定められ、次いで「マーケティング目標と戦略」が設定されることが前提となる。そして、その前提が設定されると、初めて「価格戦略目標」が表面化してくることになる。

価格戦略目標は、企業目標とマーケティング目標を詳細に具現化したものである。そして、その目標を達成するために価格戦略の代替案が検討され、決定されることになる。このことは、言い換えれば、価格設定は、価格戦略目標を達成するための手段の選択ということになる。

② 方法と手順

企業は、前述したように価格設定にあたって、実際には従来とってきた基本的な政策である「単一価格政策」を採用するか、それとも「弾力的価格政策」を採用するかなど、いくつかの基本的な「価格政策の設定」が必要となる。

このほか、新製品の価格設定、既存価格の変更、価格割引など、それぞれの価格設定に対しては、その価格設定の方法・手順の確定をあらかじめ定式化しておくことが有効である。

また、価格設定と「マーケティング情報システム」ならびに情報の流れが連動することが重要であり、それが価格設定の合理性を規定する要因となる。そしてまた、それらは常に情報のフィードバック・サイクルを形成し、価格設定に関する行動修正の指針として役立つものとなる。図表3－2－1がそれに相当する。

（2）価格政策の目標

価格政策は、価格戦略と価格戦術を合わせたものをいうが、ここでは

第2節 価格政策の意義と目標

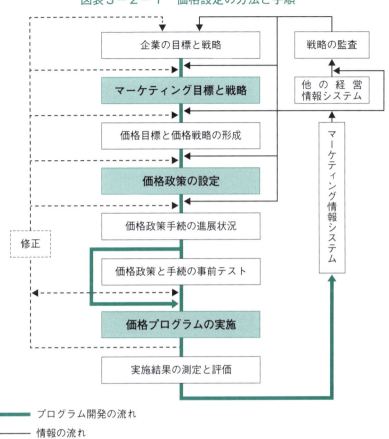

図表3-2-1 価格設定の方法と手順

出所：Kollat, D. T., et al. 〔1972〕 p.259.

価格政策のうちの価格戦略の目標について述べていく。

① 価格戦略の目標

　企業の価格戦略は、製品の種類や製品差別化の程度、競争状況、企業の市場地位、製品の市場における成熟度などによって異なってくる。
　しかし、価格に関する具体的な諸決定、すなわち新製品の価格設定や

価格割引などは、とられるべき企業の戦略目標によって異なってくる。なぜならそれは、企業の価格戦略の目標に応じて決定されなければならないからである。

② **価格目標の具体的内容**

価格目標の具体的内容は、実際には企業目標と価格戦略目標、マーケティング目標と価格目標というように、企業全体の全般的な目標と調和しなければならない。価格戦略目標の具体的内容は、久保村隆祐教授らによると、

1）投資収益の確保
2）市場占有率の維持・拡大
3）価格とマージンの安定化
4）競争への対応
5）社会的対応

などが挙げられている（久保村隆祐ほか〔2000年〕115～116頁.）。以下、それぞれについて説明していく。

1）投資収益の確保

投資収益の確保とは、投下資本の回収ができるような目標利益率を設定し、投下資本とリスクを対比しながら、目標利益率を達成することのできる最適価格を決定するのである。調査によると、「投資額に対する目標利益率は大体8～20％におかれ、平均14％である」という（久保村隆祐ほか〔2000年〕115頁.）。

ちなみに、投下資本収益率（ROI：Return On Investment）は、総資本収益率ないしは投資収益率と呼ばれており、投下した資本がどれだけの利益を生んだかを測る尺度で、企業の収益性や資本の運用効率を表す代表的な指標である。そして、それは売上高総収益率（利益を売上高で割って算出）と、総資本回転率（売上高を総資本で割って算出）の積として求められている。

そこで、目標収益についての簡単な算式を図で示すと、次のようになる。

$$投下資本利益率 = \frac{純売上高}{総資産} \times \frac{純利益}{純売上高} \times \frac{総資産}{自己資本} = \frac{純利益}{自己資本}$$

したがって、投下資本利益率は、総資本回転率と売上高総利益および財務力（財務管理）の計画・管理から成り立っているわけである。

2）市場占有率の維持・拡大

市場占有率は企業の収益性に大きな影響を与えるので、「価格設定の目標を市場占有率の維持・拡大におく企業もある。当該製品が製品ライフサイクルの成長期にあり、市場が今後も繁栄・拡大していくことが予測できるならば、価格設定に際してその重点を、投資収益率よりも市場占有率の維持・拡大におく場合が少なくない」とされる（久保村隆祐ほか〔2000年〕116頁.）。つまり、この場合には、企業は短期利益を犠牲にしても市場占有率を最大にする決定をすることになる。

3）価格とマージンの安定化

今日のような寡占市場において、価格競争を避け価格を安定化させるために、**価格カルテル**や**再販売価格維持**の方法などに走りがちであるが、それは違法行為であるので価格以外のファクターによる非価格政策によって価格を安定させることが重要である。しかし、一般的には競争企業の価格に追随することが多い。いずれにしても、変化の激しい市場環境を考慮してその状況に即した価格を設定することが価格の安定には不可欠である。それがかなえばマージンの安定にもつながることになる。

4）競争への対応

市場に競争製品が存在している場合、競争企業の価格を無視することはできない。製品が際立って優位に差別化（異質化）され、市場で優位性を発揮している場合には、価格設定の自由裁量が大きいが、差別化による優位性を発揮できない企業にとっては、競争を念頭に入れて実勢価格に合わせた価格を取り入れることになる。

5）社会的対応

これまでに述べてきた価格戦略目標は、一般的に定式化されたもので

あり、利益極大化もしくは投下資本の回収に沿って、相対的に高い目標を維持しようとするような最適化基準を想定していた。

しかし、良心的な価格意思決定者の場合には、たとえば新製品発売にあたり、低所得で生活に苦しんでいる消費者を考えると、高価格を設定することに悩まされる場合があるという。つまり、価格設定に携わる意思決定者の倫理目標と社会組織によって定められた価格目標との間に、相いれない矛盾が生じるのである。

このような価格設定にあたっての倫理的側面は、法律や業界内の倫理綱領や企業みずからの自主規制に照らし合わせて判断することが適切であると思われる。

おおむね、価格政策の目標と手順としては、以上のような点を挙げることができるであろう。

(3) 基本的な価格設定方法

実際の価格設定にあたっては一般的に、①製品の製造にかかったコストをもとにした「コスト志向型」、②消費者需要に即した「需要志向型」、③競争相手の企業を基準にした「競争志向型」、が用いられている。

① **コスト志向型方法**

1) コスト・プラス法

コスト志向型の典型的な方法は、コスト・プラス法である。この方法

 コラム コーヒーブレイク

《コラット価格設定モデル》

価格設定の手順と方法は、完全に定型化されたものではなく、論者によってかなり異なっている。そのような中でコラット（Kollat, D. T.）らが示した図表３－２－１の一連の流れによる方法は、価格設定の手順と方法を示す１つのモデルとして適切に思える。

は非常に多くの企業で採用されており、製造原価ないしは仕入原価に一定率のマージンを加え、それをもって価格（売価）とする方法である。

製造業の場合には、製造原価（材料費、労務費、経費）と営業費（一般管理費、販売費）に対して一定のマークアップ率（値入率）を掛けて販売価格とする。ただし、この場合のマークアップ率は、過去の実績や業界の慣習を基準にして決められるのが普通である。

工業製品を例にとると、一般的に用いられている方法は、まずは直接費（原材料や賃金等）を計算し、それに間接費（原価償却費や販売費等）を加え、そのうえで利益分となるマージン率を掛けることで価格を決定している。たとえば、1個当たりの直接費が150円、間接費が30円で、マージン率を10％とすると、利益は18円となるので、この製品の販売価格は198円となる。

1個当たりの価格

直接費 150円	間接費 30円	利益 18円

198円　＝　（　150円　＋　30円　）　×　（1＋0.1）
［価格］　　　［直接費］　［間接費］　　　［マージン率］

次に、たとえば、アパレル店におけるコスト・プラス法の簡単な例を示すと、あるアパレル店が婦人用ブラウスを30,000円で仕入れたとする。この場合、仕入原価に20％の利益を上乗せしようとすると36,000円が販売価格となる。

36,000円　＝　（30,000円）　×　（1＋0.2）
［価格］　　　［仕入原価］　　　［マージン率］

なお、詳細な理解を得るには、図表３－２－２が参考になる。

ところで、これらの方法が広く受け入れられる理由として久保村隆祐教授らは以下の点を挙げている（久保村隆祐ほか〔2000〕107頁.）。

第3章 マーケティング政策基礎

図表3-2-2 コスト・プラス法

出所：徳永豊〔1966〕336頁．

a．価格決定の手続が簡単かつ便利であること。
 　コストは価格の下限を決める基礎となるので、需要予測が困難な場合、需要の変化にとらわれないで正確な価格で安定した利益が確保できること。
b．一定比率の適正マージンを加えるのであれば、不当に高い利益ではなく、社会的にも公正な利益であるという印象を与えることができること。
c．同じような生産方法で同じような製品を製造している企業が、一様にこの方法をとるならば、コストもマージンも類似し、価格も類似するので価格競争を回避することができること。

　しかし、問題点としては、第1にコスト面から決定されるので、購買者のニーズや将来の需要を考慮に入れていない点、第2にコストという場合、過去のコストないしは現時点でのそれであり、将来の費用予測をするには難点がある。したがって、コスト・プラス法は零細小売業で用

いられる程度で、小売業者のほとんどはマークアップ法を用いている。
2）マークアップ法
　小売業者や卸売業者によって広く用いられる方法で、単位当たりの仕入原価に販売費用と利益を加え、マークアップ（値入率）を加算して、それを用いて価格を決定する。

$$価格 = \frac{仕入原価}{(100-マークアップ率) \div 100}$$

　この式を用いた場合、仕入価格が1,000円で、マークアップ率が30％だとすると、価格は1,428円となる。すなわち、

$$価格 = \frac{1,000円}{(100-30) \div 100} = 1,428円$$

　この方法が広く小売業者や卸売業者によって用いられるのは、これらの業者の取扱商品の種類が多いためであり、普通は商品回転率などを考慮して、商品別に異なったマークアップ率が設定される。
② **需要志向型の方法**
　需要志向型の基本原理は、単位コストが同じであっても、需要が多ければ高価格を、少なければ低価格を付ける方法である。つまり、コストよりも消費者が知覚する価値と需要の強さを重視したり、価格に対して反応する消費者の心理を利用して価格を決定する方法である。それには以下のようなものがある。
1）知覚価値型価格設定
　販売業者のコスト水準ではなく、消費者の知覚価値を重視するもので、いわば、消費者の商品に対する評価に基づいて設定される価格である。この場合、消費者が知覚する価値・評価の対象は、消費者の心理に影響を与える商品の品質・性能・デザイン・サービスなどの非価格要素が中心である。
　一般に消費者の価格に対する心理的な反応を考慮に入れた心理的価格

が設定される。消費者が商品に持っている値ごろ感は、価格設定の際の重要な要因となる。消費者は、それぞれの製品について「いくらぐらい」という感覚を持っている。メーカー希望価格などは外的参照価格となり、消費者がそれまでの経験から得た知識を前提としているのが内的参照価格である。

また、価格設定の手法として名声、慣習、端数、プライス・ライン価格がある。

　a．名声価格

　ハンドバッグ、化粧品、装飾品、貴金属などの高級ブランド品やぜいたく品は、商品の品質の判断が難しく、それらを購入する消費者の多くは、価格が高ければ、品質もよく、それを使用する人のステータスも高いと錯覚している場合が多い。したがって、このような消費者に対しては、品質のよさを印象づけるために高級なものに意識的に高い価格を付けることが一般的に行われている。このようにして設定された価格を名声価格という。

　b．慣習価格

　商品によっては、長期間にわたる慣習によって、価格を上げることも、下げることも難しい商品がある。このような商品としては、ガム、キャラメル、チョコレートなどが典型的であるが、これらは、価格を上げると消費者に違和感を与え、購入を拒まれ売上高を減少させてしまう。したがって、このような場合、中身の個数を減らしたり、容量を減らしたりしながら価格は据え置きにするのが一般的である。

　もしも、値上げをする場合には、前もって広告・宣伝によって消費者の理解を得るようにしておかねばならない。慣習価格を破って失敗した例としては、かつての吉野家の牛丼が挙げられる。これは、それまでの300円の慣習価格を一挙に350円に値上げしたことによって顧客からそっぽを向かれ、会社更生法（倒産）に追い込まれた典型的な例である。

　なお、周知のように、その後吉野家は立派に立ち直り今日に至って

いる。
 c．端数価格
　消費者に対して、価格を最低限にまで引き下げ、精いっぱい努力しているという印象を与えるように、100円、1,000円、10,000円というようなキリのいい価格ではなく、98円とか980円とか9,800円といったような価格を付ける方法である。このような価格は今日では、スーパーマーケットの食料品からマイホームの価格にまで適用されている。いわゆる消費者心理に訴えたものである。
 d．プライス・ライン価格
　プライス・ライン価格とは、よく売れる値ごろないしは価格層のことである。消費者は、商品によっては、一定範囲内の価格であれば、多少の価格の差異には目をつぶり、自分の購入予算の範囲内であれば購入するという習性を持っている。つまり、一定範囲内の価格であれば、価格を高くしても売上げにはあまり影響を及ぼさないといわれている。
　たとえば、男性用革靴について見れば、ある階層の男性には7,000円～10,000円台が比較的よく売れるが、少し所得の高い階層の男性には10,000円～15,000円台がよく売れ、さらに可処分所得の高い階層の男性には17,000円～20,000円がよく売れるとするならば、この場合のプライス・ラインは10,000円、15,000円、20,000円と設定して差し支えないことになる。つまり、このような場合には、範囲内の最高のところに価格を設定し、それに応じた製品開発や商品仕入れをすることになる。一般に大衆向き、中級向き、高級向きプライス・ラインが設定されることになる。
　さらに、心理的な要因を基にしたPMS価格設定（→詳細は『マーケティング2級』参照）も存在する。これは消費者への価格調査を通じて、最高価格、最低価格、妥協価格、理想価格の4つの価格を見つけることになる。
2）差別型価格設定
　市場を1つではなく、いくつかに区分することができる商品やサービ

スの場合、需要の強度に従って同一商品やサービスに対して異なった価格を設定する方法である。つまり、この方法によると同じ商品・同じサービスでありながら異なった複数の価格が付けられる。その具体的形態としては、次の2つがある。

- 場所差別価格……各場所に対する需要の強度差によって、異なった価格を付けるものである。しかし、この場合、その場所の提供に関する限界費用は異ならないという特徴がある。たとえば、日当たりのよい住宅地やマンションの部屋での価格の相違、あるいは劇場や球場での観覧席の値段の違いがこれに当たる。
- 時間差別価格……販売促進またはその日の商品売り尽くしといった観点から、時間差を設定することにより価格を割引する政策がとられている。

　実際には、①スーパーマーケットやデパ地下の生鮮食料品売り場、②コンサート・演劇・スポーツ観戦、③テレビやラジオのコマーシャル、④航空チケットの早割・早朝割引などの分野で行われている。

　ごく身近な例としては、スーパーマーケットやデパ地下の生鮮食料品売り場におけるタイムセールが挙げられる。昼間の一定時間帯ないしは閉店間際の時間帯に10％～50％程度の割引販売が行われていることが珍しくないが、これは腐敗性が強く翌日には持ち越すことができないという商品特性を考慮した割引価格である。

　次に、コンサート・演劇・スポーツ観戦といったたぐいのサービスグッズ（service goods）は、それが実際に実行される数ヵ月前から顧客誘引のために情報を提供すると同時に、事前にチケットを販売することが有効である。この場合、事前の前売り券には当日券よりも10％程度の割引がなされるのが普通である。これは、興行者からすれば前売り券によって実際に演技が実行される前に、かなりの資金を手にすることができるというメリットを享受することになるが、基本的には時間差に対する割引を意味している。

　次に、テレビやラジオのコマーシャルにおいては、ゴールデンア

ワーと呼ばれる時間帯、たとえば19時〜21時は料金が高く、深夜や早朝の時間帯は料金を低く抑えるといった政策も時間差による価格政策である。

次に、電気料金、電話料金も、利用者の少ない深夜・早朝の時間帯を利用する顧客に割引料金を設定している。

さらに、航空チケットの早割・早朝割引も、時間差を考慮した価格政策である。早割は数ヵ月前から1人でも多くの顧客を前もって確保することに対する割引を意味し、早朝割引は利用者の少ない時間帯を利用してくれる顧客に対するサービス料金を意味している。

③ 競争志向型の方法

競争相手の企業が設定する価格を基準にして、自社の価格を設定する方法である。これには、模倣または追随方式と入札方法が挙げられる。

1）模倣方式

企業は、同質または似たような製品であれば、競争企業ないしは先発企業の価格と同等または幾分安い価格を付け、市場の維持と価格の安定化をねらう方法である。この方法の場合には、自社のコストや需要を無視して決定されるので、モデルにした企業や業界が、たとえばコストダウンにより、かなりの価格引き下げを実行した場合には、それに追随できなくなり、窮地に追いやられるという危険性をはらんでいる。

2）入札方式

入札方式で決定される価格は、消費者にはなじみの薄いものである。この方法は、政府や公共自治体あるいは公・私立学校、民間大手企業などが、建物や工場・設備などを建設するような場合の請負事業、あるいはまた政府や公共自治体による不動産の競売、卸売市場での一部の売買においてとられる方法である。

- ○請負工事入札……入札に参加しようとする企業からすれば請負工事入札である。入札方法としては、文書で価格を提示させ、最低価格を付けた者に落札する方法である。落札しようとすれば、参加する競争企業がどのような価格を付けるかをある程度予測しなければな

らないが、その予測が難しく、しばしば醜い談合が行われることになる。
○政府や公共自治体による不動産競売の入札……政府や自治体が有している物件は、一般に裁判所を通して新聞等で公にされ、入札参加者の資格も同時に知らされ、申込書が受け付けられる。その際入札参加者は、最低売却価格の1割以上の入札保証金を納入しなければならない。落札者の決定は、政府や自治体の予定価格以上の価格で、かつまた最高金額の価格をもって有効な入札をした人に決定される。
○卸売市場の入札……買い手が紙片に単価、数量、申込者名等必要事項を記入し、卸売業者の販売担当者に交付する。その際入札参加者は、いちばん高い値段を付けた者に売り渡す（落札する）取引方法である。

この方法とせり売りによる方法の違いは、この方法の場合には価格形成過程が公開されておらず、落札が決定するまでは、売り手と買い手の両者に価格がわからないという点である。

2 新製品の価格設定

企業は、既存製品とまったく異なる新製品を市場に導入する場合、その製品寿命を推測し、それに従った価格を設定していくことになる。具体的には、①最初は高額所得者に的を絞り価格を高く設定して初期投資額を吸収し、市場浸透度合いを見極めながら徐々に価格を下げていく初期高価格政策（policy of high initial price）、別名を上層部吸収価格政策（skimming price policy）という方法と、②競争企業の模倣品の参入を阻止するための初期低価格政策（early low-price policy）、別名を浸透価格政策（penetoration price policy）という方法がある。

① 初期高価格政策

新製品は、発売当初の段階では、需要に対する価格の弾力性が乏しく、一般的な消費者の支出対象になっていない。したがって、高価格でも購

入意欲のある高額所得者を対象にして市場に食い込み、大量市場への突破口とするという意味においてこの政策がとられている。

実際に、初期高価格政策が有効な理由としては、①初期の段階では、新製品の産出量が少ないこと、②巨額の広告・宣伝をはじめとする販売促進費がかかり、それを相殺するには初期高価格を設定するほうがリスクが小さいこと、③高品質のイメージを創造するには高価格設定が有効であること、などによる。

なお、これまでにこの政策が適用されてきた代表的な製品としては、発売当初の白黒テレビ、カラーテレビ、家庭用ビデオ、パソコン、プラズマテレビ、液晶薄型テレビなどを挙げることができる。

② **初期低価格政策**

初期低価格政策は、新製品の発売当初から低価格を設定し、速やかに大衆市場に浸透させようとする政策である。これを別名、浸透価格政策ないしはボリューム・プライシング（volume pricing）といっている。この政策は、新製品発売当初は、利益を度外視してでもできる限り速やかに大量市場の中で支配的地位を築くことによって、競争市場の参入を阻もうとするところにねらいがある。

この価格政策が用いられるのは、価格弾力性が大きく、大量生産によるコストの節約が可能であり、かつまた潜在的競争力の脅威が大きく、しかも消費者需要が価格に非常に敏感であるような場合である。具体的には、大ヒットするかまたはまったく期待できない種類の製品に対して行われる。たとえば、白熱電球しか存在しなかった時代の蛍光灯や万年筆が一般的であった時代のボールペン、あるいは近年の携帯電話の価格設定は、典型的な初期低価格政策に相当する。

③ **価格調整**

価格は、それが導入されてから取引相手先と交渉したり、消費者に価値を訴えたりするために調整を考える必要がある。これには、現金割引、数量割引、業者割引がある。割引を行う際には、公正な取引を確保するために、何らかの明確な基準を設けることになる。現金割引は、購買を

する際に掛けや手形ではなく、現金で取引することによることで適用する割引であり、信用取引のリスクを回避することに対する割引となる。

　数量割引は、大量に購入することに対して提供される割引である。売り手側としては、一度に多くの販売が可能となるので、販売にかかわる手間を省くことで割引を提供するということになる。

　取引業者の役割（機能）を遂行することによる割引が機能割引である。販売や保管など、本来は売り手が行う機能を買い手側が行うことに対して割引が行われる。これ以外にも、季節割引やアロウアンスなどもある。

第3節 マーケティング・チャネル政策

学習のポイント

◆マーケティング・チャネルと流通機構を区別して理解しておく必要がある。それは個別企業の視点からとらえるマーケティング・チャネルと国民経済的視点からとらえる流通チャネルないしは流通構造などからとらえるチャネル問題は、明らかにその問題点が異なるからである。

◆生産者から消費者までのチャネル内において、それぞれの企業が独立した存在として自立的に行動し、取引を行うときにのみ結びつくといった伝統的なマーケティング・チャネルから、生産者（製造業者）、卸売業者、小売業者およびその他の助成機関を巻き込んだ協調的関係システムの構築によるマーケティング・チャネル全体を、効率的・計画的なチャネルとして操作可能となったことを学びとってもらいたい。それによってもたらされたコストダウンの成果は、それら企業集団ばかりでなく消費者にも、その一部でも配分しうるように努めるべきであろう。

◆マーケティング・チャネル・システムを通じて、企業間競争における戦略的優位性を享受できることは、いうまでもない。このような視点で企業のチャネル戦略を再検討する時代である。

1 マーケティング・チャネルの形態と機能

（1）マーケティング・チャネルの形成と諸形態
① マーケティング・チャネルとは

　チャネルとは流れの道筋のことで、通常、日本語で「経路」という訳語が使われている。そして、**マーケティング・チャネル**は、次のような定義がなされている。「マーケティング・チャネルとは、販売経路、流通経路などともいわれており、生産者もしくは製造業者から最終消費者もしくは業務用需要者へ商品を移転させる経路をいう」（澤内隆志〔2002〕121頁.）。

　マーケティング・チャネルという概念は、流通機構という概念とは異なる。流通機構とは、たとえば日本の流通機構といったように、社会経済的な視点からとらえたチャネルで、生産者から消費者への流通のしくみ全体を意味する概念である。それに対して、マーケティング・チャネルは、個々の企業のマーケティング活動の視点からとらえたチャネルを意味する。そして、商品を販売するということは所有権の移転を意味するところから、マーケティング・チャネルを所有権移転のプロセスとしてとらえることができる。また、マーケティング・チャネルを商品の移転のフローと考えると、モノそのものの移転である物的流通（物流）もあわせて考慮に入れる必要があるだろう。ただ、物的流通の機能が遂行される前に、取引、または所有権移転がなされるので、本項では、マーケティング・チャネルの基本的機能は、所有権移転にあると考えることとする。

② チャネル構成員の結びつきとマーケティング・チャネル形成

　製造業者は、製品をどのようなチャネルを通して最終消費者まで移転させていくかという決定に迫られるが、そのためにまず製品を流通させるためのチャネルの形式を決定しなければならない。ここでは、チャネルの長さ（流通段階の数、メンバーのタイプ）に関する垂直的次元について述べる。

垂直的次元というのは、チャネル内での仲介業者の介在する段階数によって示され、チャネルが長いのか短いのかによって示されるチャネル・タイプである。チャネルの典型的なパターンは、次のように示される。

（生産者もしくは製造業者）→（仲介業者）→（最終消費者）

　コトラーは、生産者もしくは製造業者と最終消費者はどのチャネルにも存在するので、仲介業者の段階数でチャネルの長さが規定されるとして、図表３－３－１のように、それぞれの異なる長さの消費財のマーケティング・チャネルと、ビジネス市場での典型的チャネルを示している。

図表３－３－１　マーケティング・チャネルとその段階

消費財のマーケティング・チャネル				生産財のマーケティング・チャネル			
ゼロ段階	１段階	２段階	３段階	ゼロ段階	１段階	２段階	３段階
製造業者	製造業者	製造業者	製造業者	製造業者	製造業者	製造業者	製造業者
		卸売業者	卸売業者			製造業者代理店	製造業者の販売支店
			仲買人				
	小売業者	小売業者	小売業者		生産財流通業者		
顧客	顧客	顧客	顧客	生産財顧客	生産財顧客	生産財顧客	生産財顧客

出所：Kotler, P.〔2006〕p.438.

１）ゼロ段階チャネル

　生産者もしくは製造業者が最終消費者に直接販売するということから、ダイレクト・マーケティング・チャネルともいわれている。たとえば、インターネット販売、訪問販売、ホームパーティ（頒布会）、通信販売、テレマーケティング、テレビ・ショッピング、製造業者の直営店などがある。

2）1段階チャネル

　小売業者のような販売に携わる仲介業者が1つ入っているチャネルである。

3）2段階チャネル

　2つの仲介業者が製造業者と消費者の間に入っている。消費財市場では、通常、卸売業者と小売業者である。

4）3段階チャネル

　3つの仲介業者が入っているチャネルである。

以上のように、マーケティング・チャネルには多様なパターンが存在している。そして、これらを支援する形で、マーケティング助成機関がかかわってくるのである。マーケティング助成機関には商品取引には関与しない輸送・保管会社、情報サービス業者（広告業者、放送業者、出版・印刷業者など）、金融・保険業者などがある。

ゼロ段階を除いて、仲介業者としての中間商人が介在している。なぜ、中間商人が介在するのかの説明として用いられるのが、「取引総数最小化の原理」である。取引総数最小化の原理を説明すると次のようになる。

図表3－3－2のように、いま市場に5社のメーカーと5人の消費者がいると仮定すると、中間商人が介在しない直接取引の場合は、取引総数＝5×5＝25であるが、中間商人が介在する場合は、取引総数＝5＋5＝10となる。

この例でいけば、中間商人が介在することでの取引総数15の節約が可能となり効率がよくなる。このことから、中間商人が介在する理由が理解される。

③ **チャネル選定の考慮要因**

チャネルを選定するためには、その前提として次の要因を考慮する必要がある。

1）市場要因

　消費者もしくは使用者はだれであり、なぜ、どこで、いつ、何を、どれだけ購買するのかを明らかにしなければならない。潜在的顧客数、

図表３－３－２　取引総数最小化の原理

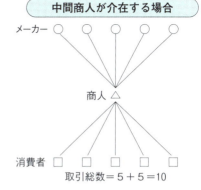

地理的市場、１回の注文量などが考慮要因として挙げられる。
　潜在的顧客数が多数の場合は、比較的長いチャネルが採用され、１回の注文量が多い場合は短いチャネルが利用される。
２）製品要因
　最寄品、買回品、専門品のいずれの範ちゅうに入るのか、単位価格が高いか、腐敗性が高いか、技術的特性が高いか、などといった製品属性も考慮に入れなければならない。一般に単位価格が高い場合は、チャネルは短く、単位価格が低い場合は大量に、しかも広範囲の市場に流す必要からチャネルは長く、腐敗性が高い製品の場合はチャネルは短い。また、技術的特性が高い場合は維持・修理に専門的な知識を必要とすることから短いチャネルが利用される。
３）販売業者要因
　販売業者が提供する販売力、信用度、評判などのサービス、製造業者政策などの協力度などが考慮要因として挙げられる。
４）製造業者要因
　資金力、管理能力、チャネル支配・統制の願望、製造業者の提供するサービスなどが考慮要因として挙げられる。
以上の諸要因とその高・低、多・寡とチャネルの長・短をまとめたも

図表３－３－３　チャネル選択考慮要因

	高・低・多・寡	チャネル長・短
(1) 市場要因 　　潜在的顧客数 　　地理的市場 　　１回注文量	 多 多 多	 長 長 短
(2) 製品要因 　　単位価格 　　腐敗性 　　技術的特性	 高 高 高	 短 短 短
(3) 販売業者要因 　　提供サービス 　　協力度	 多 高	 長 長
(4) 製造業者要因 　　資金力 　　管理能力 　　統制願望 　　提供サービス	 高 高 高 高	 短 短 短 短

出所：Stanton, W. J., et al.〔1987〕pp.373-376.

のが、図表３－３－３である。

（２）マーケティング・チャネルの構造と機能

① マーケティング・チャネルの果たす機能

　マーケティング・チャネルにおける生産と消費との間には、さまざまな隔離が存在する。マーケティング・チャネルの隔離を解消するためには、その隔離を架橋する活動が必要である。**生産と消費の隔離と架橋**は、大別すると、以下のとおりである。

１）空間的隔離と架橋

　空間的隔離とは、生産場所と消費場所との地理的な隔たりをいう。その地理的な隔たりを解消するために、チャネルを形成する諸機関、つま

り地理的な隔たりを解消する卸売業者や小売業者および運送・倉庫など、諸活動（マーケティング機能）を動員して空間的隔離を架橋する。マーケティングの物流機能としてとらえてよいであろう。

2）時間的隔離と架橋

　時間的隔離とは、製品の生産時期と消費時期が異なるために生まれた時間的な隔たりをいう。生産時期と消費時期の隔たりを架橋するために、事前に生産した製品を消費する時期の直前まで営業倉庫に保存して時間的調整を図ることもあるし、一部の生鮮野菜や花・果実（ジャガイモ、花、イチゴなど）は、工場生産と同じようにビニール・ハウスの中で自動的に光・温度や水・肥料を調整し作物を消費時期に合わせて作付けし、出荷できるようにして、時間的架橋をすることもある。前者の倉庫による保管機能による活動は古くからマーケティング機能に組み込まれているが、後者の例は、農業生産者などによって1970年代後半ごろから活発に行われるようになった生産機能のイノベーションとしてとらえてよいであろう。

3）情報的隔離と架橋

　情報的隔離とは、生産者は消費者が何を、どこで、いくらくらいの価格で購入したいと思っているのか、逆に消費者も、生産者がどのような製品を作っているのか、その商品をどこで入手できるのか、できれば安く入手することができるのか、確たる情報を得ようと努力している両者間の情報の隔離をいう。それはまた、生産者の知覚と消費者の知覚の隔離であるといってもよいであろう。情報的隔離を架橋するために、生産者は卸売業者や小売業者、あるいは広告代理店や各種の情報媒体を動員し、プロモーション・キャンペーンによって情報的隔離を架橋する。すなわち、情報伝達機能である。

4）価値的隔離と架橋

　価値的隔離とは、生産者と消費者との間で、生産した製品の価値を具体的に表現する価格について、必ずしも合意しているわけではない。そこに、価格に関する隔離が存在するのである。農産物や海産物の多くは、

市場（イチバ）で競売を通じて価格が決定されるが、それ以外の製品については、売り手が設定した価格や値引きした価格で買い手が購入することによって価値的隔離を架橋される。

5）所有権的隔離と架橋

所有権的隔離とは、生産者が生産した製品については、その製品に関する所有権は生産者の手元にあり、したがって、その製品を消費者が対価を払って獲得したときに初めて所有権の移動がなされる。それまでは製品の移転があっても、売買が成立し、製品と対価の交換が完了するまでは、隔離が存在する。

6）製品取り揃え隔離と架橋

製品取り揃え隔離とは、生産者が生産した製品と消費者が期待する製品の間の隔離を意味する。つまり、市場における生産者と消費者双方の異質性を前提にして製品のギャップをとらえるときに当然考えなければならない問題である。オルダーソン（Alderson, W.）が**分類取り揃え機能**を提唱した。マーケティングにおける分類取り揃え機能には、質的・量的な側面があり、その両者は選別適合が行われる方向性に明らかな違いがあると主張している。その最も基本的な作業は仕分けである。仕分けによって種類別、等級レベル別、品質別の塊にすることである。それとは正反対の方向を示すもの、それが品揃え形成である。それは小売業レベルで最もよく現れている。つまり、各商品が互いに用いられるように消費者の欲求適合的な品揃え集合をつくり上げることを意味する。その結果として品揃えが形成されるとオルダーソンは主張する。その主張する分類取り揃え機能は、図表3－3－4のようなマトリックスで示している（Alderson, W.〔1949〕.）。

その他の機能として価格決定機能、標準化と格付けの機能、金融機能、危険負担機能、包装機能などが挙げられる。

チャネルはまた、図表3－3－5のように各種のマーケティング・フローあるいは機能からなるものととらえることもできる。それは所有権のほかに、物的占有、プロモーション、交渉、金融、危険負担、注文、

図表3-3-4 分類取り揃え機能

商品＼選別適合	分　割	集　成
異質性	仕分け	品揃え
同質性	配分	集積

出所：Alderson, W.〔1965〕pp.34-36.

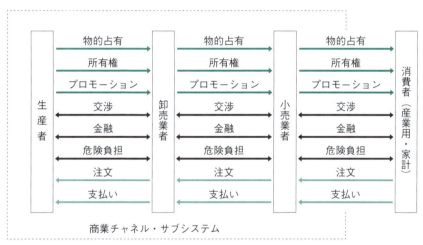

図表3-3-5 マーケティング・フロー

出所：Vaile, R. S., et al.〔1952〕p.113.
　　　ただし、Vaileの図表は、卸売業者・小売業者が明示されず、原材料生産者－製造業者・製造加工業者－消費者・企業・個人と簡略化している。また、フローの始点は生産とは限らないことに注意が必要である。

支払いなどが挙げられる。

② 卸売業者、小売業者、その他機関の役割

　マーケティング・チャネルには、多くの場合、媒介者として流通活動を専門に行う機関が存在している。媒介者として、商品取引に関与するマーケティング機関と、商品取引に関与しないマーケティング助成機関

の2つに分類される。マーケティング機関には、卸売業者、小売業者、中間代理商業者が含まれ、マーケティング助成機関には、市場調査会社、広告会社、輸送業者、倉庫業者、金融業者などが含まれる。

その中でも中心的位置を占めるのが、卸売業者と小売業者である。それぞれ次のように定義される（久保村隆祐ほか〔2002〕28頁．）。

- 卸売業者……「もっぱら他から商品を仕入れて、最終消費者以外の者（生産者、流通業者、産業用使用者、官公庁など）に再販売することを専業とする者」
- 小売業者……「最終消費者に販売することをもって営業とする企業をいう。特に、営利目的を中心として、みずから権利を得、義務を履行しながら最終消費者に向け販売・仕入等の商行為を繰り返す商人を小売商という」

卸売業者、小売業者とも、チャネルで一番重要な所有権移転に直接かかわっている。

2 マーケティング・チャネル政策の基礎

(1) 伝統的マーケティング・チャネル政策

本節 **1** (1) ③で、チャネル選定の考慮要因について触れてきたが、さらに、どのようなマーケティング・チャネルを具体的に選定するかという政策上の問題について取り上げる必要がある。マーケティング・チャネル政策の体系的な分類を示すと、次のとおりである（徳永豊〔1961〕425～430頁．）。

① 開放的チャネル政策

開放的チャネル政策は、一般的チャネル政策または粗放的チャネル政策ないしは広範囲的チャネル政策とも呼ばれ、販売先の数を限定しないで、信用のある限り取引を求めてくる販売先に対して、開放的に販売する政策である。

この政策は、最寄品の販売に多く見られ、広範囲の多数の販売先を対

象にしようとするものであるが、反面、多くの場合、小口取引となる傾向があり、また、販売先に自社製品の優先的な販売を要求することが難しい。もちろん、この政策でも販売先を援助・指導して、自社製品の取扱高を高めることができる。

このような開放的チャネル政策は、一般に、食料品、化粧品（一般品）、日用雑貨などに多く見られる。また、コカ・コーラ社は、アメリカで1890年代には、ボトリング会社（ボトラー）に対しては、一定のエリアごとに販売権を与えるエリア・フランチャイズ契約に基づいて、ボトラーと小売店との関係においては開放的チャネル政策を採用している。

② 限定的チャネル政策

限定的チャネル政策は、製造業者が自社製品を取り扱う販売店（卸売店ならびに小売店）の数を限定し、特定の販売先にのみ製品を販売して育成する政策である。限定的チャネル政策は、次の2つに分類される。

1）選択的チャネル政策

選択的チャネル政策は、自社製品の販売を促進するために、特定の販売地域で一定数の販売業者を選定し、それらの業者に優先的に販売していく政策である。その際、販売業者（卸売店および小売店）は、取引業者の販売能力、注文量、支払い能力、販売努力、サービスの優劣などについて、選定基準を満たしているかどうかに基づいて選定される。

選択的チャネル政策は、化粧品（制度品）、薬品、家庭電化製品などの業界において多く見られる政策である。

この政策では、限られた販売先に販売努力を集中できるので、販売業者への指導・援助をもとに自社製品の販売高を伸ばすことができる。しかし、販売業者からすると、競争業者の製品も扱えるので、その結びつきはそれほど強力ではない。この選択的チャネル政策は、垂直的マーケティング・システムにおける管理システムの選択に対応する。

2）専売的チャネル政策

専売的チャネル政策は、専属代理店政策あるいは特約チャネル政策

とも呼ばれている。この政策は、自社製品の販売を促進するために、特定販売地域内に、一販売業者を選定し、その業者のみに販売をしていく政策である。この政策は製造業者が販売店（卸売業者）と契約（口頭もしくは書面）を結び、特定地域内の専売権を与えるというものである。

この専売的チャネル政策には、一定地域内で、一販売業者のみ専売権を与える「一手販売代理店契約」と、同一地域内に2社以上の販売業者に販売権を与える「共同専売代理店契約」がある。

この専売的チャネル政策の例としては、自動車業界のディーラー・システム、石油業界のガソリン・スタンド・システムなどを挙げることができる。この政策は、垂直的マーケティング・システムにおける契約システムの選択に対応するものであり、フランチャイズ・システムの普及とともに、今日のマーケティング・チャネル政策において、かなりの頻度で採用されている政策である。

③ 統合的チャネル政策

統合的チャネル政策とは、みずから販売会社、支店、営業所を設立し、強力な販売網を確立しようとするものである。これは、垂直的マーケティング・システムにおける企業（所有統合）システムの選択に結びつくチャネル政策である。

（2）伝統的マーケティング・チャネルと垂直的マーケティング・システム

① 伝統的マーケティング・チャネルと垂直的マーケティング・システムの比較

マッキャモン（McCammon, B. C. Jr.）によれば、米国市場において、伝統的マーケティング・チャネルにとって代わる私的な新しい垂直的マーケティング・システムが出現したのは第二次世界大戦後であり、急速に発展を遂げた。この垂直的マーケティング・システムの先行的なチャネル・システムは、伝統的マーケティング・チャネル・システムにおけ

る統合的チャネル・システムである。マッキャモンによれば、「緩やかな連関を持つ製造業、卸売業、および小売業が、互いに距離を保ちつつ、取引を行うとともに、売買条件をめぐって攻撃的な交渉を展開し、しかもそれ以外の場面では、自立的に行動するという高度に分散的なネットワーク」として定義されている（MaCammon, B. C. Jr.,〔1970〕pp.32-51.）。

それを補足するように、スターン（Stern, L. W.）とエランサリー（El-Ansary, A. I.）は、「**伝統的なマーケティング・チャネル**は、独立所有、管理される諸組織体の部分的連携であって、各組織体は、それぞれの利益動機によって動かされ、流通プロセス上の自社のすぐ前後の段階より外側の動向には、ほとんど関心を払わない」ものと規定されると述べている（Stern, L. W., et al.〔1975〕p.391.）。

また、マッキャモンは、「**垂直的マーケティング・システム**は、合理的で、資本集約的な構造（ネットワーク）を持っており、生産の地点から消費の地点までのマーケティング諸活動（フロー）を統合し、調整することによって、技術的、経営管理的、あるいはプロモーション的側面で、より経済性を実現するようデザインされた組織である」と述べている（MaCammon, B. C. Jr.,〔1970〕pp.40-45.）。

このような定義から、次のような垂直的マーケティング・システムの特徴が浮かび上がってくる。

1）垂直的マーケティング・システムは、でたらめに企業を垂直的に配備し、集めたものであるというよりは、むしろ目的のある合理的チャネル集団である。
2）垂直的マーケティング・システムを構成するメンバーは、協力し合って効率的な商品流通のために努める。
3）垂直的マーケティング・システムは、その機能のセットが独立したメンバーのそれぞれの利益のためにではなく、チャネル・メンバー全体の成果のために遂行される。
4）垂直的マーケティング・システムは、システム全体が1つの企業

集団としての性格を有しており、基本的な「競争単位」としてみなされる。
5）垂直的マーケティング・システムは、1つのチャネル集団として差別的優位性、システム経済性の追求ならびに個々の企業単位によっては達成できない市場インパクトを達成する。
6）垂直的マーケティング・システム内には、敵対的行動も協調的行動も共に存在しているが、それらを調整・統御している企業（チャネル・キャプテン）が存在している。

なお、以上のことからもわかるように、チャネル・キャプテンとはチャネル・リーダー、チャネル・コマンダーとも呼ばれ、垂直的マーケティング・システムを企画、運営、管理する役割を担った、システム内の主導的企業を指している（徳永豊ほか〔1990〕205頁.）。

コラム コーヒーブレイク

《フランチャイジングの成功が見事に垂直チャネル構築を刺激！》

　垂直的マーケティング・システム論はバックリン（Bucklin, L. P.）、マッキャモン、スターン（Stern, L. W.）、エランサリー、スタッシュ（Stasch, S. F.）、バウアーソックス（Bowersox, D. J.）、マッカーシー、リトル（Little, R. W.）などのマーケティング学者によって提唱された。

　彼らの理論は、1968年、ノースウエスタン大学で行われた垂直的マーケティング・システム論のシンポジウムを出発点として展開された。理論に先駆けて、1950年前後は、小売りビジネスにおいて、ショッピング・センターが雨後の竹の子のように全米各地に出現した時期でもあるし、ミスター・ドーナツやマクドナルド・ハンバーガーなどをはじめとした契約型の典型的なフランチャイズ・システムが自動車アクセサリー＆部品、自動車修理・サービス、自動車レンタル、事業援助・サービス、衣料・靴、コンピュータ・ストア、コンビニエンス・ストア、雇用代理店、ファースト・フード、家庭用家具、ホテル＆モーテル、印刷・複写、不動産、ダイエット・ウエート管理業などの業界に急速に普及し始めたことと符合しており、のちに垂直的マーケティング・システム論へ飛び火したともいえる。

後述するように、垂直的マーケティング・システムのタイプには、企業型、管理型、契約型の3つがある。

② **垂直的マーケティング・システムと伝統的チャネル政策との相違**

伝統的マーケティング・チャネルとは、独立した製造業者、独立した卸売業者、独立した小売業者などで構成されたチャネルであり、その取引関係は、駆け引き的取引を前提としている。

垂直的マーケティング・システムと伝統的マーケティング・チャネルと比較すると、図表3－3－6のようになる。

図表3－3－6からわかるように垂直的マーケティング・システムの

図表3－3－6　伝統的マーケティング・チャネルと垂直的マーケティング・システムの比較

属性	タイプ	伝統的マーケティング・チャネル	垂直的マーケティング・システム
構成員の特徴および相互関係	構成員の自立性	孤立的・自立的	非自立的
	構成員間の連結関係	非連結的	強連結的、連結的
	連結の安定性	不安定的	安定的
	機能分担調整度・計画性	非調整的、非計画的	調整的、計画的
	構成員間の調整手段	交渉／協議	計画的・包括的
	リーダー（チャネル・キャプテン）の存在	多くは存在しない	必ず存在する
構成員の心理状況	システム全体への帰属意識（忠誠心）	弱い、不安定	強い、安定的
	コンフリクトの水準	高い、多い	低い、少ない
システムの境界	参入の容易性	容易	困難
	境界の明確性	曖昧／活動的	明確／固定的
意思決定	意思決定のための情報量	少ない	多い
	意思決定の目標	構成員別／個別的目標	共通／全体的目標
	意思決定者の分布状態	分権的、乱立的	集権的
	意思決定者の数	多数	限定的
	意思決定プロセス	主観的	科学的
	意思決定者の忠誠度	伝統的、心情的	分析的態度で対処

出所：McCammon, B. C. Jr.〔1970〕p.44、稲川和男〔1981〕64頁を参考に作成.
　　　井上崇通〔1996〕256頁. を一部加筆.

構造的特徴は次のように一目瞭然である。

③ 垂直的マーケティング・システムのタイプ

この垂直的マーケティング・システムには、企業型システム（corporate system）、契約型システム（contractual system）、提携型システム（alliance system）、管理型システム（administered system）の4種類の形態がある（→図表3－3－7）。わが国で出版されている多くのマーケティング文献では、契約型システムの中に、フランチャイズ・システムと卸売業者主宰ボランタリー・チェーンと小売業者主宰コーペラティブ・グループの3つを含めているが、契約型システムに該当するのは、フランチャイズ・システムだけである。他の2つは、契約に基づいて集合した組織ではなく、協力・提携関係、パートナーシップを基礎とした集合体である。その区別を明確にする必要がある。1920年代に誕生し、全米第一の卸売ボランタリー・チェーンとして君臨するIGAの共同マーチャンダイジング計画に盛られている内容を見れば、うなずけるはずである（徳永豊〔1994〕320～322頁.）。

1）企業型システム（所有統合システム）

企業型システムは、伝統的マーケティング・チャネル政策の中で述べた統合的チャネル政策に符合するものである。したがって、企業が単一

図表3－3－7　垂直的マーケティング・システムの4タイプ

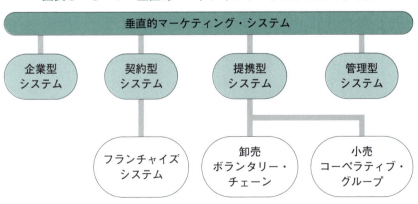

所有のもとで生産およびチャネルの諸段階を資本的に統合した垂直的マーケティング・システムである。企業システムは、その統合の方向によって、**前方垂直統合**、**後方垂直統合**、**混合垂直統合**に分けられる。それらの統合にあたっては、チャネル強化のために支店・営業所の強化、物流施設のための投資による強化策もあるが、これからの課題としては、チャネル強化政策として、初期段階は既存の卸売業者への支援・人材派遣、資金援助などを経て、買収・合併による資本統合が行われることを視野に入れておかねばならない。

2）契約型システム

前述したように、**契約型システム**の典型的な、あるいは唯一のタイプは、フランチャイズ・システムである。**フランチャイズ・システム**の定義については、マーケティング学者、法律学者、立法機関、行政機関などの間で、必ずしも統一的見解があるとはいえないが、これらの諸見解を踏まえて、次のように定義することができるであろう。

> 「フランチャイズ・システムとは、ユニークな事業形態に関する独特な原型もしくは様式を開発し、展開するフランチャイザーが、商品もしくはサービス流通の事業機会ならびに権利を、契約によってわずかな対価でフランチャイジーに付与する垂直型マーケティング・システムの一形態である。通常、ブランド、トレードマーク、特許権、版権あるいは広告資材の使用およびその他、法的に保護された製品、方法や手法、名称、その他ユニークなマーケティング技術をフランチャイズ・パッケージとして提供し、当事者間の継続的関係を維持するシステムである」

米国生まれのセブン・イレブン、マクドナルド・ハンバーガーやケンタッキー・フライド・チキン、ミスター・ドーナツ、そしてベスト・ウエスタン・モーテル、ホリディ・インなど多彩なフランチャイズがわが国の中でしっかりと根づいている。これらのほとんどは、包括型のフランチャイズ・プログラムによって運営されている。包括型フランチャイズ・プログラムの採用は、米国では、クリーニングおよびドライクリー

ニング・サービス、ソフト・アイスクリーム、補聴器、カーペットおよび室内装飾クリーニング・サービス、スイミング・プール、コンビニエンス・ストア、レストラン、パートタイム雇用代理店、旅行代理店、経営コンサルタントなどの業界にも適用されている。

また、フランチャイズ・システムは、第4章第1節**4**(3)で示してあるように非常にバラエティに富んでいる。

3）提携型システム

提携型システムは、組織を主宰するチャネル・レベルによって、卸売業者主宰ボランタリー・チェーンと小売業者主宰コーペラティブ・グループに分けられる。

コラム　知ってて便利

《フランチャイズ・システムをグローバル戦略に使うには！》

　サウスランド社（Southland Corporation：7-eleven）のことは、あまり知られていない。具体的な例として示すと、そのフライチャイズ契約は、2つの契約によって成り立っている。1つは、エリア・フランチャイズ契約であり、2つ目は、店舗フランチャイズ契約である。前者は、広域エリアに対してフランチャイズ権を与えるために一定額の株券を固定株主として投資を行うことによって獲得する。エリア・フランチャイズ権を獲得した企業を「インベスター」と呼んでいる。後者は、店舗契約（フランチャイズ契約）の内容の一部に記述されているのは、エリア・フランチャイズ権を取得した企業名を「オーナーズ」と呼び、他方を7-elevenの名のもとにおいて営業を行うSouthland Corporationを7-elevenと呼んでいる。その当事者間（オーナーズと加盟店）において店舗契約を締結することになる。このようなしくみで、全米ネットワークを構築したのである。米国のように全米にフランチャイジングのネットワークを張りめぐらせようとするには、二段構えのフランチャイズ契約がなければ、成就することができない。わが国の国土面積は、カリフォルニア州よりも小さいので、1つのフランチャイズ契約のみで済ますことができるのである。国際的なフランチャイズを志向するならば、最低でも二重のフランチャイズ契約を明確に示すことが不可欠となるのではないか？　考えてみることも必要であろう。

a．卸売業者主宰ボランタリー・チェーン

　1920年代、食品、ドラッグ、バラエティ、金物業界のチェーンストアの急速な発展に伴う競争の激化に直面した、これら業界の独立小売店に対して、同じ脅威にさらされている卸売業者が主宰するボランタリー・チェーンに加入するよう働きかけて結成された前方統合的提携型システムである。記録に残されているいちばん古いボランタリー・チェーンは、1916年サンフランシスコで設立されたGeneral Purchasing and Distribution Co.であるが、1925年以降にボランタリー・チェーンは急速に発展した。その代表的組織は、1926年に設立され今日でも全米に君臨して活動しているIGA（Independent Grocers Alliance of America）である。

　ボランタリー・チェーンの卸売業者は、通常の卸売機能のほかに、加盟小売店に対して、店舗レイアウトの相談、広告材料の配布、POS導入・運営の指導、店舗の運営管理に対する助言などについて協約している。これらの卸売業者はほとんどプライベート・ブランド商品を開発し、供給している。現在、全米食品卸売業者の第1位にランクされているスーパー・バリュー（Super Value）は、卸売業者主宰のボランタリーである。

b．小売業者主宰コーペラティブ・グループ

　卸売業者主宰ボランタリー・チェーンと機能的に非常に類似しているが、その主たる目的や強調点の違い、およびその機関の構造の違いによって、これを小売業者主宰コーペラティブ・グループと呼んでいる。いうまでもなく、それは小売業者自身が卸売機関を設立・所有し、かつその機関を経営する独立小売業者グループの存在である。というのは小売業者主宰コーペラティブ・グループの裏面に存在する構造上、経営上の考え方は、小売業者自身の経営基盤の強化であるのに対して、ボランタリー・チェーンのそれは卸売業のプロモーションを基盤とする考え方である。

　小売業者主宰コーペラティブ・グループと非常に類似したシステム

として、仕入れクラブ（buying club）が挙げられる。それは小売業者が非公式に数店集まって、その時々の状況に応じて共同仕入れを実行し、共同仕入れの利益を互いにプールし合う集団である。

小売業者主宰コーペラティブ・グループは、歴史的には古く、米国では、1887年、ボルチモア・ホールセイル・グロッサリー、1888年にフィラデルフィアでフランクホード・ホールセイル・グロッサリーが組織されている。

垂直的マーケティング・システムとしてとらえると、前者の卸売業者主宰ボランタリー・チェーンは、前方統合に含まれるシステムであり、後者の小売業者主宰コーペラティブ・グループは、後方統合に含まれるシステムである。

4）管理型システム

垂直的資本統合システムではなく、垂直的に配列されたチャネル・メンバーが独自の目標をもって自律した意思決定機関として存在し、他方で、ある企業（一般的にメーカー）のリーダーシップのもとで、システム全体の統合的な目標に対しても協力し、マーケティング・チャネル・システム全体の経済性を実現しようと努力していくシステムである。マーケティング・チャネルの得意先企業の集団を方向づけ、システム全体の経済性を高めるための垂直的マーケティング・システムを**管理型システム**と呼んでいる。

管理型システムは、独占禁止法の再販売維持契約に抵触（conflict）するおそれが多いといわれているシステムであることから、法に触れないよう社内で検討することが必要である。米国では、**ロビンソン・パットマン法**に抵触するおそれがあるのでそれを回避するよう注意を促している。

④ チャネル・コンフリクトの管理

1）チャネル・コンフリクトの発生原因

チャネルには、常にコンフリクト（衝突、対立）の発生の可能性がある。この**チャネル・コンフリクト**の主な原因には、次の３つが考えられ

る。(Mallen, B. E.〔1973〕p.231.)
　a．目標の相違……チャネル・リーダーの求める目標と他のメンバー（卸売業者、小売業者）の期待する目標が相いれない場合に生じる。
　b．役割認識の相違……チャネル・リーダーの活動分野と、リーダーおよび他のメンバーから特定の様式で特定の機能の遂行を期待されているメンバーが、それにもかかわらず、一方が期待された様式で行動しなかった場合、衝突が発生する。つまり、役割期待と役割遂行の関係の離齬(そご)によって衝突が生じる。
　c．現実理解の相違……チャネル・リーダーならびにメンバーの、それぞれの事実に対する価値（重要性）の理解の相違、同じ事実に対する楽観的・悲観的とらえ方、ある事実に対する情報蓄積の量的・質的相違などにより、現実認識に大きな食い違いが発生することによって衝突が生じる。
2）チャネル・コンフリクトを管理するチャネル・リーダーのパワー基盤
　チャネル・コンフリクトを管理するために採用しうる戦略は、コンフリクトを管理しようとするチャネル・リーダーの持つパワー基盤に依存している。パワー基盤は次の5つのタイプに分けられる。(French, J. R. P., et al.〔1959〕pp.155-165.)
　a．報酬のパワー……報酬をもたらす能力を有している
　b．制裁のパワー……制裁を加える能力を有している
　c．正当性のパワー……指図・統制を行う当然の権利を有している
　d．一体感のパワー……同じメンバーの一員としての魅力を有している
　e．専門的知識のパワー……専門的知識や情報を有している
　チャネル・キャプテンとしての力を十分に発揮している企業は、これらのパワーを多く備えているといえる。
　上記の分類のうち、報酬、制裁のパワーを「経済的パワー資源」と呼び、正当性、一体感、専門的知識のパワーを「非経済的パワー資源」と呼ぶ場合もある（Etgar, M.〔1976〕pp.12-24.）。

3）コンフリクトの解消と協調の方法

　前述のようなパワーは、チャネル構築においても重要であるが、コンフリクトの解消にも必須のものである。前述したコンフリクトの発生の諸原因により、衝突が生じた場合、その衝突の解消と強調の方法については、図表3－3－8の衝突管理メカニズムに示されている内容を理解することによって解決できる。

図表3－3－8　衝突管理メカニズム

垂直的な相互依存の程度	基本的な衝突管理の技法	具体的な衝突管理のメカニズム
高い　↕　低い	超組織的 相互浸透 境　界 交　渉	チャネル構成員共通の目標設定 調停あるいは仲裁 裁判に基づく裁定 新しいリーダーの参入 人的交流 業界団体 教育プログラム 外交的手法 交渉戦略

出所：Stern, L. W., et al.〔1989〕p.370.

（3）インターネットチャネルとマルチチャネル

　インターネットは、チャネルにおける直接取引を可能とするとともに、新たな取引先の開拓として注目されるようになった。各種調査において企業・消費者間取引（BtoC）および企業間取引（BtoB）共にインターネットを経由した取引が増加していることが示されている。

　インターネットの影響はいくつかに整理することができる。まずは、インターネットを中心とした小売りを行うピュアクリック業者の登場である。Amazonやエクスペディアのようなコマースサイトは、既存の小売業を凌駕する勢いを有している。このような企業では、利便性を高める試みを行っている。スケジュールに合わせた旅行のパッケージを容易に組み立てられたり、消費者の選択を容易にするお勧め商品を提示し

たりすることなどがそうである。

　また、インターネットサイトでは、消費者の商品、サービス評価を記載するページが設けられることがある。これらの評価は購入の重要な参考となることが多い。そのため、より利便性を向上させるために、利用者に対して積極的に投稿するよう求めることもある。

　さらに、店舗とインターネットサイトを組み合わせるマルチチャネル政策がとられることもある。クリック・アンド・モルタル、オムニチャネルとも呼ばれるこの政策は、店舗と無店舗販売のそれぞれの長所を活かしたチャネル展開を果たそうとするのである。

コラム　コーヒーブレイク

《顧客価値の創造戦略の一例》
　一般的に適用可能な成功例から得られる教訓として示した一例である。
　ゼネラル・エレクトリック社（医療診断システム）と国際－国内宅配運送サービスのフェデラル・エクスプレス社および旅行関連サービスのアメックス社の３社に共通した差別化戦略の共通点として、次のポジショニング・テーマ（よりよく、より速く、より緊密に）の合言葉の似通った組み合わせの利用に、その特徴を見いだすことができる。
　　○よりよく………卓越した品質とサービスの提供を通じて
　　○より速く………変化する顧客のニーズを競争相手より素早く感じとり、
　　　　　　　　　　素早く対応する能力によって
　　○より緊密に……チャネル構成員や顧客との恒久的なつながり、結びつき、
　　　　　　　　　　パートナーシップを構築することによって
大いに注目を浴びることとなった。
　チャネル・メンバーや顧客との緊密さを高めることによる顧客価値の創造とその高揚が明確に認められる。プロモーション戦略やチャネル戦略の典型的な一例である。

第4節
物的流通とパッケージング

> **学習のポイント**
>
> ◆物流の概念をしっかりとらえ、経済活動における物流の役割と企業活動における物流の役割をしっかりとらえてもらいたい。
> ◆物流活動の中に組み込まれるパッケージは、単なる物資を保護する梱包の問題だけではなく、多目的な問題があることを理解することが大切である。
> ◆現代ビジネス活動においては、パッケージングの果たす役割は非常に大きくなってきている。企業のマーケティング・営業活動を効果的に遂行するツールとしてパッケージングの基本的な機能ないし目的を理解しておく。
> ◆パッケージングは、そのプロモーション的機能から無言のセールスマンといわれることもある。製品をマーケティングする、あるいは販売するためには、製品の一部でもあるパッケージングにはどのようなことが考慮・検討されるべきであるかを知っておくことによって、市場での活動を優位に進めることができるのである。

1 マーケティングにおける物流の概念

(1) 物流の基本概念

アメリカ・マーケティング協会（AMA）の定義によると、「**物的流**

通（physical distribution：以下「物流」と略す）とは、生産の段階から消費または使用に至るまでの財貨の移転および取り扱いを管理することである」としている。すなわち物流は、天然資源として採掘されあるいは収穫された農産物や水産物が、原材料として工場に送られ加工・製造され、形態を変え製品として消費地点まで、商品を移動させることに関与するすべての活動を指すものである。これをマクロ的（国民経済的）視点からとらえると、具体的な活動内容として、図表3－4－1に示される内容となる。

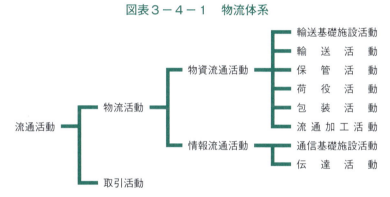

図表3－4－1　物流体系

出所：統計審議会の答申〔1965〕.

（2）物流管理の定義と企業における物流の役割

　国民経済的な物流の定義を踏まえたうえで、企業における物流管理の役割をとらえることを主張しているランバート（Lambert, D. M.）とストック（Stock, J. R.）は、流通プロセス（distribution process）について、いろいろな名称が与えられていることが判明したことから、その名称を次のように列挙している。物流、物流システム、物流管理、流通工学（distribution engineering）、運搬管理、マーケティング・ロジスティクス（marketing logistics）、流通、ビジネス・ロジスティクス、ビジネス・ロジスティクス管理（business logistics management）、流通

ロジスティクス、ロジスティクス、ロジスティクス管理、産業ロジスティクス（industrial logistics）である。

そして、それらすべては、本質的に同じことを言及しているので、ランバートとストックは、選り分けずに「原産地点から消費地点への商品の流れの管理」としてとらえることを提唱し、NCPDMの定義、**物流管理**（physical distribution management）の用語を採用している（National Council of Physical Distribution Management.〔November-December 1976〕pp.4-5.）。

そして物流管理を次のように定義している。「物流管理には、顧客サービス、需要予測、情報流通、在庫管理、運搬管理、注文処理、部品・サービスの援助、工場や倉庫立地選定、調達、包装、返品商品の処理、

図表３−４−２　物流管理の構成要素

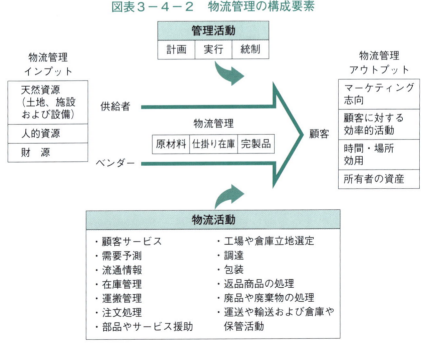

出所：Lambert, D. M., et al.〔1982〕p.10.

廃品や廃棄物の処理、輸送や運送および倉庫運営や保管などの諸活動が含まれる。しかしこれらは限定すべきものではない」(Lambert, D. M., et al.〔1982〕pp.8-9.)。

ランバートとストックは、図表３－４－２を示している。

(3) 社会・経済活動における物流の役割

消費者の富の増大は、商品やサービスとして国内市場や国際市場を活発化させている。いうまでもなく、何千何万もの新製品が第二次世界大戦後から今日まで市場に導入され、世界のすみずみの顧客に対して販売され、流通している。企業は拡張された市場への対応や新製品の急増に対処する規模と複雑さが増してきている。複数工場設立による操業は、単一工場の操業にとって代わりつつある。原産地から消費地への製品の流通は、先進工業国の国民総生産（GNP）の重要な構成要素となった。

この例証として、アメリカの国民総生産に対する製造業の貢献は、1900年代末期には、全体の半分に落ち込み、それとは逆に流通は20％以上も貢献しているところまで増大している。1980年代のアメリカでは、流通に関連した企業の労働者は1,400万人以上にものぼり、労働力全体のおよそ14％を占めている。輸送と流通施設に対する投資は、300億ドル程度と評価されている。

国民総生産の重要な構成要素として、流通がインフレーション率、金利、生産性（エネルギー・コストと効率性）、そして消費者主義に対して衝撃を与えた。これらは1980年代から1990年代にかけてのアメリカ合衆国での実情である（Lambert, D. M., et al.〔1982〕p.7.)。

(4) 競争優位の源泉としての物流

戦略マーケティングにおける物流機能の目的は、物流の諸活動を最小限のコストで達成し、その一方で、最大限の顧客サービスを提供することである。顧客に対するサービスは、適切な在庫を保持し、迅速で、処理しやすい輸送と倉庫業務を、顧客の要求に十分に応えられるように配

備することである。これを達成するには、大変多くのコストが必要となる。しかしながら、物流に多くの費用をかけていたのでは、マーケティングの他の機能を資金的に圧迫してしまうことになり、消費者への製品の訴求がなおざりになってしまう危険性も十分にある。

　また、物流はさまざまな活動から構成されているために、さまざまな部門に横断的に関係している。そのようなことから、**物流の部分最適化**による不適合が多く見られるのも事実である。たとえば、**製品企画部門**が消費者の好む製品を開発しようとして、特異な形状の製品を考え出したとする。そのような製品は包装も特異であるために、輸送上の非効率が発生し、輸送コストを引き上げることになる。あるいはまた、営業部門が、売上げの増大と顧客へのサービスから返品を受け入れたとする。返品は、特定の店舗に二度足を運ぶことになる。このことは、輸送コストを倍に引き上げる。そのほか、**倉庫部門**では、なるべく在庫を多く持たないで製品の流れを一定にすることで、生産性を標準化し、在庫管理コストを削減することを目的とするが、**輸送部門**では、特定の地域にはなるべく大きなユニットで配送することによって輸送コストを削減しようと考える。このようにして、部門間の最適化でのトレード・オフが発生する。つまり、企業のそれぞれの部門は、それぞれの目標を持っており、その目標は必ずしも一致するものではない。→図表３－４－３

　しかしながら、逆の意味からいって、このような部門間の不適合を調整するのも物流であるといいうる。前述の例からすると、消費者が好むと製品企画部門が考えた特異な形状の製品は、輸送が非効率であることに加え、顧客サービスに力を入れたとしても、小売業者や卸売業者にとっては、むだな空間を多く必要とし、在庫管理やディスプレイがし難いなどといったことや、流行製品であれば、ゆくゆくはデッド・ストックになりかねないので仕入れたくないなどといったことが起きるだろう。言い換えれば、小売業者や卸売業者が好まない製品は、彼らが力を入れて販売しない製品であるともいえる。自社が管理しにくい製品は、顧客にとっても管理しにくい。そのような問題を調整するのが、部門間の横

第4節 物的流通とパッケージング

図表３－４－３　在庫管理における典型的なトレード・オフ

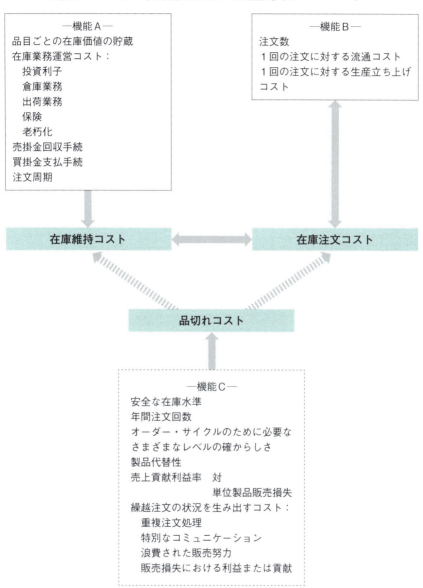

出所：Stern, L. W., et al.〔1992〕p.173.

断的機能であり、物流あるいはチャネルの総合的管理なのである。
　そういった視点に基づいた考え方が、ビジネス・ロジスティクスあるいはトータル・ロジスティクスと呼ばれるものである。

コラム　コーヒーブレイク

《グローバル戦略を拒む戦略：現状と課題》
　現代の物流戦略は、原材料や半製品の海外からの調達および工場の海外移転などといった要因により、国際的な視点を考慮に入れて構築される必要があることはいうまでもない。物流活動の質的な変化やスピードに対する要請から、国際物流において航空輸送の重要性はますます高まってきている。
　図表３－４－４に示されているのは、各国の主要空港の着陸料の比較表である。最近では、さまざまな割引制度を導入しているが、世界のどの国の空港と比較してもわが国の空港の着陸料金は飛びぬけて高い。わが国の国際物流事情があまり進展しないのは、このようなことにも起因しているのかもしれない。

図表３－４－４　世界の主要空港の着陸料比較表

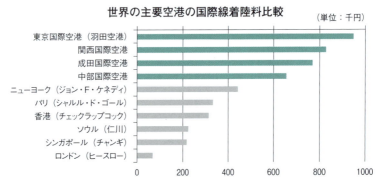

(注) 前提条件としてＢ747-400（最大離陸重量395トン）を基準としている。
(資料) IATA AIRPORT & AIR NAVIGATION CHARGES MANUAL (2008) －ANA VISION 2010より

出所：アジア太平洋研究所『APIR Trend Watch』No.25〔2015年4月〕3頁。

2 ロジスティクス管理

(1) ロジスティクス概念と顧客サービス概念による物流管理の見直し

　ロジスティクス（logistics）とは、もともと軍事用語で「兵站学」とか「後方兵站活動」などと訳される言葉で、戦闘時における軍の軍事物資や食糧・兵器などの調達と、それらの前線に対する後方支援活動を表す用語であった。戦闘態勢下では、相手よりもすばやく、そして効率的に軍事物資や食糧を最も必要なところに運ぶことが必要とされる。それらを論理的に効率よく行うために考え出されたのがロジスティクスなのである。そして、それをビジネスの分野に適用したのが、ビジネス・ロジスティクスと呼ばれる考え方である。

　従来、マーケティングにおいて物的流通が、販売経路を通じて製品を生産者から消費者に分配することを指したのに対して、ビジネス・ロジスティクスは、原材料・資材の調達・在庫から、生産段階における原材料・半製品・完成品の流れ、製品市場への完成品の分配までをも考慮に入れたものである。つまり、それらの要素ないしは機能を論理的かつ有機的に、より効率的に結びつけ、全社的な管理のもとに全体最適化を追求する考え方が、トータル・ロジスティクスあるいはビジネス・ロジスティクス・システムと呼ばれる概念である。→図表３－４－５

　このような考え方から、最小限のコストで、最大限の顧客満足（customer satisfaction）を得るためのトータル・ロジスティクスの１つの方向として顧客サービスの標準化に基づくロジスティクス・システムの開発が行われている。それらの要素をまとめたのが図表３－４－６である（Stern, L. W., et al.〔1989〕pp.144-146.）。

　これらの要素は、小売りや卸売企業のマーケティングとマーチャンダイジングにおいて用いられている物流コンセプトのサービス水準を基準にして示されたものであるが、物流管理者は、これらの顧客サービスのどの要素が顧客に対して最も重要であるかを決定しなければならない。

図表３－４－５　トータル・ロジスティクスに基づく
###　　　　　　　　ロジスティクス製造・流通過程の流れ

情報の流れ	機能	資材の流れ
↓	予測 オーダー処理 最終製品の輸送；倉庫から顧客へ 流通センターにおける倉庫業務と流通 加工 工場から流通センターへの輸送 パッケージング 生産計画 工場貯蔵 生産資材コントロール 原材料貯蔵 原材料輸送 原材料在庫管理 調達	↑

出所：Stern, L. W., et al.〔1992〕p.153を加筆修正.

　たとえば、ある小売業者にとっては、受注から発注までのラグ・タイムを短縮するといったようなオーダー・サイクル時間を短縮することは、あまり重要ではなく、さまざまな都合に応じて受発注を調整してくれる柔軟なオーダー・サイクルを求めているかもしれないし、また、価格を下げれば、長い受発注時間でも受け入れてくれるなどといった場合もあるだろう。

　このように、顧客の優先する機能を見極め、顧客の求めるようなサービスを提供することによって物流活動を管理していく方向が顧客満足（Customer Satisfaction）概念とロジスティクス概念を中心とした、物流活動である。そのプロセスを簡単に示したのが図表３－４－７である（Stern, L. W., et al.〔1989〕pp.146-147.）。

①　重要な顧客サービス要素の決定

　内部データおよび販売員や顧客に対するインフォーマルな情報収集活動を通じた市場調査によって、顧客サービスの現在水準とそれらにかか

図表３－４－６　顧客サービスの基準要素

主要カテゴリー	サブ・カテゴリー
製品便宜性	製品ライン・アイテム便宜性 製品グループ便宜性 仕入明細書への書き込み ケース／ユニット
オーダー・サイクル周期	オーダー・エントリー オーダー処理 総所要時間
一貫性	オーダーサイクルにおける 急行輸送における 輸送時間における 配達時間における 倉庫業務における
応答時間	注文状況 注文の追認 追加注文状況 注文の確認 製品の品揃え 注文の不足 製品情報の要求
エラー率	輸送の遅延 オーダー間違い ピッキングとパッケージングのミス 運搬とラベリングのミス 書類上のミス
製品／輸送に関係した機能不全	製品破損 製品の拒否 クレーム 返品 顧客の不満
特別業務	輸送中の積み替え 緊急注文 緊急輸送 特別なパッケージング 顧客からの逆送

出所：Stern, L. W., et al.〔1989〕p.145.

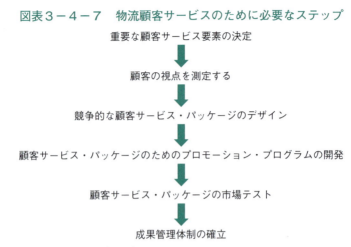

図表３－４－７　物流顧客サービスのために必要なステップ

出所：Stern, L. W., et al.〔1989〕p.146.

わるコストを明らかにする。顧客サービスのどの要素が、どの市場セグメントに対して最も重要であるかを、追加的調査によって明確にする。

② **顧客の視点を測定する**

　このステップは、物流サービスのどの追加的要素が、どの市場セグメントに最も重要であるかを明らかにしようとするものである。つまり、物流サービスの個々の要素が、顧客のコストや販売の効率に、どの程度影響を及ぼすかは調査だけではカバーできないのである。たとえば、輸送時間を短縮することによって、小売業者は少しの在庫しか持たなくてよくなる。そのようなサービス水準は、小売業者の在庫コストを減少させるだけでなく、品切れによるコストも削減してくれるのである。競争業者の物流サービスのレベルに関する顧客の知覚は、効果的な顧客サービス水準を開発する際の、次のステップの準備のために収集されることが望ましい。

③ **競争的な顧客サービス・パッケージ（総合政策）のデザイン**

　顧客サービスの重要な要素が設定されたならば、次のステップは、これらの要素において起こりうる変化を特定し、それら代替案に関係した

コストを明らかにすることである。たとえば、市場調査では、顧客がその製品を欲したとき、即座にその欲求の95％を充足することのできる、95％の在庫水準にある企業は、96％にまでその在庫水準を上げることが求められるが、いずれにしても、４％の製品あるいはサービスの不足があることに変わりはない。しかしながら、この不足が重要な意味を持つか否かは、その企業の最終顧客のブランド・ロイヤルティがどの程度であるかということや、競争業者の効果的なサービス・レベルがどの程度補完的であるかなどといった要因のいかんによるところである。購買頻度の高い製品にとっては、品切れは致命的である。それゆえに、品切れの要素は、代替的顧客サービスの総合的パッケージ政策を評価することで考慮に入れられることが必要となる。

このステップで行われる調査の最終的な目標は、企業の標的市場に類似したサービスを提供している競争業者を凌駕（りょうが）する顧客サービスを組み合わせたパッケージをデザインすることである。

④ **顧客サービス・パッケージのためのプロモーション・プログラムの開発**

考えられる限り"最良"の顧客サービス・パッケージが明らかにされたなら、物流担当管理者は、物流サービスがその企業の競争優位として働くように、既存の顧客サービス水準を補強あるいは調整する計画を立てることになる。最も競争的な物流パッケージは、最も低い価格で、最も高いサービス・レベルを提供することができるものである。少なくとも、新規に採用される物流サービス・プログラムは、顧客のサービス・レベルにより適合した新製品として導入されるべきである。

⑤ **顧客サービス・パッケージの市場テスト**

マーケティング・ミックスの場合と同じように、顧客サービス・レベルは、その企業の顧客がそれらに対して期待される反応を示すかどうかを確認するために、テストされることが望ましい。顧客サービス水準の計画におけるこのステップは、そのパッケージがより大きな規模で実施される前に、物流担当管理者が、最終的な調整を行うための手助けとな

るようにするものである。

⑥ **成果管理体制の確立**

　"最良"と見込まれる顧客サービス・パッケージが決定されたなら、物流担当管理者は、求められる顧客サービス水準を達成することを保証する適性な倉庫業務と在庫管理、そして輸送計画を決定することになる。加えて、顧客サービスの求められるレベルが実際に提供されることを確実にするために、きちんとしたチェック体制を確立することが必要である。

　このように、顧客満足化の視点に立った顧客サービスを追求しつつ、各機能間のトレード・オフを解消するようなトータル・ロジスティクス・システムによる物流活動の見直しが図られている。しかしながら、トータル・ロジスティクス・システムの視点から見た企業経営が、必ずしも最終顧客の欲求に適合するとも限らないし、企業の他の部門のコストを圧迫することになる場合も出てくる。そのような意味からいって、物流中心の企業活動が、また新たなトレード・オフを引き起こすこともあり得るわけである。

　また、トータル・ロジスティクス・システムの構築は、原材料の調達から、最終消費者への製品の送達まで、同一の企業で行うなら達成する可能性も高いが、それらすべての活動を同一の組織内で処理するには、大変なコストが必要とされる。一方、それらの機能を他社に依存する場合、自社の望むタイプのシステムどおりにそれら組織を変更することも困難であるし、仮にそうした場合も、大変多くのコストを必要とする。反対に、そのようなシステムや機構を構築するコストを削減するために、輸送や倉庫の業務に既存の業者を採用したならば、それら企業は、自社のみの製品を取り扱う企業ではないかもしれないので、競合他社に対して優位性を保持することが難しくなってくるだろう。このように、トータル・ロジスティクス・システムの構築も、チャネルの統合と同じように、それら機能を自社内で達成するか（内製）、専門業者に委託するか（外製）の非常に難しい決定が残されることになるのである。

基本的に、内製か外製かの決定は、内製した場合のシステムや設備などにかかる費用の特定の期間における減価償却と専門業者や専門設備を採用した場合に支払う費用との算定において、より少ない費用のほうを選択することになる。内製した場合は、現在のようにテクノロジーやインフラなどの進展が著しい状況においては、内製したそれら設備やシステムが、いつ社会の他の産業やシステムと不適合になるかわかりにくく、場合によっては、その設備に投資した資金がすべてむだになってしまうといった危険性もある。逆に専門業者や専門設備を採用した場合は、それら企業や組織にどの程度まで依存するかが、自社の盛衰にかかわってくることになるのである。

3 テクノロジーの発達による物流機能の変化

① トータル・ロジスティクス・システムの構築

　近年、**トータル・ロジスティクス・システム**の概念をもとにした、物流活動における新しいテクノロジーの利用には目覚ましいものがある。特に、コンピュータを利用した物流システムの発達により、物流活動をつかさどるチャネル内の諸機能に大きな変化が出てきている。

　現在、物流活動において利用されているコンピュータを中心としたテクノロジーもしくはマネジメント技術は、大きく2つの方向に分けることができる。1つ目は、受発注業務、倉庫業務あるいは在庫管理などを効率化・省力化する方向、そして2つ目は、情報の伝達、収集、処理の高度化・効率化に関する方向である。両方ともコンピュータ機器の高度化とそれを利用するコンピュータ・ソフトの開発、すなわちコンピュータのネットワーク・システムの整備によるものであることは、いうまでもない。

② POSシステムと自動発注システムの連動

　現在の物流活動は、小売店で製品に付いているバーコードをスキャニング・システムの機器でスキャンするだけで、その製品の価格や買い物

の合計金額、つまりレジ業務はもちろん、その製品の在庫数までもが計算される。これらは、**POS（Point of Sales）システム**と呼ばれるものであるが、このPOSシステムと**EOS（Electronic Ordering System＝自動受発注システム）**が、連動して、製品のバーコードをスキャンするだけで、レジ機能、在庫計算、そして製品の発注が同時に行われるようなシステムも開発されている。また、このEOSは通常、EDI（Electronic Data Interchange）という情報伝達システムと連動しており、特にフランチャイズ企業やチェーン・オペレーションによって店舗展開をしている小売企業、あるいは卸売企業などのコンピュータにつながっていて、どの地域のどの店舗が、どれぐらいの在庫を持っていて、どれぐらいの売上実績を上げているか、またはどの地域では、どういった製品がよく売れるかなどといった情報を瞬時に伝達、処理するようになっている。

③　コンピュータ・ネットワーク・システムを利用した物流活動の効率化

このようなコンピュータのネットワーク・システムを利用した物流活動の効率化の1つとして最もよく知られているのが**ジャスト・イン・タイム**と呼ばれるシステムである。ジャスト・イン・タイムは、コンピュータが発達する以前に、アメリカのスーパーマーケットで行われていたものであった。それは、倉庫と売り場を別々に管理するのではなく、売り場とバック・ヤードを改良することによって、売れた分だけバック・ヤードから製品が自動的に補充されるような売り場をつくり、むだな在庫を持たず、かつ、在庫状況や売れ行きがその場でわかるといった売り場の管理方法である。それが、コンピュータの発達により、コンピュータのネットワーク・システムを応用して、原材料や部品もしくは製品を必要なときに、必要なところに、必要な分だけ効率よく移転することができるようになったのである。

このジャスト・イン・タイムの最もよく知られている例は、トヨタのカンバン方式と呼ばれるものである。生産ラインの流れに合わせて、原材料や部品を効率よく調達し、1つの生産ラインでいくつもの製品を製

造することをも可能にしたのである。このような生産の合理化を、生産規模が増大すると経験効果によって、単位当たり生産原価が低減するという、いわゆる規模の経済性に対して、範囲の経済性と呼ぶ。

　しかしながら、ジャスト・イン・タイムにはまた、数多くの問題点もある。製品の多品種化により生産・在庫管理がしにくくなったり、発注数が小口になり、かえって輸送コストがかかるようになったり、納入業者にそのコンピュータ・システムの導入を強要し、余分な設備投資を招いたりしているのである。このようなことは、原材料や半製品などの産業財の分野にとどまらず、販売チャネルにおいても大きな問題となっている。それがいわゆる、多頻度小口配送の問題である。

④　**ジャスト・イン・タイム方式を導入したコンビニエンス・ストア**

　多頻度小口配送は、チェーン展開している大手小売業者が、その圧倒的資金力と販売力を背景に、POSシステムやEOS、EDIなどといったコンピュータ・ネットワーク・システムを開発し、販売チャネルにおいてジャスト・イン・タイム方式を完成し、それによって各店舗の販売・在庫管理を行っていることによるものである。たとえば、ある地域の大手小売業者が出店したコンビニエンス・ストアは、POSシステムで管理されており、毎日品切れ、品薄の製品を発注する。そのコンビニエンス・ストアはジャスト・イン・タイム方式を採用しているので、毎日注文をするのであるが、在庫をほとんど持たないので、注文数はある製品に対して1個とか2個とかいった数になる。しかしながら、そのチェーン店全体の注文数からしたら大変な数になるために、卸売業者にとってはその企業との取引なしでは経営が成り立たない。ところが、配送するのは、各店舗に1個とか2個といった少数であり、それにかかる手間と費用は、トラックいっぱいに製品を積んだときと同じにかかる。このようなシステムによるコストが、製品の価格にも反映されていたり、卸売業者や製造業者の経営を圧迫しているのである。つまり、卸売業者は、かつてのようにチャネル内でさまざまな役割を果たすのではなく、製品を集めて分類し、取り揃えを行い、発送するだけの機能しか要求さ

れなくなっているのである。また、そのような立場にある卸売業者は、中小の一般小売店を同時に対象とした活動も不可能となり、コンピュータ・システムを配備して、大手小売業者の傘下に入るしか方法がなくなるといった状況になってしまっているのである。

⑤ **コンピュータ・ネットワークによる卸売業者統合とサード・パーティ・ロジスティクスによるシステム分化**

これが、コンピュータ・システムすなわち、テクノロジーを背景とした、大手小売業者による現在の後方統合のタイプとなっている、いわゆる排他的系列取引の1つとされるものである。大手小売業者は、自社で流通センターや卸売機能を遂行すると資金がかかるが、コンピュータ・ネットワークによって卸売業者を統合することによって、自社での設備投資を少なく保ち、かつ、いつでもそれら卸売業者を切り離せるといったメリットを最大限に利用しているのである。

しかしながら、現代では物流のエキスパートであり、専門のノウハウや情報を蓄積した物流専門業者にそれらを委託し、アウトソーシングする**サード・パーティー・ロジスティクス**（3PL）や共同配送事業の推進などによって、そのような問題もかなりのレベルで改善されるようになってきている。

このほかにも新しいテクノロジーの発達・整備によって、従来あったチャネルのタイプあるいは機能が変化しているのが現在の状況であり、それら環境の変化によって、マーケティングの分析視角も常に変えていくことが求められるのである。

4 パッケージングの基礎

(1) パッケージングの意義と基本形態

パッケージングは、製品を輸送するため、ないしは偶発的な事故から製品を保護するための包装であると同時に、消費者の購買に影響を及ぼすプロモーション的意味合いも持ち合わせ、現代では重要なマーケティ

ング・ツールの1つとして考えられている。

コトラーらは、「適切にデザインされたパッケージは便宜的および販売促進的価値を生み出す」（Kotler, P., et al.〔2006〕p.393.）と述べ、パッケージングが、マーケティングにおいてますます重要な役割を果たすようになってきていることを指摘している。

マーケティング・ツールとしてのパッケージングの利用増大要因を挙げると次のとおりである（Kotler, P., et al.〔2006〕p.393.）。

1）セルフサービス……現在、スーパーマーケット等で販売されている製品のほとんどがセルフサービスで販売されている。そのため、効果的なパッケージは顧客を引きつけ、製品特徴を記述し、消費者の信頼を創造し、好ましい全体的な印象をつくり出すといった販売における課業の多くを遂行しているのである。

2）消費者の富裕度……消費者の富裕度が上がっているということは、消費者はよりよいパッケージの便宜性や外観、信頼性、名声などに対してある程度の金額を喜んで支払うことを意味しているのである。

3）企業およびブランド・イメージ……パッケージは、消費者が企業ないしはブランドを即座に認識することに大きく貢献しているのである。

4）イノベーションの機会……革新的なパッケージは、消費者に対して大きなベネフィットを提供し、企業に対しては利益をもたらすのである。企業は、理にかなった注ぎ口や開け口のような素材および特徴をパッケージに組み入れることを試み続けているのである。

このように、パッケージが製品の差別化や製品改良もしくは新製品開発において重要な役割を果たす場面は、ますます増えてきている。したがって、企業が効果的なパッケージを開発することは、とりわけ、製品開発やプロモーションにおいては重要な側面であるといえる。

企業が効果的なパッケージを開発するまでには、いくつもの決定を必要とするが、そのうちのいくつかを、企業および消費者の視点から、パッケージングが果たす基本的な目的として挙げておくことにする

(Kotler, P., et al.〔2006〕p.393.)。
1）ブランドを識別する
2）記述的および説得的な情報を提供する
3）製品の輸送および保護を促進する
4）家庭での保管を手助けする
5）製品の消費を支援する

パッケージングは、このような目的のほかに、その材質や安全性、資源の保護などといったさまざまな要素を考慮に入れて、計画・製造されることが求められるだろう。

（2）パッケージング計画における基礎的知識
① パッケージングの種類と形態

パッケージングは、基本的には包装紙や容器、缶、ガラス、木材、プラスチックなどの材料で製品を整える手段をいい、生産、輸送、流通、消費のすべての段階を通じて、製品を健全な状態で最終消費者へ安全に届けることを保証する手段の1つである。

パッケージングの機能には、大きく分けて色彩、形状、サイズ、使用上の便利さなどを通じて、消費者へ製品に関する情報および製品をプロモートするマーケティング的（販売促進的）機能と、物流システム内で製品の輸送および保管に際して、製品の破損や損傷を防止したりする**物流的（技術的）機能**がある。

パッケージは通常、次の3種類に分けられる（日本工業規格による）。
1）個装……物品個々の包装をいい、物品の商品価値を高めるため、または物品個々を保護するために適切な材料、容器などを物品に施す技術、および施した状態をいう。
2）内装……包装貨物の内部包装をいい、物品に対する水、光熱、衝撃などを考慮して、適切な材料、容器などを物品に施す技術、および施した状態をいう。
3）外装……包装貨物の外部包装をいい、物品を箱、袋、タルなどの

容器等に入れて結束し、記号、荷札などを施す技術、および施した状態をいう。

しかしながら、これらの定義はかなり古いものであり、現在のパッケージやパッケージ技術と適合しないことが多かったり、流動物のような製品によっては、このように3つの状態に分けられないものもある。

また、パッケージングは、生産から卸売りや小売りといった流通段階を通じて製品を保護するパッケージングと、小売りなどでいったん解かれた包装を、再度包装し直し、消費者に渡す再包装とがあり、それによって包装のしかたも異なってくることを考慮に入れなければならない。

つまり、製造の時点では、梱包、取り扱い、封印など、生産工程における作業の効率化、コストの引き下げなどが考慮に入れられる必要があり、輸送の時点においては、破損の防止、運賃に関連する容器、重量などが問題となり、そして、小売店の店頭などにおいては、陳列への適応性、購買決定に関する色彩とデザイン、再包装のしかたなどが考慮に入れられるべきである。また、家庭においては、貯蔵、開閉の容易さ、使用頻度、いたずらや幼児使用に対する配慮、持ち運びやすさ、リサイクル性、包装の大きさなどがその対象となる。

このように、パッケージング計画はあらゆる角度からの検討が必要であり、以下では、機能的な側面から検討してみることにする。

② パッケージングの機能的側面からの検討

1) パッケージングの物流的（技術的）側面

パッケージングの物流的側面についての問題は、製品の特性、輸送方法、貯蔵方法などによって異なってくる。たとえば、製品が流動物であったなら、それが輸送や貯蔵において漏れたり、割れてこぼれたりしないようなパッケージを用いなければならないであろうし、化学製品であったら、化学変化によって腐敗したり、内容が変化しないようなパッケージを用いなければならない。あるいはまた、包装する製品が非常に重い製品であったなら、その重量に耐えるだけの素材で、そのような組み立て方あるいは形状をしたパッケージを用いなければならない。

そのほか、パッケージング作業の能率の向上、輸送のしやすさ、コストの合理化を図ることもパッケージングの物流的側面においては大変重要な要素となってくる。しかしながら、パッケージングの標準化、能率の向上のためにパッケージ機械に多額の投資をすることは、技術の変化の速さやパッケージ計画の変更の問題などで、かえってむだな投資になりかねない。

パッケージングにおける物流的・技術的側面は、根本的には製品が完全に消費されるまでの品質の保護について、十分な保証がなされるようなパッケージ、もしくは包装についての検討がなされることである。→図表３－４－８

このほか、輸送の変化がパッケージに及ぼす影響も考慮に入れなければならない。飛行機、列車、トラック、船舶などのどの輸送手段を用いるかによっても、パッケージのしかたが異なるであろう。

２）パッケージングの販売促進的側面

パッケージングにおける販売促進的側面は、主として消費者の購買時点において問題になる。パッケージングの販売促進的側面において強調されることは、パッケージの形、色彩、大きさ、あるいはラベル、商標などとともにパッケージ全体から受けるイメージが、購買の決定に大き

図表３－４－８　物流・技術的側面の検討事項

- ・包装されるべき製品は何か。
- ・パッケージはどのような目的のためになされるか（１回使用、二重使用、贈答）。
- ・大きさはどれぐらいになるか。
- ・デザインと大きさについて制限はあるか。
- ・太陽光線に影響を受けるか。
- ・水分を含んでいるか。
- ・どのような化学物質に耐えるパッケージが必要か。
- ・衝撃や手荒な取り扱いに対してどの程度の抵抗性が必要か。
- ・パッケージに投下できる最高費用はどれぐらいか。
- ・パッケージ費用はどの程度まで削減できるか。
- ・包装機械にどの程度の投資を必要とするか。
- ・輸送や陳列がしやすいか。

な役割を果たすことである。テクノロジー、生産技術の発達により、品質にあまり差異がつかなくなっている現代において、パッケージのよしあしが購買決定の1つの鍵となっていることは間違いない。加えて、ちょっとしたパッケージの変更で新製品として既存の製品がよみがえることもあり、製品計画の一部としても重要な要素となっているのである。

また、パッケージングは消費者とコミュニケートする手段として、パッケージに特定の意味、あるいは暗示的意味を付加して、製品それ自体と組み合わせた別の製品として提供したり、あるいは、広告や陳列などの他のプロモーション要素とそれらを組み合わせた形でのトータル・プロモーションが考え出されている。

さらには、販売促進の目的のために消費者を引きつけるパッケージングとしてデザインにおける美術的な統一性・均衡性・単純性、そして集中性・強調性・対照性なども考慮される必要がある。

3）その他の側面からのパッケージングのとらえ方および考慮要因

パッケージングはまた、その製品が置かれる状況、あるいは使用される場面や廃棄方法などを考慮に入れて開発・管理される必要がある。

a．**経済性**（産業調査会事典出版センター〔2005〕684頁.）

内容物の保護といった名目から必要以上に厳重な包装を行うと、包装費用がかさむだけでなく、重量も増えることから、輸送費用や保管費用も高くなる。そのようなことから、輸送包装は、包装の必要条件を満たしつつ、最もコストがかからないように設計されるべきである。

また、必要以上の包装は、廃棄ないしはリサイクルにもコストがかかることから、設計段階から材質、廃棄・リサイクル方法を念頭に置いて開発されることが必要である。

b．**消費者・環境問題**への対応（産業調査会事典出版センター〔2005〕684頁.）

詳細は後述するが、近年の環境問題ないしは前述の資源節約および消費者の受け取り・保管状況を考慮して輸送包装も開発されることが必要である。特に考慮すべき点として、次のようなものが挙げられる。

- 包装容器の減量化……容器および包装の薄肉化や形状変更によって、資材の消費量を減らすと同時に、廃棄量も減らす。
- 繰り返し使用……ガラス瓶、プラスチック製の通い容器のように繰り返し使用することによって、全体の消費量および廃棄量を減らす。
- 再生利用……使用後に回収して、同じものあるいは別のものに作り変えて資材の有効利用と廃棄量の削減を図る。
- 焼却の可否……焼却しやすく、無公害であるような容器ないしは包装を使用する。
- 埋め立て可能性……生分解性プラスチックのような埋め立て処理をした後に、分解処理され無公害化されるような資材を用いる。
- 分離性……複合材の場合、使用後分離して処理しやすいようにしておく。

c．家庭および使用場所における考慮要因
- パッケージはすぐ壊されるかどうか。
- 内容物は使用しつくすまで、どれぐらいの時間パッケージに入れたままで置いていられるか。
- パッケージは分割して使用できるようにすべきか。
- 一度に使用する分量はどのくらいか。
- パッケージは再利用するようにするべきか。
- パッケージをリサイクルできるように作るべきか。
- 家庭ではその製品はどこに置かれるか－使用前、使用後－。
- パッケージは使用後にほかの使い方で用いられるか。
- パッケージを含む製品は家庭内のどこで使用されるか。
- 大きさ、色、材料についてどのようにするか。

d．小売店における考慮要因
- どんな小売店でその製品が販売されるか。
- どんな消費者が主たる消費者か。
- 売れ行きにパッケージが大きな役割を果たすか。

- パッケージが陳列の一部を成しているか。
- 製品がどのくらい離れた距離から知覚されるか。
- 内容物を見分けられるようにすべきか。
- 売上げはどれくらいか。
- 貯蔵するのにどのような貯蔵方法がとられるべきか。
- 陳列およびそのほかの取り扱いが楽になるためのパッケージを求められているか。

e．他の状況での考慮要因
- 商標が特定されているか。
- 標準色彩計画があるか。
- 広告および陳列について、どんな美的技巧がこらされるべきか。
- テレビなどの視覚広告を用いるか。
- 業界の習慣や既成の基準があるか。
- 他社はどんなパッケージをしているか。
- 社内での受け入れはどうか。

　これらは、先の物流的な側面からの考慮要因と重複するものもあるが、本部分では、あくまで状況に即した考慮要因であることから、あえて重複する要素も提示してある。

　このほかにも想定されるべき状況はいくつか考えられるであろう。また、パッケージングは、物流と同様に（物流の一部と考えられる場合もあるが）、さまざまな部門を横断する概念であるために、企業内のさまざまな部門からの検討も必要となるであろう。

第5節 プロモーション政策

> **学習のポイント**
> ◆プロモーションは、企業のさまざまなコミュニケーション活動を通してなされる、買い手に向けた情報創造努力である。
> ◆プロモーション手段の選択に際しては、各手段の特質とそれに適合する顧客の特質を考慮する。
> ◆対象顧客に対するプロモーション手段は、いくつか組み合わせて行うほうが高い効果を期待できる。

1 マーケティング・コミュニケーション

(1) プロモーションの概念

　マーケティング・ミックスの構成要素の1つである**プロモーション** Key Word と呼ばれる活動とは、売り手の提供財としての製品、もしくはサービスが有している市場にとっての価値の魅力性を、その市場を構成しているところの買い手である最終消費者や販売先業者に伝達し、理解してもらうための努力を行うことである。これは、その提供財の持つ買い手側にとっての価値を"情報"として供給するための行為であると言い換えてもよい。この情報活動の目的は、買い手側にその提供財に対す

Key Word

プロモーション（promotion）——買い手に対して製品やサービス等の情報を提供し、需要を刺激し喚起するために行う諸活動の総称。

る欲望を生じさせ、速やかなる購買を促すところにある。

① プロモーションの手段とその効果

　このプロモーション情報の伝達のための手段はさまざまである。たとえば、販売担当者による言語的な刺激やサンプルの提示、あるいはテレビ広告や新聞広告などのようなメディアを利用した魅力情報の提示、さらにはチラシや看板、ネオンサイン等々を利用して行われる。これによって、企業の提供財の存在や特徴を市場に広く知らしめ、同種他社製品以上の魅力を理解してもらうことになる。

　しかし、売り手がそれらの手段を通じて単純にプロモーション情報として流しても、それを買い手側が注目に値すべき情報と認識してくれるかどうかは定かではない。したがって、買い手にどのような情報として提示すれば注目してくれるのか、さらにその提供財が買い手にとっての何らかの利益になり、すぐにでも購買したいという欲望を喚起するためにはどのような情報内容で、しかもどのような情報提示のしかたでなければならないのか、ということを考えることが何よりも重要となる。

　このような視点に立ってプロモーション活動を考えてみると、買い手にとってその売り手の提供財が購買するに値する魅力的なものであるかどうかは、さまざまな買い手が固有にもっている情報認知力によって判断されているものととらえることができる。たとえば、食品であれば、うまそうに食べている姿を映し出したテレビＣＭを見て購買意欲がわくこともあろうし、あるいは店頭で見たパッケージデザインからおいしそうな魅力を感じて購買することもあるだろう。さらには、それまではたいして魅力的とは感じなかったが、特売で非常に安い価格が付けられているために買ってみようという気になるかもしれないし、逆に価格が高く付けられていることから、その製品の品質のよさがイメージされ、「きっとおいしいに違いない」と思い込んで購買するかもしれない。あるいは銀座のような高級商店街にある店で売っていたり、有名百貨店の中で売られていたことから「きっとおいしいに違いない」と感じるかもしれない。

② マーケティング・コミュニケーションの概念

　このように考えてみると、マーケティング・ミックス要因としての製品計画上の問題や価格問題、立地問題、取引先問題等々、すべてがプロモーション情報としての意味を持つことになる。これをより広い意味でとらえれば、まさにプロモーション活動とは、売り手の提供財が買い手にとって価値あるものであることを伝え、理解させるという意思疎通、すなわち、売り手としてのマーケティング活動全体を通して行われる市場に対してのコミュニケーション活動上の問題として、認識されてしかるべきことを意味している。

　したがって、**マーケティング・コミュニケーション**の概念とは、営業担当者による説得活動や、メディアを利用した広告活動などのさまざまなプロモーション手段を通じて、いかにして売り手の提供財の魅力を市場に伝え、買い手の欲望を喚起し、速やかなる購買を促し、さらには購買後の満足感を抱かしめ、その提供財や提供企業に対する長期的な好感度の維持を目的とする概念ととらえることができる。

（2）コミュニケーションのプロセス

① 送り手から受け手に向けたコミュニケーション・プロセスの基本モデル

　売り手と買い手の間でなされる**コミュニケーション** Key Word の最も基本的なプロセス・モデルは、図表3－5－1のように示される。いま、情報の送り手側をマーケティング主体としての売り手とし、受け手側を買い手と想定しよう。まず、売り手側は「**意図した効果**」が達成されるような内容の情報を「**メッセージ**」として受け手側に提示する。この「意図した効果」とは、いうまでもなく売り手の提供財に関して、従来の、もしくは他社の同種財以上の購買魅力を買い手側に感じてもらい、実際

Key Word

コミュニケーション（communication）──売り手と買い手の間の意思の
　疎通を意味し、情報の伝達や理解に関する相互行為である。

第5節 プロモーション政策

図表３－５－１　コミュニケーション・プロセスの原型

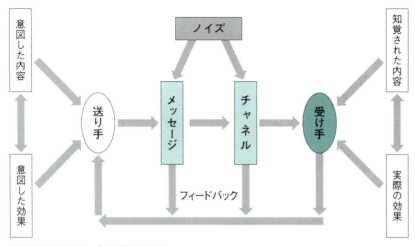

出所：徳永豊ほか〔1980〕102頁.

に購買し、その財を使用してもらうことである。買い手側にそのように思わしめるような情報としてのメッセージが具体的に表現されたものが「意図した内容」である。

　次に、メッセージは何らかの「チャネル」を通して受け手に伝わる。もちろん、営業担当者が購買者を直接説得する場合のように、隣接した個人どうしで交わされる二者間コミュニケーションではチャネルが介在する必要はなく、直接メッセージのやり取りが行われるが、マーケティング活動としてのプロモーションのように、不特定多数の買い手に対して情報が流される場合には、チャネルの介在が不可欠となる。たとえば、ダイレクトメールのようなメッセージであれば郵便局あるいは郵政公社であり、テレビ広告であれば放送局であり、新聞広告であれば新聞社がチャネルとなる。したがって、この場合のチャネルは、いわゆる"マス・メディア"が担うことになる。

　このメッセージとチャネルに影響を及ぼしているのが「ノイズ」である。メッセージが受け手にとって理解し難いような表現であったり、メ

ッセージの受け手を高齢者に想定しているにもかかわらず、高齢者が視聴しないようなメディアを利用したり、テレビCMであってもだれもが寝ているような時間帯に流された場合には、受け手はそのメッセージを受けようがない。このように、適切にメッセージが伝わらないような障害要因を「ノイズ」と呼ぶ。したがって、できるだけノイズの入らないようなメッセージ作成やチャネル選択が重要となる。

② コミュニケーションによってもたらされる受け手の反応

さて、こうして受け手にメッセージが伝わると、その情報が自分にとってどのような意味や価値を持つのかについて、自身のその時点までの知識や経験に基づいて、知覚・理解・判断を行うことになる。これが「知覚された内容」である。そして、その判断に基づいて、今度は受け手が送り手に向けて、何らかの反応情報を提示することになる。それがすなわち「実際の効果」であり、その向かう先がフィードバック情報としての矢印で示されているのである。もちろん、このとき受け手は反応情報の送り手になっていることから、特に個人的な二者間においては、常に情報の送り手と受け手が交互にその役割を担いながらコミュニケーション行為が進展することになる。

しかし、一般的に企業が不特定多数の受け手に対して、マス・メディアを通してプロモーション情報が流される場合には、**一方向的なコミュニケーション（one-way communication）**にならざるを得ない（近年普及しているインターネットによる情報の提示は、受け手側にとって膨大な情報量を与えられることになり、逆に特定の情報を認識できる確率は小さくなる。また、マーケティング主体者の提示する特定の情報に接する人の絶対数の多さやその情報の浸透時間の短さにおいても、まだ圧倒的にマス・メディア利用の場合のほうが有利である）。この場合の受け手からのフィードバックは情報としての姿ではなく、売上金額や市場占有率といった形で戻ってくる。したがって、受け手側の具体的な購入理由やプロモーション情報に対する評価を売り手側が知るためには、市場調査手法に頼らざるを得ないのである。

このことは、一方向的なコミュニケーションにおいては、特にそのメッセージの具体的な表現内容をどうするかという問題が最も重要であることを認識させてくれる。すなわちそれは、常に受け手が理解できる記号として伝達されなければならず、どのような表現が最も注目度を高め、理解を促すかについての戦略的な検討が十分になされなければならないことを意味しているのである。

2 プロモーションの種類

(1) プロモーションの具体的な手段

　プロモーションのさまざまな手段のうち、どの方法を採用するのかについては、買い手側の状況判断が十分になされたうえで実行されなければならない。ある特定の方法はその状況において適切な場合もあれば、そうでない場合もあるからである。たとえば、産業財の販売においては、一般に販売対象となる買い手側も特定少数の企業組織であり、その取引金額も高額であることから、売り手側が行うプロモーションとしての説得活動は時間を要して詳細な説明が要求される。したがって、マス・メディアを利用するプロモーション活動よりは、営業担当者による口頭での情報提供活動のほうが有効な手段となる。

　このように、プロモーションの手段は買い手側の経営やマーケティング、あるいは生産等々のそのときの状況に合わせて選択されなければならず、各手段の特質を十分に把握したうえで利用されなければならない。プロモーション活動において利用される一般的な手段としては、図表3－5－2に示されるように、広告、人的販売、PR、パブリシティ、販売促進などがある。

① 広告（Advertising）

　広告は、プロモーション手段の中では最も認識されやすい手段であり、実際にテレビ・ラジオ・街頭放送などを通じてのCM、新聞・雑誌などへの掲載広告、街中に張り出されるポスターや電車・バス内の吊り広告、

図表3－5－2　プロモーションの位置づけとその手段

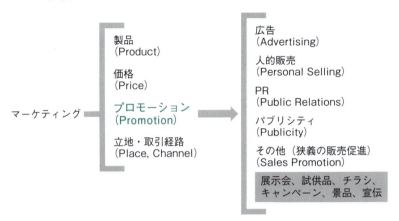

さらには看板やネオン等々、消費者が日常的に視聴しやすい状況で提示される。一般に次のように定義されている。「身元が明示された広告主が人的販売によらず、市場を確立するために、製品、サービス、アイデアあるいは企業そのものについて視聴者に対し重要なコマーシャル・メッセージを伝達する有償の手段」(徳永豊ほか〔1989〕.)。

② **人的販売（Personal Selling）**

　販売対象となる提供財について、主として<u>営業担当者</u>によって、買い手にとっての購買魅力を直接口頭で説明する活動である。特に産業財の販売手法としては最も中核的なものであり、一般にカタログや試供品といった、多くのプロモーション用の道具を駆使しながら行われる。また、消費財においては小売店店頭で店員によって通常的に行われており、化粧品店における美容部員の活動なども、この人的販売の典型的な姿である。

③ **PR（Public Relations）**

　PRは、広く企業組織の内外に対してみずからの活動内容を伝えるための活動で、企業の経営理念や製品の製造あるいは販売に関する企業としての姿勢、地域催事への協力や寄付行為などを通じて、自社製品に対

するイメージ効果や人材獲得のためのリクルート効果が期待できる。また、社内報の発行を通じて企業トップの考え方を従業員に伝えたり、企業内のさまざまな情報を伝えることで、企業に対する忠誠心や誇りの醸成につながることが期待できる。さらには株主への情報提供なども、このPR活動の重要な側面となる。

④ **パブリシティ（Publicity）**

　企業の新事業や新製品に関する情報をマス・メディアがニュースとして取り上げることによって、結果的に広告と同じような効果が期待でき、プロモーションとしての意味を持つものとして重視される。買い手から見たときに、広告は明らかに売り手にとって都合のいい情報だけで構成されていることは承知のうえであるが、新聞社やテレビ局といった公共性の強いメディアが流す情報であることから、客観的な評価として受け止められやすく、その信憑性が伝わりやすいという特質を持つ。最近ではこの特質を利用して、積極的に記者会見を開いて社内情報を流すことも一般化している。また、実際にはメディアに広告費として支払いながらも、記事風を装う**ペイド・パブリシティ**（paid publicity）や、製品をテレビ・ドラマや映画の中で小道具として使ってもらい、広告効果をねらおうとする手法も盛んに行われている。しかし、あくまでもその情報をどのように扱い、市場に流すのかについては、メディア側にゆだねられることになるので、費用がかからない代わりに、一般の広告活動に比べると、ニュースとしての一時的な掲載にしかすぎず、長期的な情報提示ができないという欠点もある。

⑤ **販売促進（Sales Promotion）**

　過去においてはプロモーション全体を意味する用語として、一般的にもSPと略されて使用されてきたが、現在ではキャンペーンや展示会、試供品、景品、チラシ、陳列商品に付される購買時点（POP：Point of Purchase）広告、店頭宣伝等々、買い手の目前で直接販売につながるようなプロモーション活動を意味する用語として使われている。

（2）企業イメージの創造に関するプロモーションの重要性

　一般にプロモーションや広告といった場合、真っ先に思い浮かべるのは売り手の提供財に関してのものであろう。しかし、企業自体に関するプロモーション活動も製品やサービスのそれと同じように重視されなければならない。なぜなら、企業イメージと提供財のイメージは買い手の評価基準において密接な関係を有しているからである。提供財の品質や性能などの優秀性が市場において認められるほど、それを提供する売り手としての企業自体の優秀さイメージをも増幅することになるのは自然のことであろう。そして、この企業自体の優秀さイメージが市場において定着するほど、その企業が生産したり販売したりする個々の提供財についても、優秀さイメージが増幅されることになるのは、これも当然のことであろう。こうして、いわゆる提供財のブランド・イメージとそれを生み出している企業のブランド・イメージは、互いに相関的な役目を果たすようになるのである。

　企業自体を広告対象としてプロモーションする行為は**"コーポレート・コミュニケーション"**と呼ばれ、製品などをプロモーションする場合の**"プロダクト・コミュニケーション"**とは識別されている。企業としてのブランド価値が市場に定着することによって、そこで扱われている製品についても、買い手側は個別にその品質や性能を吟味することなく、安心して購入することができる。これこそが企業のブランド価値創造の最も利点となるところであり、ここにおいて、巧みなコーポレート・コミュニケーション戦略の重要性が認識されることになるのである。

3 プロモーション・ミックスの開発

（1）**プロモーション・ミックス** Key Word **の基本的な考え方**

　プロモーション手段は前述したようにさまざまであるが、これらは単独で行われることはほとんどなく、通常、企業ではいくつかの手段を組み合わせてプロモーション活動を行っている。その組み合わせのための

基準は、売り手にとってどのような買い手を想定するかという市場細分化状態に依存することはもちろんのこと、売り手の提供財が産業財のように買い手が組織の場合と、消費財のように個人の場合でも異なるのである。たとえば、産業財のプロモーション活動は主として人的販売によるが、産業財は結局、消費財の部品や原料であることから、最終的にはその産業財の買い手の先にいる最終ユーザーや一般の消費者が購入することになり、決してテレビＣＭの効果がないと考える必要はない。

　例を挙げると、パソコンの演算処理装置としての一部品にしかすぎないインテルのＩＣ製品は、明らかにパソコンの完成品メーカーが購入するものであるが、テレビ広告で"インテル、入ってる？"と最終消費者に語りかけてくる。この部品の優秀さをパソコンの最終の購買者であり、その利用者である消費者が認識することによって、インテルのＩＣ製品が入っているパソコンの品質の高さを認知することができ、現実に店頭でその部品の入ったパソコンの品質のよさを確認できた時点で、それが使われていないパソコンは高品質製品とは認められなくなる。

　一方で、消費財の場合も、テレビＣＭによって注目され、店頭でその製品を手に取っても、その時点で店員による、より詳細な製品説明がなされてこそ、購買への決心がつきやすくなることはだれもが経験するところであろう。特に、高齢者を対象とする製品のプロモーションに関しては、そうした詳細な説明が不可欠となるであろう。あるいは、食品の販売についてはマス・メディアによる広告での認知だけでは不十分であり、実際に売り場での試食プロモーションを展開することで一層効果的になることはいうまでもないであろう。また、それが画期的な新製品である場合には、記者会見を開いてメディアに情報を提供するというパブリシティ効果をねらうことも重要な戦略となるであろう。

Key Word

プロモーション・ミックス――ＰＲや広告、パブリシティ、人的販売、販売促進等のプロモーション諸手段を組み合わせること。

このように、本節❷のプロモーションの各手段を適切に組み合わせることによって、いっそう効果的なプロモーション活動を実行できることになるのである。

（2）プロモーション戦略におけるコミュニケーションの成功条件

すでにコミュニケーション・プロセスについては、図表3－5－1のモデルに従って説明したが、プロモーション活動が実際の企業活動において効果的であるためには、その意図した内容が的確に買い手に伝わるかどうか、すなわち、正確にコミュニケートするための具体的な戦略をどうするかが問題であろう。そこでここでは、徳永豊教授の説（徳永豊〔1980〕．）に従いながら、コミュニケーションの成功条件について、より詳細に確認しておくことにしよう。

① メッセージは意図した受け手の注目を引くように計画し、伝えられなくてはならない

マス・メディアを利用したプロモーション情報の提示は不特定多数を対象とするが、メッセージ自体は特定の受け手を、すなわち、市場細分化基準によって想定された特定の消費者像を明確にして、初めて具体的なメッセージがつくられることになる。受け手が特定化されることによって、彼らの現在の関心事は何か、いかなる価値観を持っているのかについて調べやすくなる。この調査情報が明らかになって初めて、その関心事や価値観に絡むようなプロモーション情報を提供することができ、それだけ注目される可能性も高くなることは当然であろう。

② メッセージは意図を伝えるために、送り手と受け手の共通の経験をもとに記号化しなければならない

これは他者とのコミュニケーション上、最も重要な考慮要因である。送り手は、常に受け手が理解できる表現を選択して、自身の意図を理解してもらう努力をしなければならない。そのためには、常に相手の立場に立って、相手の常識の枠内で情報を提示しなければならない。子どもや主婦、あるいは高齢者に対して意図を伝えようとするのであれば、そ

れぞれの常識を十分に理解し、子どもや主婦や高齢者が認知できる用語を選択しながら、やさしい言い回しや文章で述べるべきであることはいうまでもない。

　このことは単に言葉だけではなく、理解を容易に促すための図解や色彩表現等々、いわゆるわかりやすい"記号"として提示しなければならない。しかし、これは意外とやさしいことではない。たとえば、今日ではだれもが使用しているパソコンやデジタル・カメラであるが、解説書の難解極まる説明のしかたや用語の使い方を見れば、簡単に理解できることである。解説書を初心者である主婦や高齢者が一読して理解し、商品をすぐに使用できることはほとんどないに等しい現況であることは周知の事実であろう。これはまさに、解説書を書く側がまったく初心者のレベルをイメージすることなく、専門家が専門家の常識に従って書いているからにほかならない。メッセージに用いられる言葉は、受け手と同じ目線で同じ言葉で説明されなければならないのである。

③　メッセージは受け手に必要を喚起し、それらの情報ニーズを満たす方法を示さなければならない

　メッセージは、個々の受け手に製品の必要性や、速やかなる購入の欲求を十分に感じさせるものでなければならない。こうした必要性は、受け手自身が日常的に感じているものではない場合のほうが一般的であろう。より明確にいえば、未来において必要とする製品やサービスに関する認識は、具体的には現在の消費者にはイメージのしようもないものである。

　たとえば、だれが現在のＣＤプレーヤーに対する必要性をそれが売り出される前に感じていたであろうか。電気信号で音が出るという技術的な認識は、針でレコードの溝をなぞって音が出るという認識しか持ち得なかった当時の一般消費者にとって、不可能なことであった。

　それは現代においても同様であり、未来において画期的な技術が開発され、それによって具体化された製品に対する必要性は、現在において消費者が認知できる次元のものではない。われわれ消費者にとって、そ

うした特定の製品に対する必要性は、具体的にそれが目の前に提示され、その製品を購入することで自身の生活上の便宜性や価値がいかに向上するかということを、その製品を提供する企業のプロモーションによってイメージづけられて初めて「それが必要である」、あるいは「それが欲しい」と認識されるのである。

　このように、消費者は必ずしも常にみずからにとって必要なモノに対する具体的な認識を持っているわけではなく、さらには、意外と忘れていたりする可能性もある。たとえば、未来の危険については現在の時点でなかなか認識できないものであるからこそ、保険会社のプロモーション表現において、事故が起きたときの備えがないことの恐怖を認知させるようなテレビCM表現がよく行われていることを理解できるであろう。

④　メッセージは受け手が望ましい反応をするよう心を動かされたとき、その所属集団の状況にふさわしいようなニーズを増す方法を示さなくてはならない

　まったく孤立した生活を望み、そうした価値観を推し進めるような生き方をしようとする消費者は意外と少ないものである。常に消費者は、みずからが所属している地域、組織、仲間、家族などのいわゆる準拠集団の影響を受けながら生きており、この集団との乖離を嫌う傾向のほうが一般的には強いものである。また、ライフスタイルと呼ばれるような個々の消費者にとっての生活上の固有の特質も、このような準拠集団の影響を受けた価値観によると考えることのほうが自然であろう。こうした価値観を共有している人々の日常生活上の特質を観察することによって、コミュニケーションの適切な手法が発見できる可能性が高くなる。

(3) プロモーション・ミックスの開発と留意点

① 　プロモーション・ミックス開発のための戦略視点

　このように、売り手側が買い手側との良好なコミュニケーションを実現するためには、何よりも買い手側の戦略がどのようなものであるかを知ることが不可欠となる。買い手が企業のような組織であるならば、売

り手側はその企業の販売市場で何が起きているのかを知ることが重要である。なぜなら、企業にとっての関心事は常に売上げに影響する販売問題にあり、仕入問題は販売戦略上重要となる利益額に直接かかわる手段的要因でしかない。また、生産上の問題は組織の内部的な要因が重視され、そのためのさまざまな意思決定についても、組織の意図によって操作される可能性が高い。しかも、この仕入活動や生産活動上の問題は、買い手側の企業が日常それに100％携わっている分、売り手側以上の情報を有しており、そう単純には売り手のプロモーションが効かない可能性が大きくなる。

　これに対して、販売上の問題は結果的に買い手側の判断や評価に影響を受けるので、必ずしも売り手側の販売戦略的意図が反映されず、また、他者との販売競争も売上げに直接かかわり、しかも買い手自身の販売市場に関する情報が常に十分であるとは限らないので、売り手みずからの意図どおりにはなり難い最も悩みの大きい課題なのである。したがって、売り手のプロモーション情報において買い手企業が最も興味を示すのは、その購買対象となる売り手の製品やサービスが、買い手側の販売戦略上においてどのように貢献するのかという点についてなのである。

　このことは、消費者個々人においても同様である。彼らにおいて最も関心の高い問題は、買い物という仕入手段を通じて、その製品やサービスの利用から得られるみずからの生活上の夢や期待や希望の実現への貢献度の大きさである。したがって、プロモーション情報として買い手である消費者に最も効くのは、そうした生活上の戦略への具体的な貢献度に関する情報である。

　そのため、効果的なプロモーション情報を買い手に提供するためには、相手が組織であれ個人であれ、何が買い手の経営戦略やマーケティング戦略あるいは販売戦略の決め手となっているのか、生活戦略上の決め手とは何であるのかに関する情報の収集と分析こそが、何よりも重要なポイントとなるのである。この点が明らかにされて初めて、買い手に提供すべきプロモーション情報とはどのような内容であるべきなのか、いか

なる表現をすべきであるのか、どのような手法を組み合わせて効果を高めるべきであるのか、といったいわゆるプロモーション・ミックスのための具体的な方法も明らかとなるのである。

② プロモーション・ミックスにおける留意点

　売り手の提供財に関するマーケティング戦略を効果的にするための、プロモーション・ミックス手法上の最大の留意点は、利用するいくつかの手段における表現上の統一性の問題である。たとえば、テレビＣＭでは非常に高級感をイメージさせるような表現をとりながら、販売店店頭においては大幅な価格値引きを強調するようなＰＯＰ広告を行ったりしたのでは、十分なプロモーション効果を期待できないことになる。あるいは、高級車の販売に際してメーカーの営業担当者や販売店ディーラーの従業員の説明が、少しも高級感を感じさせないような内容であったり、みすぼらしい姿・形で接したり、店構えが安っぽい感じがしたのでは逆効果であろう。したがって、その提供財の市場に向けての基本的なコンセプトを十分に理解し、いかなるプロモーション手段であろうとも、そのコンセプトに適合したコミュニケーション手法が採用されなければならないのは当然のことであろう。

　コンセプト自体は、その提供財が買い手に与えるであろう問題解決要因をわかりやすく表現したものでなければならず、プロモーションの各手段においても、その買い手が受け取るイメージは、すべてこのコンセプトと連動していなければならない。なぜなら、買い手が購買しているのはその提供財自体ではなく、その財が買い手にもたらす効用を購買し消費するからである。まさにプロモーションが表現すべきは、その効用がもたらされ、買い手の抱えていた何らかの問題が解決されたときの状況をイメージさせるようなものでなければならない。この点にこそ、プロモーション手段としてのミックスされるべき各手法が、統一的な意味を発生できるように企画されなければならない最大の理由があるのである。

第3章　理解度チェック

次の設問に解答しなさい（解答・解説は後段参照）。

1. 次の消費財と産業財に関する次の記述のうち、（　）の中に正しいものは○印を、誤っているものは×印をつけなさい。
① （　）産業財の購買には、購買センターと呼ばれる意思決定単位が形成される。
② （　）消費財と比べると産業財の購買者は、地理的に分散し、少数である。
③ （　）産業財の場合、計画的・合理的な購買することが求められる。
④ （　）産業財のマーケティング担当者は、通常、ゲートキーパーと呼ばれる購買意思決定者と接点を持つ。

2. 次の消費財の分類に関する記述のうち、（　）の中に正しいものは○印を、誤っているものは×印をつけなさい。
① （　）最寄品には、購買頻度が高い商品が該当する。
② （　）石鹸や飲料などの商品は店頭で比較することから買回品となる。
③ （　）ブランドの比較が行われることもあるが、専門品は購買のために多大な努力を消費者が惜しまない商品である。
④ （　）生命保険は、認知してもらうことがマーケティング上の重要な施策となる非探索品の代表例である。

3. 価格設定に関する次の記述のうち、（　）の中に正しいものは○印を、誤っているものは×印をつけなさい。
① （　）多くの企業は、価格競争を避けて、価格を安定化させる価格カルテルを採用したほうがよい。
② （　）コスト・プラス法は、製造原価やマーケティング費用といったコスト要因が初めから決まっているので、それ以

外の需要や競争を考慮して価格を決める方法である。
- ③ (　) 競争志向型による価格設定方法は、競争相手の企業が設定する価格を基準にして、自社の価格を決定する方法である。この方法には、知覚価値型価格設定方式と入札方式がある。
- ④ (　) 需要志向型による方法は、消費者が知覚する価値をコストよりも重視する方法であり、端数価格や名声価格といった心理的な要因を考慮することになる。

4. 次の製品ライフサイクルの導入期における価格戦略としての初期高価格政策に関する記述のうち、(　)の中に正しいものには○印を、誤っているものには×印をつけなさい。
- ① (　) 導入期には、広告・宣伝費を多額に投入するので、売上高に比べ利益が少なく赤字を伴うこともまれではない。
- ② (　) 導入当初の価格を高く設定し、需要の上澄みを獲得しながら徐々に価格を引き下げていく戦略を、スキミング価格政策という。
- ③ (　) 導入当初高価格を設定するのは、消費者がその商品に対する情報をあまり知らないので、生産者にとって都合がよいからである。
- ④ (　) 導入期に高価格政策をとるのは、その時期に一次的独占を形成し、他の時期に利益が生じなくても採算がとれるからである。

5. 次のマーケティング・チャネルに関する記述のうち、(　)の中に正しいものには○印を、誤っているものには×印をつけなさい。
- ① (　) 垂直的マーケティング・システムは、システム全体が1つの企業集団としての性格を持っており、基本的な競争単位とみなされる。

② (　) 統合的チャネル政策は、みずから販売会社、支店、営業所を設立し、強力な販売網を確立し、垂直的マーケティング・システムの企業統合システムの選択に結びつくチャネル政策である。
③ (　) チャネル・コンフリクトを管理するために採用しうる戦略には、役割を認識するパワーがなければならない。
④ (　) 開放的チャネル政策は、粗放的チャネル政策といい、販売先を優良な販売店によって固めるべく選別を行う。
⑤ (　) フランチャイズ・システムは契約型システムであることから、取引契約を締結することによって組織メンバーとなり得る。

6. 次の物流に関する記述のうち、(　)の中に正しいものは○印を、誤っているものは×印をつけなさい。
① (　) 物流は、最大限の顧客サービスを提供するために、コストを惜しむことがあってはならない。
② (　) 物流には、受発注処理や倉庫業務、包装などがあるが、在庫管理のための情報処理も含まれる。
③ (　) ロジスティクスとは、原材料・資材の調達・在庫から生産段階における原材料・半製品・完成品の流れ、製品市場への完成品の分配までも考慮に入れた現代物流の基本的考え方を示すものである。
④ (　) サプライチェーン・マネジメントやジャストインタイムといった考え方は、ロジスティクス概念に基づいている。

7. 次のパッケージングに関する記述のうち、(　)の中に正しいものは○印を、誤っているものは×印をつけなさい。
① (　) パッケージングが重要となっているのは、セルフサービスで販売されている商品の割合が増えているためである。

② (　　) パッケージは商品を保護するだけでなく、消費者に対して記述的および説得的な情報を提供する。
③ (　　) 個装とは、物品個々の包装のことをいい、商品の価値を高め、保護するために行われる。
④ (　　) 再包装は、生産の段階で実施される手法であり、パッケージの価値を高めるために行われる。

8. 次のプロモーションに関する記述のうち、(　　) の中に正しいものは○印を、誤っているものは×印をつけなさい。
① (　　) マス・メディアを通じたプロモーション情報の提供は、メディアの正確から双方向のコミュニケーションとなる。
② (　　) 広告は、メディアを通じて行われるメッセージを伝達する手段であるが、必ずしも発信元を明確にする必要はない。
③ (　　) パブリシティとは、マス・メディアがニュースとして取り上げることによってプロモーションの効果が期待されるものである。
④ (　　) 販売促進には、PRや試供品、POP広告などが含まれる。

第3章 理解度チェック 解答・解説

1. ①−◯ ②−✕ ③−◯ ④−✕
   産業財の場合、購買意思決定者との接点を持つことがなく、購買担当者やゲートキーパーを通じて購買センターに影響を与える必要がある。

2. ①−◯ ②−✕ ③−✕ ④−◯
   買回品は、複数の店舗での比較が行われる。

3. ①−✕ ②−✕ ③−✕ ④−◯
   コスト・プラス法は、コストにマージンを追加することで価格を設定する方法である。需要や競争を無視しやすくなる。

4. ①−◯ ②−◯ ③−✕ ④−✕

5. ①−◯ ②−◯ ③−✕ ④−✕ ⑤−✕

6. ①−✕ ②−◯ ③−◯ ④−◯
   コストを意識しながら（最小限にしながら）最大限の顧客サービスの提供が求められる。

7. ①−◯ ②−◯ ③−◯ ④−✕
   再包装は流通の段階で行われる。

8. ①−✕ ②−✕ ③−◯ ④−✕

〈参考文献〉

アジア太平洋研究所『APIR Trend Watch』No25、2015年4月

アンドレ・ガボール、市川貢訳『価格決定の原理と実践』ミネルヴァ書房、1986.

稲川和男「流通組織化の選択理論（そのⅡ）」『明大商学論叢』第63巻、第5・6号、1981.

井上崇通『新版 マーケティング戦略と診断』同友館、2001.

上田隆穂『価格決定のマーケティング』有斐閣、1995.

上田隆穂・守口剛編『価格・プロモーション戦略』有斐閣、2004.

江尻弘『流通系列化』中央経済社、1996.

小川孔輔『マーケティング入門』日本経済新聞出版社、2009.

恩蔵直人『マーケティング』日本経済新聞社、2004.

久保村隆祐・荒川祐吉監修、鈴木安昭・白石善章編『最新商業辞典〔改訂版〕』同文舘出版、2002.

久保村隆祐・出牛正芳・吉村寿・原田保著『マーケティング読本〔第4版〕』東洋経済新報社、2000.

経営能力開発センター編『経営学検定試験公式テキスト4：マーケティング／IT経営』中央経済社、2015.

小林哲・南知惠子編『流通・営業戦略』有斐閣、2004.

斉藤保昭『現代マーケティングの論理』成文堂、2015.

澤内隆志編著『マーケティングの原理－コンセプトとセンス』中央経済社、2002.

消費者庁表示対策課、平成28年「景品表示法への課徴金制度導入について」2017.

中小企業研究所『製造業販売活動実態調査』2004.

陶山計介・高橋秀雄編著『マーケティング・チャネル－管理と成果』中央経済社、1990.

徳永豊『アメリカの流通業の歴史に学ぶ』中央経済社、1994.

徳永豊『マーケティング戦略論』同文舘出版、1966.

徳永豊『流通マン入門・再入門』ダイヤモンド社、1980.

徳永豊『戦略的商品管理〔改訂版〕』同文舘出版、1980.

徳永豊『マーケティング戦略論』同文舘出版、1966.

徳永豊・D. マクラクラン・H. タムラ編『詳解 マーケティング辞典』同文舘出版、1989.

徳永豊・森博隆・井上崇通『例解 マーケティングの管理と診断〔改訂版〕』同友館、1990.

原田一郎『戦略的マーケティングの管理』東海大学出版会、1992.

フィリップ・コトラー著、恩蔵直人監修・月谷真紀訳『コトラーのマーケティング・マネジメント』ピアソン・エデュケーション、2001.

三上富三郎編著『新現代マーケティング入門』実教出版、1989.

三上富三郎『現代マーケティングの理論』ダイヤモンド社、1974.

和田充夫・恩蔵直人・三浦俊彦著『マーケティング戦略〔第5版〕』有斐閣、2016.

Aaker, D. A., *Building Strong Brands,* The Free Press, 1996.（陶山計介・小林哲・梅本春夫・石垣智徳訳『ブランド優位の戦略』ダイヤモンド社、1997.）

Alderson, W., "Scope and Place of Wholesaling in the United States", *Journal of Marketing,* Sept., 1949.

Alderson, W., *Dynamic Marketing Behavior: A Functionalist Theory of Marketing.* Homewood, Ill: Richard D. Irwin, 1965.（田村正紀その他共訳『動態的マーケティング行動：マーケティング機能主義理論』千倉書房、1981.）

Corghlan, A. T., E. Anderson., L. W. Stern., A. I. Ansary., *Marketing Channels,* Pearson/Prentice Hall, 2006.

Day, G. S., *The Market Driven Organization: Understanding, Attracting and Keeping Valuable Customers,* The Free Press, 1999.（徳永豊ほか訳『市場駆動型の組織』同友館、2005.）

Fuller, D. A., *Sustainable Marketing,* SAGE Publication, 1999.

Drucker, P. F., *Management: Tasks, Responsibilities, Practices*, Harper & Row, 1974.

Etgar, M., "Effects of Administrative Control on Efficiency of Vertical Marketing Systems", *Journal of Marketing Research*, 13（February）, 1976.

French, J. R. P., Reven, B., "The Bases of Social Power", *Studies in Social Power*, Cartwright, D., ed., University of Michigan Press, 1959.

Keller, K. L., Strategic *Brand Management*, Prentice-Hall, 1998.（恩蔵直人・亀井昭宏訳『戦略的ブランド・マネジメント』東急エージェンシー、2000.）

Kelly, E. J., *Marketing Planning and Competitive Strategy*. Prentice-Hall, Inc., 1972.（出牛正芳、山下文明、宮沢永光、中村孝之訳『マーケティング計画と競争戦略』ダイヤモンド社、1975.）

Kinnear, T. C., Bernhardt, K. L., *Principles of Marketing*, 1986.

Kollat, D. T., Blakwell R. D., Robeson, J. F., *Strategic Marketing*, Holt, Rinehart and Winston, Inc., 1972.

Kotler, P., *Principles of Marketing*, Prentice-Hall, Inc., 1980.（村田昭治監修・和田充夫・上原征彦訳『マーケティング原理』ダイヤモンド社、1983.）

Kotler, P., Armstrong, G., *Principles of Marketing*, 9th ed., 2001（和田充夫訳『マーケティング原理－基礎理論から実践戦略まで〔第9版〕』ダイヤモンド社、2003.）

Kotler, P., Keller, K. L., *Marketing Management*, 16th ed., Prentice-Hall, 2016.

Lambert, D. M., Stock, J. R., *Strategic Physical Distribution Management*, 1982.

MaCammon, B. C. Jr., "Perspective for Distribution Programming", *Bucklin, L. P.* ed., *Vertical Marketing Systems*, Scott, Foresman and Company, 1970.

Mallen, B. E., "Functional Spin-off; A Key to anticipating Change in Distribution Structure", *Journal of Marketing*, 37（July）, 1973.

National Council of Physical Distribution Management, *NCPDM Comment 9*, no.6, November-December 1976.

Pine, B. J. II., J. Gilmore, *The Experience Economy*, Harvard Buisiness School Press, 1991.（岡本慶一・小高尚子訳『経験経済－脱コモディティ化のマーケティング戦略』ダイヤモンド社、2005.）

Rogers, E. M., *Diffusion of Innovations*, 3rd ed., The Free Press, 1980.（青池愼一・宇野義康監訳『イノベーション普及学』産能大学出版部、1990.）

Stanton, W. J., Futrell, C., *Fundamentals of Marketing*, McGrow-Hill Book Co., 1987.

Stern, L. W., El-Ansary, A. I., *Marketing Channels*, 1975.

Stern, L. W., El-Ansary, A., *Marketing Channels*, 4th ed., Prentice-Hall, 1992.

Stern, L. W., El-Ansary, A. I., Brown, J. R., *Management in Marketing Channel*, Prentice-Hall, 1989.

Vaile, R. S., Grether, E. T., Cox, R., *Marketing in the American Economy*, 1952.

第4章

流通業・サービス業の
マーケティング基礎

【この章のねらい】

　第4章では、流通業（卸売業、小売業）およびサービス業（運輸・郵便業、金融・保険業、学術研究、専門・技術サービス業、生活関連サービス業、娯楽業、教育、学習支援業、医療、福祉、情報通信業、不動産賃貸業、物品賃貸業、宿泊業など）に焦点を当てて、マーケティングの基礎的な考え方やとらえ方について学習する。流通を社会経済的視点で説明することはたやすいが、企業活動の現実との乖離を避けるために、生産者と消費者の隔離（ギャップ）を埋める活動それ自体がマーケティングである、という視点から説明している。

　卸売業・小売業・サービス業の戦略マーケティングのポイントは、基本的には買い手である小売業者や消費者が、売り手である企業に何を求め、何を期待しているのかを解き明かすことである。そうすることなく、あるいはそれを無視して、企業が一方的に最善と信じた商品やサービスを提供していないかを点検してもらいたい。商品やサービスのよしあしは、売り手の企業がみずから判定するのではなく、買い手がすべてを判定する。そうであるならば、買い手の小売業者や消費者の期待に応えるために、売り手の企業は総力を挙げてその役割を演じなければならない。買い手の期待と売り手の役割とが一致するとき、初めて買い手は売り手の商品やサービスに振り向き、売り手の意図を認知してくれるのである。

第1節 流通業のマーケティング

学習のポイント

◆具体的に卸売業者や小売業者・サービス業者のマーケティングを解き明かそうとするには、マーケティング・チャネルの構造と機能から説明するのが一般的である。その社会経済的視点については第3章第3節ですでに学習したので、この節では個別企業の視点から、生産者と消費者の隔離を市場ととらえ、そのギャップを埋める活動こそが流通業のマーケティングであるという視点を理解する。

◆食品卸売業界を中心に、1950年代以降今日までの問題点をあぶり出した。さらに、代表的な卸売業界の生の生きざまを通して、現代の卸売業者の抱えている諸問題と戦略経営上の課題を把握する。

◆小売業・サービス業の戦略マーケティングの特徴は、メーカーのそれと大いに異なっていることを理解する。

1 流通業のマーケティングの基礎概念

　生産者と消費者の懸隔を架橋する構造と機能については、すでに第3章第3節において社会経済的視点から、中間業者（卸売業者・小売業者、それらの機能を助成する機関としての広告代理店・運送業者・倉庫業者などのサービス業者）の介在によって、商品や所有権、価値等を移転させる活動と機能について説明し、また、それらの具体的な活動について

もフロー（流れ）として説明した。そこでここでは、マックインズの提唱している異なる視点（McInnes, W.〔1964〕pp.51-67.）、すなわち個別企業の視点から、生産者と消費者のギャップを埋めるための活動としてのマーケティングについて解説する。

（1）市場とマーケティング

　商品やサービスの生産者と消費者が接触し交換を通じてニーズや欲求を充足しようとするとき、そこに社会的交渉が発生する。すなわち、個人あるいは企業が商品またはサービスを生産するや否や、それら個人や企業は消費者に対して売り手となる。一方、個人あるいは企業が消費能力を持つや否や、それらの個人や企業は生産者に対して買い手になる。この現実的で相互依存的な関係が「市場」である。市場とは、生産者と消費者を隔離するギャップである。

　分業の拡大とますます細分化する消費者の欲求のもとで、生産者と消費者の隔離が大きくなるにつれて、その関係はより複雑になる。市場関係の存在は交換の基礎とはなりうるが、交換を代替するものにはならない。つまり、生産者と消費者は市場によって関係づけられているが、ある力もしくはある機関が現実的に接触するまでは、交換は発生しない。そして、潜在的な市場接触を現実的な市場接触に換える力が、まさにマーケティングとして知られているものである。

　このような生産者と消費者の潜在的関係を実現化する、あらゆる"動き"（motion）や"活動"（activity）がマーケティングであるとするならば、マーケティングに必要な業務とは、通常、まず市場との関係を密接にすることである。そのためのマーケティングの仕事は、市場潜在力の発見で始まる。その機能とは、チェリントン（Cherington, P. T.）がすでに100年以上前に認識したように「接触（contact）を……創り出すこと」（Cherington, P. T.〔1920〕p.16.）である。このような考え方に立てば、広義のマーケティングの概念とは、商品やサービスの生産者と消費者の間の潜在的な市場関係を実現化するあらゆる活動である。

(2) 市場潜在力の諸次元 (生産者と消費者の隔離；ギャップ)

　前述のようにマーケティングの広義概念は、マーケティングの基礎となる市場が広範囲なものであるがゆえに、必然的にこのようなとらえ方がなされるのである。したがって、市場の次元を確定しなければ、マーケティング業務の共通的次元を確定することはできない。製造業にせよ、卸売業・小売業にせよ、あるいはサービス業にせよ、それぞれのマーケティング業務と市場潜在力は、密接に結びつけられている。というのは、マーケティングは、隔離している状態を接触できるように生産者と消費者の間のギャップを埋めることにあるからである。生産者と消費者の間の隔離（ギャップ）は、図表4－1－1のように示すことができる。

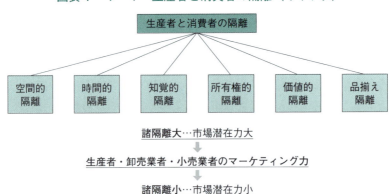

図表4－1－1　生産者と消費者の隔離（ギャップ）

① 空間的隔離 (spatial separation)

　生産者と消費者間の隔離についてただちに思い起こされるのは、当事者間の**空間的隔離**である。当事者が近づけば近づくほどその空間的隔離は狭まり、市場の潜在性は小さくなる。そして、当事者が一定の場所において遭遇するとき、売買が発生する。一方、当事者間の物理的隔離が大きくなればなるほど、市場の物理的範囲はますます広がり、当事者間の関係における市場の潜在性は大きくなる。しかし、空間的隔離は必然

的に時間的経過を伴い、少なくとも介在空間を通して商品を移動する時間が必要なために、生産と消費の間には時間的ズレが生じるのである。

② **時間的隔離**（separation in time）

　空間的隔離との関係で生じるのが、**時間的隔離**である。すべての市場状況は時間的要因を伴い、生産と消費の時間的なズレが大きくなればなるほど、市場潜在力の時間的次元は大きくなり、時間的なズレが小さくなればなるほど時間的市場潜在力は小さくなる。この時間的隔離は、シーズンを異にして発生することもある。

③ **知覚的隔離**（perceptional separation）

　空間的・時間的隔離に続くのは、情報と説得のギャップの問題である。顧客は供給源について知らない。一方、生産者は顧客がどこにいるのか、何を欲しているのかを知らない。つまり、市場における生産者と消費者の間には、**知覚的隔離**つまりギャップがある。商品を知っているか、あるいはそれに関心がある消費者が少なければ少ないほど、市場潜在力は大きくなる。そして、消費者に商品を説明し、生産者を告知し、かつ高度な動機づけがなされたとき、残存する市場潜在力は小さくなる。

　たとえば、顧客の大多数が、あるブランド商品について知っており、そのブランド商品がすでに売り出されているとき、後発の生産者がそのブランド・ロイヤルティを切り替えさせようと努め、標的顧客に対して新しい情報や動機づけを提供しても、その反応が少なければ、後発の生産者には、市場潜在力はほとんど残っていないことになる。

④ **所有権的隔離**（separation of ownership）

　十分に告知され、情報による説得活動によって動機づけられた消費者と生産者が出会ったとしても、所有権が移転されるまでは、交換が完了したことにはならない。このように私有財産制度のもとで私的所有権が確立している現代社会では、所有権が別の人に属している限り、それが移転されるまでは、**所有権的隔離**は解消されないのである。

⑤ **価値的隔離**（separation of values）

　市場における所有権的隔離と同類のものに、**価値的隔離**がある。生産

者は、生産に要した諸費用および競争的視点から商品に提供価格を付ける。一方、消費者は、自己の欲求の充足や支払い能力という観点から商品の価値を金銭的に測定する。価値的隔離が大きくなればなるほど、市場潜在力は大きくなり、価値的隔離が接近すればするほど、市場潜在力は小さくなる。

⑥ **品揃え隔離（separation of assortment）**

　消費者は、商品をさまざまな企業の商品の中から選択することを望んでいる。他方、生産者は非常に限られた範囲の商品しか市場に提供していない。このように生産者と消費者の間には明らかに**品揃え隔離**が存在している。

　さらに、ある時点で消費者の欲している品揃えが提供できたとしても、消費者のライフスタイルの変化、ライフサイクルの変化、生活水準の向上、所得の変化などさまざまな環境変化要因が発生し、さらなるギャップを生み出すことになる。このような品揃えのギャップは、生産者と消費者の間を取り持つ卸売業・小売業の最大の課題といえよう。

　マーケティングに課せられた仕事は、潜在的市場を現実の市場に転換させることにある。そのプロセスをマックインズは現実化（actualization）と呼んでいる。マーケティングとは、まさに市場となる可能性に対して反応する創造力である。

2 卸売業の概念と機能

（1）卸売業とは

　卸売りとは、財（消費財、産業財の双方を含む）を生産もしくは他企業から仕入れ、再販売業者（卸売業者、小売業者）あるいは業務用使用者（ホテル、レストラン、その他のサービス業など）や生産者、公的機関に対して販売する諸活動をいう。したがって、最終消費者に直接販売する以外の製造業者や農業生産者の販売も、卸売活動である。ただし、生産者や卸売業者の行為であっても、インターネットなどによって直接

消費者に販売する行為は、すべて小売活動とみなすべきである。

（2）卸売業の機能

　マーケティング機能については多くのマーケティング研究者によって論じられ、**マーケティング機能論**は、まさに百花繚乱の様相を呈している。古くはショウにまでさかのぼる。彼は、生産者と消費者の間にいる**中間業者**の機能を論じて、以下の5つを挙げている（Shaw, A. W.〔1912〕p.67.）。

- ① 危険負担（sharing the risk）
- ② 財貨の輸送（transporting the goods）
- ③ 金融（financing the operations）
- ④ 販売（selling）
- ⑤ 収集・選別および再出荷（assembling, assorting and reshipping）

　また、比較的広範囲に引用されているのが、以下に示すクラーク, F. E. とクラーク, C. P.（Clark, F. E. and Clark, C. P.）の機能分類である（Clark, F. E., et al.〔1942〕.）。

- ① 交換機能（function of exchange）
   - a）販売（需要創造）、b）収集（購買）
- ② 物的供給機能（functions of physical supply）
   - a）運送、b）保管
- ③ 助成機能（facilitating functions）
   - a）金融、b）危険負担、c）市場情報、d）標準化

　また、マックギャレイ（McGarry, E. D.）は、マーケティング文献をレビューした後で、次のように機能を列挙している（McGarry, E. D.〔1940〕pp.229-237.）。

- ① 接触機能（contractual）
- ② マーチャンダイジング機能（merchandising）
- ③ 価格決定機能（pricing）

④ プロパガンダ機能（propaganda）
⑤ 物流機能（physical）
⑥ 締結機能（termination）

これらの機能論のどれが最もベターであるかを競うことは、それほど重要なことではない。ただ、このようなマーケティング機能を生産者、卸売業者、小売業者・サービス業者がともに遂行していることを理解しておかなくてはならない。

（3）卸売業者の諸形態

卸売業者は、種々の観点から分類することができる。卸売業者を分類する際に、最もオーソドックス、かつ一般的に採用されている分類基準は、所有権の有無と遂行機能の程度（特定のマーケティング機能の遂行度合い、つまり各種の限定機能卸売業者、および商品ラインの広さ）である。この基準に従って「卸売業者を分類」すると図表4－1－2のようになる。

① 一般卸売業者（狭義）

1）完全機能卸売業者（full-function of service wholesalers）

完全機能卸売業者もしくはサービス卸売業者とも呼ばれ、在庫維持、信用供与、集荷、大口ロットの仕分けや格付け、小口ロットの荷分けや荷揃え、配送、必要に応じて冷凍、セールス・プロモーションや宣伝サポートなど、卸売業としての一切の機能を遂行する卸売業者である。主として大都市の東京や大阪に本社を構え、全国の主要都市に支店網と主要倉庫を設備した全国ネットワークを張り巡らせて営業活動を展開しているケースが多い。

2）限定機能卸売業者（limited-function wholesalers）

限定機能卸売業者とは、卸売業としての特定の機能に限定した業務を遂行する卸売業者である。その典型的な例として、現金持ち帰り卸売業者、通信販売卸売業者、巡回販売卸売業者などが挙げられる。ちなみに、アメリカでは、ワゴン・ジョッバーやドライバー・セールス

第1節 流通業のマーケティング

図表4－1－2　所有権の有無と遂行機能の程度による卸売業者の分類

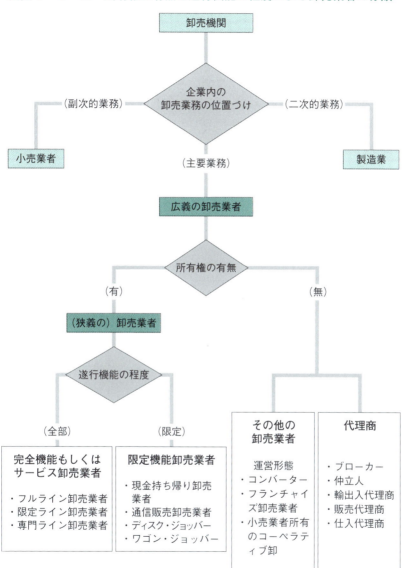

出所：清水晶〔1970〕を一部修正．

マン（現実には卸売業者とは認められていないが）を含めている。

現金持ち帰り卸売業者は、信用取引も顧客への配送も行わず、取扱商品も売れ行きのよい商品に限定し、販売員の接客行為も行わないことに特徴がある。わが国においても1930年代から1950年ごろまでは、一時隆盛を極めた時期もあったが、スーパーマーケットをはじめとした大型小売業が隆盛を極めるのに反比例して衰退した。また、通信販売卸売業者は、潜在的購買先に対してカタログを配布し販売することを専門に行っていたが、IT革命の余波を受け縮小傾向にある。

② **代理商**（agent middleman）

ブローカー、**仲立人**、**中継人**あるいは**仲買業者**、**仲介人**などとも呼ばれ、あらゆる取引に対して、売り手もしくは買い手の代理を行うものであるが、一度に双方の代理を行うことはない。ブローカーは、いわば中間業者のための機能的中間業者であるとともに手数料商人でもある。流通プロセスの中におけるブローカーの業務は、大きく3つに分けることができる。

1. 売り手の立場に立って、資本力に乏しく卸売流通を支配すること

コラム　知ってて便利

《「問屋」の歴史》

わが国で「問屋」が本格的に芽生えたのは、平安末期以降からである。年貢物の中継地に港町を中心に「問丸」（といまる）（港にあって貨物の水上輸送・売買周旋・保管業あわせて宿泊もさせた店：回船問屋）が急速に成長した。一方、京都の町に定着商業が芽生え、小売商と軒を並べて「問屋」（商品の運搬・卸売りを業とする店）が形成された。

わが国で古くから用いられている問屋（問丸も含めて）は、まさに卸売業者であり、中間代理商でもある。このような意味での問屋は、商法上で「中間代理商」と同じ意味を持つ用語として規定されている。

すなわち、商法551条の条文では、「問屋トハ自己ノ名ヲ以テ他人ノ為ニ物品ノ販売又ハ買入ヲ為スヲ業トスル者」と表現されている。

ができないような小規模な生産者に代わって、その生産者の全生産物を販売する場合
2. 中央農産物取引所において、売買活動を取り仕切る中心的な中間業者として機能する場合
3. 砂糖製造業者のような大規模企業の流通部門を主として担当する場合

ブローカーは商品の物的処理や取扱在庫などの活動は一切行わない。地理的観点から、ブローカーを分類すれば、地方ブローカー、セクショナル・ブローカー、全国ブローカー、国際的ブローカーとなる。そして、その際立った特徴は以下のとおりである。
1. 取引相手（本人）に対するサービスは断続的である。
2. 特殊な状況のもとでのみ本人への融資を行う。
3. 取引条件を提示する権限には制限を伴う。
4. 買い手もしくは売り手いずれかの代理人として行動する。

（4）卸売業の近年の動向

　1950年以降の卸売業の動向は、主として第二次世界大戦後の復興期に、その後の経済成長と呼応する形で成長してきた。その背景には、拡大する産業の生産力とモノ不足時代の消費者の旺盛な消費意欲がある。供給側はこれらの需要をより早くより大量に充足することに集中し、量産体制の整った製造業の生産力を、卸売業が流通面で支えるという構造ができあがったのは、必然のことであった。その過程で、1960年代の「流通革命論」等をきっかけとした問屋無用論を背景に、家電、時計、紙、カメラ、事務機、文具、化粧品、洗剤などの製造業の特約店制度、販社化によって流通の系列化が進み、これらの特権的な卸売業と、それらの商品については特約店からの仕入れを余儀なくされた二次卸売業という多段階の流通機構が形成され、製造業主体の流通の合理化が進行した。

　同時期に、欧米の成功モデルにならって卸主催のボランタリー・チェーンが国の制度支援によって誕生し、1967年ころから卸団地づくりによ

る構造改善が進んだ。1970年代には、国は、都心部の問屋街の分散、物流機能の集積をねらって高層の東京卸売センター（TOC）、大阪マーチャンダイズ・マート（OMM）などを開業支援し、卸売経営の革新を図ろうとした。しかし、この時代は、消費者に最も直結している小売業の急速な大規模化・チェーン化が進み、製造業と小売業のパワーバランスが変化し、小売業の主導により地方卸売業者も含めて流通経路が拡大したため、卸売業の相互競争が激化していった。そのため、スーパーマーケットを中心とした新たな取引先の獲得や地方卸売業との提携など、新たな課題が表出した。

さらに、IT革命とまでいわれる情報化の進展はリアルタイムでの売場情報の収集を可能にし、大規模小売業の力を一層拡大することになった。この情報革命は、やがて製造業と消費者の距離を近づけ、メーカーが消費者情報をダイレクトに収集できるようになるにつれて、卸売業はまさにその狭間で大きな転換を迫られることとなった。

このような市場の変化の中で、戦略性を持たない受注納品型の中小卸売業の多くが影響を受けた。一方で商社を含む大規模卸売業では、製造業や大手小売業との間で、異なる企業や組織が協調・連携することによって、むだを排除した供給のしくみづくりを行おうとする**サプライ・チェーン・マネジメント**の連携を深め、情報化と品揃え、物流などの卸売機能を強化するなど業務を革新し、卸売業界の再編成へと進んでいった。

1980年代までの実務的マーケティングの主流であった大量生産・大量販売のシステムは、人並み志向の大量消費を前提に、規模の経済性が働くマス・マーケティングを優先し、製品の同質性、製造の標準化、能率化を進展させた。しかし、1990年代から2000年代に入ると、モノ余り現象の中での消費者は豊かな消費経験を通して、人並み志向から抜け出し、個性化志向を強め始めた。そのため、従来の新製品開発競争では過剰供給、過剰在庫となり、卸売業のコスト削減、品揃えのフルライン化、流通機構の整備といった企業努力だけでは収益力を高めにくくなっていった。

さらに、マーケティングの主役である消費者によるインターネットを

第1節　流通業のマーケティング

通じた購入の増大など、消費行動も大きく変化し、日常品を主として扱う食品卸売業と同様、卸システムのみでは対応しきれない環境変化となっている。

（5）現代の卸売業者が抱える諸問題と戦略経営上の課題
① 卸売業者の抱えている現代的諸問題

　卸売業者の抱えている諸問題と一口にいっても、たとえば、医薬品卸売業界の抱える問題と食品卸売業界のそれでは、大いに異なる。また、同じ食品卸売業界であっても、加工食品卸売業界と生鮮食品卸売業界では、その抱えている問題点はこれまた異なる。このように、その卸売業者が属する業種によっても大いに異なることはいうまでもない。

　その一方で、たとえばITを核にした一次および二次卸売業者、あるいは小売業者との間の受発注システムをどのようにすればよいかといった、卸売業者として比較的共通する問題点があることも事実である。

　こうしたことを踏まえながらも、ここでは食品卸売業界を例にとって、1950年代以降今日までの問題点をあぶり出した。代表的な卸売業界の生の生きざまを通して、現代の卸売業者の抱えている諸問題を把握してもらいたい。

　食品卸売業界は、1953年以降、絶えず激しい変革の時代を経て今日に至っている。それは、わが国にスーパーマーケットが本格的に誕生した年であり、その後、日本の小売業界は一変しながら、急速な成長を遂げてきた。こうした状況は、食品卸売業界のいくつかの動きによって十分説明できるであろう。→図表4－1－3

1）卸売業者の取引交渉力の相対的弱体化

　第1は、卸売業者の取引交渉力の相対的弱体化である。言い換えれば、大手小売業者を中心とした取引交渉力の増大である。このことは昨今始まったことではなく、1960年代から徐々に進行してきたことである。そうであるとしても、小売段階における大手小売業者のバイイング・パワーの増大、あるいはコングロマリット化とチェーン・スト

図表4－1－3　食品卸売業界が抱えている現代的諸問題

1）卸売業者の取引交渉力の相対的弱体化
2）大手食品メーカーと大手小売業者との取引関係の直結化
3）納入条件を巡る小売業者からの要求の高度化
4）取扱品種数の大幅な増加による在庫管理リスクの増大
5）返品の慣習による卸売業者の経営の圧迫
6）食品卸売業者の再編成

アとしての大規模化ならびにスーパーマーケットのグループ化の進展が、食品卸売構造に大きな影響をもたらしてきたことは事実である。

こうした取引交渉を基盤とした大手小売業者と大手卸売業者の間においては、表面的には取引の相互依存関係の強化という形で、それも特定卸売業者との間で取引集中が加速した。しかし、それはあくまでも表面的なものであって、それら卸売業者といえども、依然として、取引上、常に弱い立場に立たされていた。こうした状況の中で大手スーパーマーケットと大手卸売業者の関係は強化され、食品卸売業界における上位集中化は、大手卸売業者と中小卸売業者との企業間格差をますます拡大する傾向を加速させ、今日に至っていることは事実として認めざるを得ない。

2）大手食品メーカーと大手小売業者との取引関係の直結化

第2に、大手食品メーカーと大手小売業者間における、卸売業者を抜きにした直接の価格交渉の進展が挙げられる。こうした動きは、流通チャネルにおける卸売業者の地位を相対的に低下させた。

大手NB（ナショナル・ブランド）メーカーと大手小売業者間の価格交渉を中心とした取引関係の直結化の背景には、両者間におけるある面での利害の一致があった。たとえば、大手NBメーカー側からするならば、自社製品の優先的取り扱いと売上伸張への期待があった。一方、大手小売業者側からすれば、卸売りマージンを取り込むことによって仕入れコストが削減でき、それを契機にメーカーの店内プロモ

ーション助成費を取り込むことができたのである。

　もちろん、こうした直結化がなされる場合でも、一応、形式的には既存の卸売業者の営業既得権を認める形で、その卸売業者の帳合を通す、「帳合」という日本独特の取引になっていた。その交渉場面には、卸売業者は一応同席する形をとり、価格が取り決められるのが一般的である。また、特売などのプロモーション企画もメーカーの直接交渉事項となり、特売用の特別納入価格がメーカーによって提示され、メーカーと大手小売業者との間で価格と数量が具体的に取り決められ、卸売業者はその条件に従って小売業者へ納入するだけである。こうしたことから、卸売業者は一時、「商品配達係」と揶揄される時代もあった。

　卸売業者にとっては手間暇をかけずに済み、また在庫負担も避けることができ、しかも、ある一定の売上げが確保されるということから、ある面では進んで納得し、それを受け入れてきた傾向がある。しかし、その結果、卸売業者としての機能の一部をみずから放擲したということも事実である。こうした一連の大手NBメーカーと大手小売業者の取引交渉の結果は、当然のごとく、卸売業者の売上利益に影響を及ぼし、また場合によっては利益額がマイナスとなることさえあった。なお、この売上利益分はメーカー側のリベート処理によって後日、補填されるというしくみになっている場合もあった。

3）納入条件を巡る小売業者からの要求の高度化

　第3に、1990年代以降、小売業者の卸売業者に対する納入条件を巡る要求が、しだいに厳しさを増してきたことが挙げられる。たとえば、その代表的なものとして**小分け納入**や**多頻度配送**が挙げられる。これらの要求が出てきた背景には、**コンビニエンス・ストア**の「店頭でフレッシュな商品」という要求が卸売業者に突きつけられ、EOS（Electronic Ordering System）と結びつけて導入されたことがある。つまり、それまでのダース単位、あるいはケース単位に納入されていた取引単位がこれによって一変したのである。コンビニエンス・スト

アにとっては、店舗在庫投資の削減によって、商品回転率の上昇が実現できる。

　この小分け納入と多頻度配送システムは、瞬く間にスーパーマーケット業界にも波及した。さらに1990年代頃からは、EOSの適用範囲を拡大し、受発注だけなく出荷や納品、請求、支払いなどを一括して取り扱うことができるデータ交換システム「EDI」(Electronic Data Interchange)が、EOSに代わって普及している。

4）取扱品種数の大幅な増加による在庫管理リスクの増大

　第4に、大手NBメーカーを中心とした新商品の洪水が、卸売業者の品揃えに大きな影響を及ぼしていることが挙げられる。大手NBメーカーは、自社の競争優位性を確保するために差別化した商品を次から次へと市場へ送り出す。送り出されたそれらの商品を小売業者の要求に応えるためにも、最初に受け止めなければならないのは卸売業者である。その結果、**取扱品種数**は際限なく増加する。しかも、それらの新商品がほとんど短命に終わっていることからもわかるように、よほどしっかりした**在庫管理システム**を持っていなければ、品切れが続出するか、不良在庫の山になってしまうリスクを伴っている。このような在庫投資圧力が卸売業者に大きくのしかかっているのである。

　また、こうしたメーカーによる大量の新商品発売に伴い、スーパーマーケットなど小売業者にとっては、売れ筋商品と死に筋商品の販売動向の迅速な把握が重大な関心事となっている。そこで、いわゆる**POSシステム**がほとんどの小売業において導入・整備されており、大手小売業者を中心に小売レベルで販売動向のデータが確実に集積されるようになり、それに基づいて、品揃え品目の増加と1品当たりの在庫数量の削減が同時に達成されるようになった。そして、店舗総在庫投資の削減を前提に、従来のケース単位の発注から個数単位の発注へと切り替わり、それと同時に**多頻度発注**が行われるようになったのである。

5）返品の慣習による卸売業者の経営の圧迫

第5に、第二次世界大戦後のわが国の1つの悪しき商慣習として、**返品**の慣習がまかり通り、ますます平然と行われるようになったことである。なかには、同業者間の競争上の差別化の1つの手段として、返品はあくまでもサービスの一種であると思い込んでいる卸売業者も散見される。これが、卸売業者の経営の圧迫要因の1つとなっていることも事実である。

6）食品卸売業者の再編成

　第6に、**総合商社**による国内食品卸売業界への市場参入と、大手卸売業者と中小卸売業者の合併・提携による食品卸売業者の再編成が盛んに行われるようになったことである。

　伊藤忠商事、三菱商事、三井物産、住友商事、丸紅など、わが国を代表する総合商社が昭和40年代以降こぞって食品卸売市場に参入した。その市場参入方式は、既存の食品卸売業者への**資本参加**、人材派遣、商品供給、情報提供、**システム・サポート**などを経て、やがて買収による完全な経営支配へと進んだ。そして、海外ビジネスとの連携という総合商社の優位性を生かし、中国や東南アジア諸国に対する、わが国の農産物・水産物の生産指導によって、野菜や海産物の**逆輸入**による卸売業経営の強化策を推進してきた。こうした動きは、おそらく今後とも続くと考えられる。一方、伝統的な大手卸売業者と中小卸売業者の**合併・提携**の動きは、地方卸売業者の経営の弱体化と後継者難などの理由から活発化するであろう。

　そのほか、現在の食品卸売業界が抱える問題点は枚挙にいとまがない。もちろん、これら1つひとつは、食品業界の日常の取引の中から生まれたものばかりである。あるものは小売業者の要求によって生まれたものもあるであろう。なかには卸売業者間の現行の競争から生まれたものもある。また、伝統的にメーカーに依存してきた卸売業者の経営体質が改善されることなく、温存されてきたものもあるであろう。

　さらに、IT技術の進展による情報の受発信の容易化や宅配サービス

業の急速な発展により、配送機能など、卸売業の重要な機能が異業種からも侵食されている。

これら現代の食品卸売業者が抱えている問題点を解決することは、決して容易なことではない。その限りにおいては、短期的・近視眼的にとらえるのではなく、長期的視点に立って問題解決を図ることが必要である。

② **卸売業者の戦略経営上の課題**

前述した食品卸売業者の状況を踏まえたうえで、あえて卸売業者の戦略経営上の課題を挙げるとするならば、それぞれの卸売業者が置かれている状況によって異なり、決して一様なものではないが、比較的共通する課題として次の３点を指摘することができよう。→図表４－１－４

図表４－１－４　卸売業者の戦略経営上の課題

１）伝統的な食品卸売業者からスーパーマーケット卸売業者への脱皮
２）競争上のポジショニングの明確化と戦略経営システムの構築
３）卸売・小売間の受発注システムの再編成

１）伝統的な食品卸売業者からスーパーマーケット卸売業者への脱皮

わが国の流通機構において、卸売業者の相対的地位の低下と卸売業者が伝統的品揃えに固執している現状を自覚するとき、スーパーマーケットの出現期にまでさかのぼって反省しなければならない。というのは、スーパーマーケットの出現が小売業界の分布図をこれほどまでに大きく塗り替えるとは思わなかったからである。つまり、スーパーマーケットの出現は、単にセルフ・サービスの販売方式の採用にあっただけではなく、基本的に品揃えの拡大を通じて、家庭の日常生活用品と食料品の総合販売店としての性格を備えていったのである。

こうした小売りレベルの品揃えの拡大にもかかわらず、卸売業者は相変わらずメーカーの総代理店的な性格に固執し、みずからの成長の

第1節　流通業のマーケティング

機会をみすみす取り逃がした。それは、加工食品卸売業者、乳製品卸売業者、清涼・果実飲料卸売業者、穀物卸売業者、酒類卸売業者、乾物卸売業者、生肉卸売業者、鮮魚卸売業者、野菜・果物卸売業者、菓子卸売業者、化粧品・小間物卸売業者、日用雑貨卸売業者等々、現存する実態を見れば理解できよう。いうなれば、スーパーマーケットの取扱品目と卸売業者の取扱品目の間に大きなギャップが存在している。その結果、加工食品卸売業者がスーパーマーケットに納入している額は、上得意のスーパーマーケットでさえ、その店の15％を占めるのが精いっぱいという現状である。つまり、特定商品分野の総合卸売業者ではなく、スーパーマーケット卸売業者への脱皮がなされなかったのである。その点では、アメリカの食品卸売業者が**スーパーマーケット卸売業者**（加工食品のほかにビール・清涼飲料・生鮮野菜・肉類・果実・菓子・日用雑貨などを取り扱い、バナナの成熟倉庫などを備えている）へと変化していったのと比べて、きわめて対照的である。

　いうまでもなく、卸売業者の基本的機能は、**ソーティング**（取扱商品の選別・組み合わせ）機能にある。このソーティング機能には、質的な側面と量的な側面とがある。質的な側面とは、さまざまな種類の異なる商品を調達し、それを種類別・等級別・品質別に区分けし大量の塊にすることと、商品の組み合わせを行うことを通じて品揃えの充実を図ることである。一方、量的な側面とは、大量の単位を少量の単位に分割するという活動と小さい供給単位をより大きな単位にまとめ上げる活動である。この卸売業者の基本的機能の軸に、小売りレベルと卸売りレベルの品揃えギャップを解消することがきわめて重要な問題となる。そうすることで初めて、取引交渉力の対等な立場を確保することができるのである。そして具体的には、これらの交渉を単に販売員に任せ叱咤激励すればよいというのではなく、全社体制のもとにトップレベル、中堅レベル、そしてさまざまな機能分野を総動員して、つまり、仕入れ、販売、物流、プロモーション、価格設定、小売りサポートなど諸戦略を組織構造と結びつけて戦略展開することが必要で

ある。

　もちろん、その具体策は置かれている企業の状況によって異なるが、たとえば、卸売りレベルの同業種合併や提携よりも、むしろ異業種合併や提携によってパワーをつけることが、今後の1つの方向である。そうした動きも卸売業界に再編成として徐々にではあるが芽生えてきている。

２）競争上のポジショニングの明確化と戦略経営システムの構築

　大手卸売業者であれ、地方卸売業者であれ、それぞれの市場分野ごと（事業分野別、地域市場別あるいは支店・営業所別）に競合他社との競争関係の中でその強み・弱みを把握し、自社の競争地位を的確にとらえたうえで、長期的展望に立った市場戦略を構築する必要がある。なぜなら、企業の戦略構築は、企業の置かれている競争上の地位によって異なるからである。それにもかかわらず、ほとんどの卸売業者は当面の日常的な小売業者との対応や定型的な業務処理に終始し、短期的・近視眼的、かつ伝統的な経営に固執しているように見受けられる。少なくとも、現在の卸売業者にとって必要なことは、それぞれの市場分野で小売業者やメーカーの動向を察知することである。

　図表４－１－５は、ある地方の小売店が地方卸売業者（９社）に対する評価結果（主成分分析結果：イメージ評価）をグラフ化したものである。

　この調査事例は、ある地方卸売業者（W社）の得意先である小売店が、この地方卸売業者をどのように見ているか（イメージ）、どのように評価しているか、また小売店およびメーカーは食品卸売業者に対してどのような期待を抱いているかといった点を分析・把握することによって、今後の地方卸売業者としての戦略の方向性を明らかにするために実施したものである。したがって、その調査対象は、ある地方エリアの食品小売業および中央食品メーカー、一次卸売業者およびそのエリア内の地方卸売業者である。

　この調査結果で見る限り、イメージの評価は、取引先ということで

図表４－１－５　小売店から見た地方卸売業者のイメージ

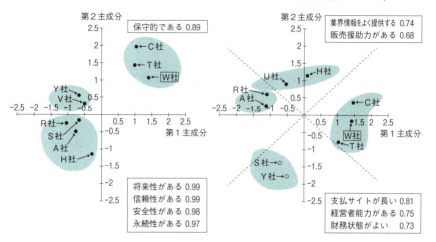

　バイアスがかかっているものの、全般的には、川下である小売店の見た評価は低いという結果となっている。仕入先であるメーカーに目を向けがちであるが、卸売業としては常に最終消費者ならびに小売業者を中心にあらゆる活動を考えていくことが必要である。

　実態評価イメージを見ると、C社、T社、W社の3社が第1グループ、H社、U社の2社が第2グループ、A社、R社が第3グループ、S社、Y社が第4グループに分けられる。競合関係からいえば当面の相手はC社、T社の2社になるが、高い評価を得ているH社についても要注意といえる。

　そして、スーパーマーケットがそのほとんどを占めており、取扱品目は、それらスーパーマーケットの加工食品の売上高に占める割合は約25％未満で、それも下降傾向にあると推定される状態である。

3）卸売・小売間の受発注システムの再編成

　わが国で、卸売業者とスーパーマーケット間で受発注システムが構築されるようになったのは1980年代の後半以降である。その初期は小

売業者と卸売業者は専用回線を使い、卸売業者はスーパーマーケット各社のシステムを整えるだけでなく、メーカーから届いた商品データをスーパー各社の仕様に合わせて書き換える作業も必要だった。

2007年1月20日の日本経済新聞は、『受発注を迅速に　来月から実証実験』という見出しで、次のように伝えた。

> 「イオンやダイエー、伊藤忠食品など大手スーパー、卸の33社は商品の受発注から納品、支払いまでの取引に利用する共通の通信システムを今春に実用化する。まず2月から加工食品と日用雑貨で実証実験を開始、インターネット網を活用し、発注など情報のやり取りにかける時間を10分の1以下に圧縮する。小売りが売れ行きに即応して商品を発注することで、店頭での欠品が少なくなるなど消費者にとっても利点がある。そして2月からの実証実験には、小売り側ではユニー、平和堂も参加。卸では加工食品に強みを持つ国分やトーカン、山星屋、菱食、日用雑貨が強いあらた、パルタック、花王販売などが参加する。
>
> 日本チェーンストア協会や経済産業省が呼びかけ、商品データのコードなどの統一を進めてきた。実証実験に参加する企業はこの統一コードでデータをやり取りするために電子データ交換（EDI）ソフトを導入したり、受発注に使う各社のシステムを更新するなどの対策をとった」

これによる双方のメリットは多く、通信時間の短縮や小売店など発注の締め切り時間が従来よりも遅くできる。天候や気温の変化などで店頭での売れ行きが急に変化した場合でも即座に対応可能となるなど、データ交換のやり取りが簡略化することにある。しかし、インターネットには、第三者が不法侵入を試みる受発注データのかく乱のリスクがあることも、十分考慮しなければならないことはいうまでもないことである。

(6) 業種別卸売業の動向と経営課題

　これまで、1950年代から2000年代までの卸売業界が抱える諸問題と戦略経営上の課題について、食品卸売業を中心に明らかにしてきた。ここでは、その他の業種の卸売業も合わせて、近年の動向と経営課題について整理する。

　高度経済成長期からバブル経済期における消費の推進力は大衆としての消費者の横並び意識にあり、一億総中流意識に扇動された消費に裏づけられた市場の拡大を所与の条件としたマーケティング戦略であった。

　しかし、1995年の阪神淡路大震災や2011年の東日本大震災をはじめ、20世紀末から21世紀にかけて次々と起こった天災は、人々の消費意欲に影を落とした。加えて、2008年のリーマン・ショックを契機とする世界的金融危機、2014年の消費税率の引き上げ、少子高齢化の進行などにより、消費者は一層慎重さを強めている。節約志向の進行に加え、賢いエコ消費、知的消費といわれるような新たなライフスタイルも市場の一角を形成している。このような市場の質的な変化に対して、卸売業界ではどのような動向が見られるのであろうか。

　卸売業界最大手の食品卸は、再編を繰り返しながら、現在では、販売先の4～5割をスーパーマーケットが占めるようになっている。そのため、大手小売業者が設置した自社専用の物流センターのフィーの負担、IT化への投資、多頻度小口配送により上昇する物流コストの負担、粗利の減少を補填してきた製造業からのリベートの廃止などによって、収益も圧迫されている。そこで、M&Aによる規模の拡大の進むイオンやアークスなど、スーパーマーケット業界への対応策として、商品を広域供給するための再編が本格化しつつある。三菱商事系の食品卸の4社は経営統合に向けて協議し、収益構造の再構築をめざして、取扱商品の総合化と業際を超えた連携により、三菱食品のような巨大食品卸を誕生させた。2013年には、旭食品（高知市）、カナカン（金沢市）、丸大堀内（青森市）の地方卸3社が経営統合するなど、再編は地方卸売業にまで及んでいる。また、国分は2014年に大手商社の丸紅と包括提携を発表し

ている。このような中で、三菱食品、伊藤忠食品はネット通販など新たな事業分野への参入を開始した。

　水産卸でも、中央魚類などが共同仕入れや商品の共同開発をめざして業務提携を進めており、卸売業も新分野の商品開発や独自ブランド品の販売にも力を入れている。

　このような状況下、ヤマトホールディングスはサービス業界から「物流からサービスの総合商社」に変身を図り、既存の小売り・サービス業を対象としたインフラ力を強化し、ネットスーパー支援など新分野のサービス革命に挑むなど、卸売機能を新たに強化している。前出の大手食品卸の国分も、ヤマトホールディングスと協力して事業者向けネット通販「国分ネット卸」を2010年に開始し、規模や輸送面で大手卸と取引ができない離島や山間部の個店、高速バスの待合所に商品を届けるなど、新たな市場の拡大を図っている。

　一方、高度経済成長期の寵児であり、卸売業の主力顧客でもある総合スーパー、いわゆる日本固有のGMS（General Marchandise Store＝総合スーパー）が大量閉店時代を迎えている。住宅の郊外化現象を背景に、衣食住の総合的な品揃えに加えて、シアター、ゲーム場、カルチャーセンターなど、サービス施設を幅広く備えて家族層を中心に支持されてきたGMSであるが、少子高齢化によるライフスタイルの変化、インターネット通販の普及、品揃えの画一化による魅力の低減、拡大化しすぎたグループ内のコンビニエンス・ストアおよびミニスーパーとのブランド内競争の激化が目立っている。また、大手メーカーの加工食品はドラッグストアなどでも販売され、大規模小売業全店共通のPB（private brand）商品販売のメリットも薄れてきており、中心的な商品である生鮮品や総菜などもそれぞれの専門店チェーンが出現し、大規模小売業のスケールメリットが働きにくくなっている。

　このような中で食品卸は、不採算取引の見直し、物流の効率化、在庫圧縮といったコスト削減の努力だけでは活路が開けない状況を迎えている。

食品卸に次ぐ売上規模の医薬品卸では、2010年に薬価改定が行われ、薬価の引き下げ幅を抑制する新薬創出・適応外薬解消等促進加算が導入された。医療用医薬品は、競合他社も品揃えで差がつけられず、価格競争に陥りやすく、サービス競争が激化している。東邦ホールディングスは商品拡充を目標に食品卸の国分、一般医薬品卸の大木との連携強化によって、健康食品や菓子類などの販売も行っている。東邦は2012年から、注文用の専用の端末機を医療機関に貸し出し、医療器具の小分け販売を開始するなどきめ細かな品揃え、販売サービスを始めている。さらに、2015年の政府の「骨太方針」で明示された後発薬の使用割合を増すという目標に伴い薬局の発注業務が増加するため、東邦は、物流センターでロボットを導入し、ピッキングの正確性を高めるとともに、薬局の業務負担を軽減している。メディパルホールディングスも物流の自動化を進め、医薬卸各社とも選ばれる卸になることをめざし、小売り支援力を高めている。

さらに、大手医薬品卸は、物流センターのIT化を進め、生産性を改善するなどの工夫をしている。主要販路であるドラッグストアの合従連衡による寡占化が進行し、日用品・医薬用品卸各社は、小売業からの値下げ要求に対して値引き競争にさらされないように高収益商品の品揃えをめざし始めている。日用品卸商社あらたはPB商品の拡充など独自商品の品揃えを強化し、特定のドラッグストア向けの物流拠点の整備も行っている。さらに、あらたはドラッグストア大手のツルハホールディングスの物流業務を受託し、卸事業と物流受託事業も手掛けるパルタックもスギホールディング向けの物流拠点を増強している。しかし、少量多品種の日用品を扱うコンビニエンス・ストアなどの業種が、仕入先を大手卸に統一する動きを進める中で、大手卸による中小卸売業へのM&Aが活発化するといわれている。

繊維卸売業界でもレナウン、三陽商会など素材供給や生産を担う繊維商社では、百貨店などの流通の川下の販売低迷で、収益の不振の状況が続いており、低価格ファッションの台頭や長引く消費不振への対応に揺

れ動いている。2015年、三陽商会は、売上高の半分以上を占めるといわれる主力ブランドの契約見直しを迫られ、1965年のバーバリーのコートの輸入以来続いていたライセンス契約が打ち切りになった。これは1990年代ごろ、フランスのクリスチャン・ディオールなどの多くの欧米ブランドがライセンスビジネスに見切りをつけて、直営店を出店し始めたことに起因するともいわれている。ライセンス品のターゲットとは異なる若年者などへのブランドの販売によって、品質や価格が統一できないという世界戦略上の問題が指摘されている。高級ブランド品のようにグローバルな市場を持つ商品のマーケティング戦略のあり方が問われたものといえよう。アパレル業界にもブランドの乱立と過剰な拡大戦略や価格志向が響いての行き詰まり感があり、海外ファストファッションにも同様の傾向が見られる。

　服飾品卸売業界も消費者の節約志向やビジネス用品のカジュアル化が進む中で、収益が低迷している。リーガルコーポレーションは、履き心地を重視したカジュアル・コンフォートシューズなどで収益を改善する努力をしている。

　スポーツ用品卸売業界もスポーツ用品の買い替えサイクルの長期化などで収益が落ち込んでいる。

　家具卸売業界では、改正建築基準法の施行などで住宅着工件数が減少し、家具の買い替えが低迷する中、フランスベッドホールディングスなどでインテリア事業と介護事業を統合する動きが見られる。介護ベッドの営業を強化し新たな事業分野を強化し始めている。

　書籍・CD卸売業界では、電子書籍市場を志向したビジネスが稼働し始めている。インターネット通販や音楽配信サービスの普及に加え、違法ダウンロードの拡大などでCDの販売が苦戦している中、星光堂はきめ細かな商品供給などで取引先支援に力を入れるとともに、総合スーパーなど新取引先の開拓に目を向けている。書籍・雑誌の市場縮小を予測し、電子書籍の普及に向けてどのように対応していくかが課題になっている。大日本印刷が傘下の丸善やジュンク堂書店（神戸市）と連携し販

売サイトを新設する意向を表明し、紀伊国屋書店が凸版印刷などと協力して電子書籍の販売に乗り出す考えを示すなど、新たなチャネルの開拓に着手している。

　これまで、出店を競い合ってきた家電業界の量販店も、拡大路線が終焉を迎えている。最大手のヤマダ電機が2015年、郊外店を中心に約60店舗閉店した。家電業界でもインターネット通販の隆盛や人口減、消費の変化などが追い打ちをかけ、大量閉店が始まっている。

　今後も、少子高齢化や人口減に伴う市場規模の縮小は避けることはできない。大手卸売業でも全国インフラを整備する一方で、いかに海外市場の開拓やネット販売への対応を図れるかなど、将来を見据えた戦略を模索している。

3 小売業の概念と機能

（1）小売りとは

　小売りとは、商品を少量ずつ小分けして販売することを意味するものではなく、商品やサービスを最終消費者へ直接に販売する諸活動をいう。したがって、その中には、メーカーや農業生産者や水産漁業者および卸売業者が、最終消費者へ直接販売することも含まれる。小売り概念がこのように考えられる結果、小売業者とは、最終消費者に向けて直接販売する諸活動を主たる業務とする企業をいう。したがって、メーカーや農業生産者や卸売業者は、商品を「小売り」することはあっても、それを主たる業務とするものではないので、いずれも「小売業者」ではない。

　小売りについて、一般に認められているチャネルは、店舗、ダイレクト・メール、通信・放送、戸別訪問、自動販売機などである。しかし、小売りという概念のもとでは、最終消費者へ商品やサービスを提供しようと努めているすべての販路を含めるのが論理的である。最もこのような意味での小売りの販路の分類については、必ずしも定説があるわけではない。

第4章 流通業・サービス業のマーケティング基礎

図表4－1－6　アメリカの主要小売営業形態の発展
　　　　　　－コンセプトおよび技法の導入と展開

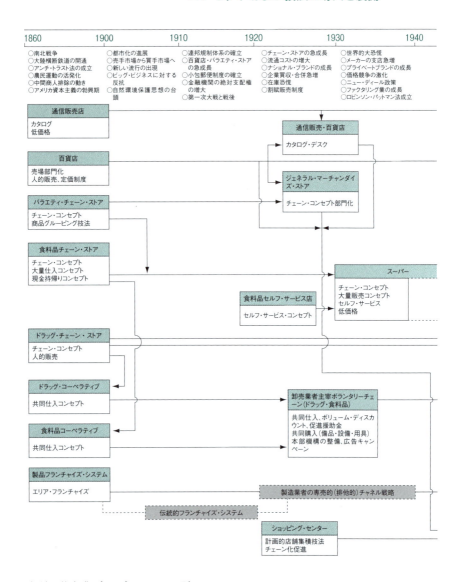

出所：徳永豊〔1994〕280～281頁．

第1節 流通業のマーケティング

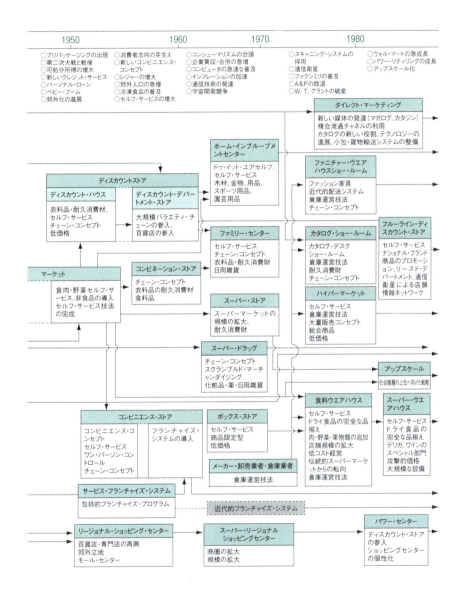

（２）主要な小売営業形態の発展：コンセプトやオペレーション技術

　図表４－１－６に示すように、経済成長期におけるアメリカ小売業の発展を見ておくことは、わが国の小売業を考えるうえでも参考になる。アメリカの小売営業形態の足跡をたどるとき、そこに共通した現象は、その時代において、常に過去において部分的に実証された考え方やコンセプト、あるいはオペレーション技術を巧みに組み合わせ、そして消費者のニーズや欲求に照らし合わせ、革新的な小売業態として差別的優位性を追求し、持続させるように努めていることである。

　第二次世界大戦以降、アメリカで生成発展した小売業態のスーパーマーケットやショッピングセンターあるいはコンビニエンス・ストアが、わが国に導入されたように、全世界の国々に国際的な移転が活発に行われた。一方で、時代の要請に応えてアメリカ国内では異業種からの技術の部分的な移植や、自社内に蓄積された技術や技法の中から新しく適用され、絶えず新しい営業形態が出現した。

　新しい物事は、われわれの前に突然現れるように見えるが、実は、過去において蓄積されたあるいは実証された知識や技術に対して、別の角度からそれを組み直し、あるいは思考することによって創造されるのである。われわれは、いまだ実証されていない未来の知識や技術を現在化することはできない。新しい営業形態やフォーマットの開発も、小売りイノベーションも、決してその例外ではない。

　例を挙げて説明することにしよう。1932年、大恐慌の最中に、ビッグ・ベアという店名のスーパーマーケットがニュージャージー州エリザベスで誕生した。この店舗面積は、５万平方フィート（約1,400坪）という売り場面積でオープンした。当時、コンビネーション・ストアの1,000平方フィート（約28坪）が一般的とみなされていた時代である。

　このビッグ・ベアは、開店時に今日のスーパーマーケットの基本的な技法やアイデアをすでに身につけていた。それは経営者たちがみずから考え出したものではなく、他の業種や企業によってすでに使われていた実証済みの技法や手法を基礎にして、それらを部分的に拡張したり組み

合わせたりしたものである。具体的には、1860〜1930年にかけてチェーン・ストアにより実証された大量概念（主として仕入れ上の概念として用いられた）を販売側面へ概念拡張して適用した。セルフ・サービス技法は、1920年代ピグリー・ウィグリー食料品店で実験された手法を全面的に適用した。商品グルーピング技法は、1890〜1930年にかけてバラエティ・ストアによって実証されたスクランブルド・マーチャンダイジング技法を適用した。また、チェーン・ストアや現金問屋によって実証済みの現金持ち帰り技法も適用した。こうして、スーパーマーケットの営業形態やストア・フォーマットができあがったのである。→図表４－１－７

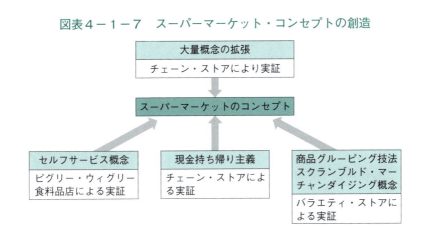

図表４－１－７　スーパーマーケット・コンセプトの創造

こうした視点で、アメリカとわが国の小売業を見ると、アメリカの近代的小売業の歴史と日本の明治以降の小売業の歴史とは、ほぼ時代を同じくしている。しかし、そうした百数十年の短い歴史の中で、アメリカにおける小売業の革新には目を見張るものがある。すなわち、百貨店、チェーン・ストア、バラエティ・ストア、メールオーダー・ハウス、スーパーマーケット、ショッピングセンター、ディスカウント・ストア、ファースト・フード・ショップ、コンビニエンス・ストア、フライチャ

イズ・システム、ホームインプルーブメント・センター、カタログ・ショールーム、ボックス・ストア、ウェアハウス・リテイリング、アウトレット・リテイリング、ブティック・サロン、自動販売機の普及など、絶え間なく小売りの革新的な営業形態を凝縮した形で展開した歴史は、世界史的に見ても例を見ないのである。

その根底に流れている思想は、変化に対する絶え間ない挑戦であり、「変化というものこそ正常であり、安定を保つことは正常さを欠くものである」とする、アメリカ人独特の思想であるかもしれない。企業にとって変化というものは単なる脅威をもたらすものではなく、常に機会をもたらすものであるという開拓者精神が、アメリカ小売業の経営者の中に見て取ることができるのである。こうした思想背景が、アメリカ小売業界にダイナミックな革新をもたらしたのである。

（3）小売業の分類

このような小売業は、次のように種々の観点から分類することができる。

① 店舗（事業所）の所有による分類
　1．単独小売店
　2．複数店舗小売組織
　　a．チェーン・ストア
　　b．支店
　3．メーカー直営店
　4．消費者生活協同組合
　5．農業者直営店舗
　6．会社直営（売店）
　7．公共事業店舗
② 事業種類（取扱商品）による分類
　1．ジェネラル・マーチャンダイズ・グループ
　　a．百貨店

b．総合スーパー（GMS）
　　　c．よろずや
　　　d．バラエティ・ストア
　　2．単種品店（食料品店、衣料品店、家具店など）
　　3．専門店（食肉店、床敷物店など）
③　垂直統合の程度による分類
　　1．統合されていない小売店
　　2．メーカー・卸売業・小売業・その他主宰のフランチャイズ・システムに加入し、機能的統合した関係にある小売店（セブン-イレブン、ファミリーマート、ローソンなど）
　　3．メーカーもしくは他の形態と統合関係にある小売店
④　他の事業組織との関係による分類
　　1．提携関係にない
　　2．任意的提携関係にある
　　　a．卸売業者主宰ボランタリー・チェーンに加盟している
　　　b．小売業者主宰コーペラティブ・グループに加盟している（CGCグループなど）
　　3．メーカーのディーラー・フランチャイズに加盟している（自動車販売店・修理店など）
⑤　消費者との接触方法による分類
　　1．店舗販売店
　　　a．売り場の賃借をしている小売業者
　　　b．売り場を自家所有している小売業者
　　2．通信販売店
　　　a．カタログ販売方式
　　　b．インターネット方式
　　　c．通常の広告媒体方式
　　　d．メンバーシップ・クラブ方式
　　3．訪問販売方式

4．自動販売機による販売方式
⑥　立地タイプによる分類
　1．都市
　　a．大都市繁華街地区に所在する店舗
　　b．周辺都市の繁華街地区に所在する店舗
　　c．商店街立地の店舗
　　d．近隣立地の店舗
　　e．ショッピングセンターに出店している店舗
　　　・リージョナル・タイプのショッピングセンターの店舗
　　　・コミュニティ・タイプのショッピングセンターの店舗
　　　・ネイバーフッド・タイプのショッピングセンターの店舗
　　f．公設市場の店舗
　2．小都市
　　a．市の中心地に立地する店舗
　　b．近隣立地の店舗
　3．農村地帯に立地する店舗
　4．ロードサイドに立地する店舗
⑦　提供するサービスのタイプによる分類
　1．完全サービス店……対面販売方式・包装・配達・掛売りなど、顧客にあらゆるサービスを提供する小売店をいう。
　2．限定サービス店……完全サービス店と異なり、上記のサービスのうちの特定のサービスを採用する小売店をいう。
　3．セルフ・サービス店……対面サービスを採用せず、原則としてその他のサービスも用いない小売店をいう（スーパーマーケット、コンビニエンス・ストア、現金持ち帰り店など）。
⑧　取扱商品の特性（消費者の購買特性）から見た分類→第3章1節 **1**
　1．最寄品店……主として最寄品を中心に取り扱う店舗をいう。
　2．買回品店……主として買回品を中心に取り扱う店舗をいう。
　3．専門品店……主として専門品を中心に取り扱う店舗をいう。

⑨ 管理組織、運営技術による分類
  1．部門化していない小売店
  2．部門化されている小売店(多数の事業部門を擁している小売業者)
⑩ 営業形態による分類
  1．百貨店
  2．総合スーパー
  3．スーパーマーケット
  4．コンビニエンス・ストア
  5．ディスカウント・ストア
  6．メールオーダー・ハウス
  7．ホームインプルーブメント
  8．ウェアハウス・リテイリング
  9．アウトレット・リテイリング
  10．ボックス・ストア
  11．バラエティ・ストア
  12．カテゴリー・キラー
  13．ハイパーマーケット
  14．オフプライス・リテーラー
⑪ 組織の法的形態による分類
  1．個人企業
  2．合名会社
  3．合資会社
  4．株式会社

4 小売業の戦略経営

(1) 小売業の戦略経営の枠組み

　当面する社会的・経済的あるいは競争的諸状況のもとで、小売業経営者や管理者は、日々無数の意思決定をしなくてはならない。意思決定が

コラム コーヒーブレイク

《日本における近代的小売業・卸売業の始まり》
　わが国の小売業や卸売業は、武家社会が崩壊した明治元年以降、短期間のうちに、東京や横浜を中心に武士・農民・町民などあらゆる人々が起業家として参入している。それを例挙すると…

〈小売業〉
元治元年（1864）
　野澤屋呉服店（前　百貨店横浜松坂屋の前身）が横浜で創業
明治２年（1869）
　木村安兵衛が東京芝日陰町で文英堂（現　木村屋總本店）を創業
明治５年（1872）
　今井藤七が丸井今井を札幌で創業
　北村重威が西洋館ホテル（翌年、精養軒ホテルと改称）を東京築地で創業
　福原有信が東京銀座で資生堂を創業
　米津松造が両国で凮月堂を創業
明治７年（1874）
　谷澤禎三が東京銀座で谷澤鞄を創業
明治15年（1882）
　辻本福松が大阪堺で丸福（福助の前身）を創業

〈百貨店〉
松坂屋、慶長16年（1611）　百貨店設立・明治43年（1910）
東急百貨店、寛文２年（1662）　百貨店設立・大正８年（1919）
三越、延宝元年（1673）　百貨店設立・明治37年（1904）
大丸、享保２年（1717）　百貨店設立・明治41年（1908）
山形屋、宝暦元年（1751）　百貨店設立・大正６年（1917）
玉屋、文化３年（1806）　百貨店設立・大正７年（1918）
藤崎、文政２年（1819）　百貨店設立・明治45年（1912）
天満屋、文政12年（1829）　百貨店設立・大正７年（1918）
髙島屋、天保２年（1831）　百貨店設立・大正８年（1919）
松屋、明治２年（1869）　百貨店設立・明治41年（1908）

〈卸売業〉
明治２年（1869）

丸屋商社（丸善の前身）横浜で創業
明治4年（1871）
　　浅沼商会（カメラ・カメラ用品）創業
明治6年（1873）
　　岩崎弥太郎が三菱商会を創業
明治9年（1876）
　　益田孝が三井物産を創業
明治13年（1880）
　　國分勘兵衛宗山が国分醤油醸造業廃業、食品問屋へ転業
明治18年（1885）
　　磯野計が明治屋を創業（横浜でシップ・チャンドラー：主として入港した外国船に、燃料や食料・水・日用品などを納入することを業務とする。全国の主要な港に進出した）
明治21年（1888）
　　明治屋が日本ブルワリー（キリンビールの前身）と総代理店契約を締結し、ビール販売の全国ネットワークに乗り出す

難しいといって避けることは許されない。それら意思決定の中には、新市場への進出をめざした新規店舗の開発、新規事業への進出、合併・合弁あるいは店舗の増改築など、長期的な時間軸に基づく意思決定がある。また、特定商品ラインの価格設定、品揃え、広告、陳列方式の変更、商品在庫の管理、従業員の教育・指示など、日常的な意思決定もある。

　まず、小売業経営の組織と戦略の関係を考慮した場合、戦略の階層性が認められる。この階層性は、企業戦略から日常の営業レベルの戦略までの意思決定の階層として、図表4－1－8に示すことができる。

　一方、小売業の戦略計画の問題としてとらえると、その戦略計画は、図表4－1－9に示すことができる。

（2）小売業のマーケティング・ミックス
① 損益計算書と表裏の関係にある小売りミックス

　小売業経営における特有の意思決定は、商品、店舗、立地、プロモーション、価格、従業員、設備、営業時間、サービスなどの要素の組み合

第4章 流通業・サービス業のマーケティング基礎

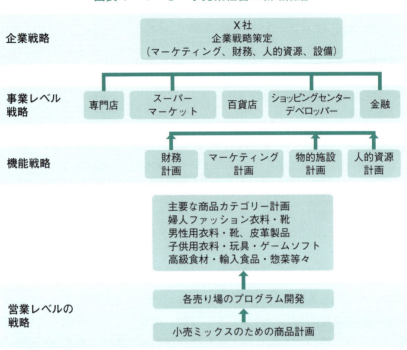

図表4－1－8　小売業経営の戦略階層

出所：Mason, J. B., et al.〔1984〕p.112.を一部修正．

わせ、つまり小売りマーケティング・ミックス（retailing marketing mix）あるいは小売りミックス（retailing mix）の問題として述べられる。

　小売りミックスは、しばしば小売業の営業活動の側面として考えられているが、これをつぶさに考察すると、財務の側面と密接に関係している。つまり、財務にかかわる基礎的な諸変数に関連し、それらの諸変数は、財務諸表、特に日常的業務としては損益計算書に、長期的成果は貸借対照表に表現されている。したがって、小売りミックスと財務諸表は、いわば1つの実態の表裏関係にあり、基本的には、次の4つの変数の適切なミックスが必要となる。

　・価格……売価政策・売価設定

第1節　流通業のマーケティング

図表4－1－9　多角化小売業の戦略計画

出所：Mason, J. B., et al.〔1984〕p.113. を一部修正.

- 販売量……市場地位・マーケットシェア
- 売上原価……商品在庫・仕入れ・商品構成・品揃え
- 営業経費……広告、プロモーション、人的接客、店舗設備、陳列技術、情報処理

また、これらの基本的な諸変数のおのおのは、複雑で、多くの異なる

諸要素から成り立っている。この関係を損益計算書で示すと、図表4－1－10となる。

ここでは、これらの変数が利益にどのような影響を及ぼすかを理解するための全体的フレームを示すことにとどめる。

図表4－1－10の損益計算書で理解できるように、期首商品在庫高、当期仕入高、期末商品在庫高の関係で成り立っている「売上原価」は、さまざまな売上原価にかかわる企業活動の塊である。この売上原価部分の効率的運用は、商品構成や品揃え、そして仕入管理によって決まるといって差し支えない。このように考えると、それは実は小売りマーチャンダイジングの問題そのものであるといえる。

図表4－1－10　損益計算書とマーケティング・ミックスの関係

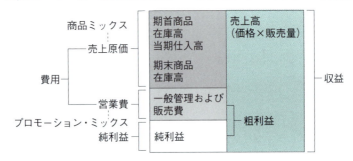

出所：徳永豊〔1980〕173頁.

損益計算書だけではなく、もう少し拡大すると、それは市場戦略と財務戦略の2つによって構成されていることに気がつくであろう。市場戦略は、顧客ニーズの探索を中心に、経済的・社会的環境ならびに競争環境という制約条件のもとで、市場細分化を通して標的市場の明確化を図り、その標的市場にマッチする商品ミックス計画の具体的策定へとつながる。一方、財務戦略は、設備投資、研究開発投資だけではなく、より身近な、そして卸売業者や小売業者の戦略の中枢的な問題として、商品在庫投資、つまり小売業経営におけるマーチャンダイジング目標を規

定し、具体的には**商品投下資本粗利益率（GMROI：Gross Margin Return on Inventory Investment）** Key Word を示唆するものである。この2つの戦略を結びつけた小売業戦略は、図表4－1－11で示される。

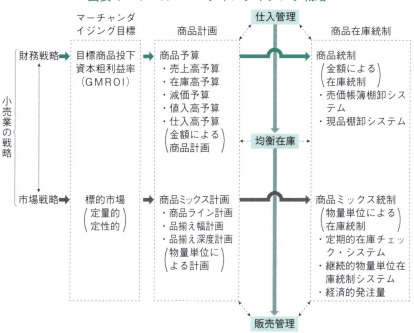

図表4－1－11　マーチャンダイジング戦略

出所：徳永豊〔1999〕20頁.

② 商品構成：バラエティと品揃え

　一般的には、小売業における戦略立案のための小売りミックスは、立地、商品の品揃え、価格、広告とプロモーション、ストアデザインと陳列、サービス、接客販売をいう。その中で小売業の最も重視しなければならない要素を挙げるとすれば、商品構成とプロモーションである。

　競争上の一味違った差別的優位性として、ほとんどの経営者が異口同音に口にするのが商品構成である。小売業経営における「均衡のとれた

在庫投資」を追求するための１つの側面では、商品構成をどのようにするかという問題を無視することはできない。

適切なマーチャンダイジングを展開するうえにおいて、一般に小売業界で用いられる商品構成の概念は、２つの領域に区分して理解することができる。つまり、バラエティ（異種商品の組み合わせ）と品揃え（同一商品の組み合わせ）の２つの概念である。

バラエティとは、特定の店舗もしくは小売営業形態あるいはマーチャンダイジング単位において、通常、異なった商品の種類および分類を基礎に種々の商品の組み合わせを指す。これに対して「品揃えは、消費者の生活水準を維持し、改善するために必要なものとして、消費者が認めた商品の特定の組み合わせである」と、シャピロ（Shapiro, I. J.）はきわめて含蓄のある見解を示唆している（Shapiro, I. J.〔1973〕.）。

Key Word

商品投下資本粗利益率——商品投下資本粗利益率は、次の算式によって求められる。

$$GMROI = \frac{粗利益}{平均在庫投資額}$$

このGMROIは、売上高粗利益率と商品回転率（厳密には商品投下資本回転率）の相乗積である。

$$GMROI = \frac{粗利益}{純売上高} \times \frac{純売上高}{平均在庫投資額}$$

この関係からして、GMROIを一定水準にした場合、基本的には３つの戦略的組み合わせがある。

小売業の戦略タイプ	粗利益率	商品投下資本回転率	GMROI
商品回転志向主義	25.0%	8.0	200%
粗利益志向主義	40.0%	5.0	200%
均衡志向主義	33.3%	6.0	200%

出所：徳永豊〔1999〕27頁．

この見解の中心を構成するものは消費者の立場であり、視点である。ややもすれば、「品揃えとは、仕入業務による商品の組み合わせ」と単純に考えている傾向があるのではないかと思われるが、消費者の生活水準やライフスタイルの変化に合わせることこそが真の品揃えであることを、再確認することが大切である。

③ ディスプレイ効果

　品揃えは、店内や店頭において商品を定着させるための技術を伴った意思決定である。顧客にそれら商品を認知させ、店舗に引きつける手段としての広告コミュニケーションと、店内の商品ディスプレイ、POP広告（point of purchase advertising）の記述やポスターなど、店内コミュニケーションを結びつけた一連のプロモーション戦略の展開によって、品揃えの個性化・定着化が初めて達成できるのである。

　以下の記述は、12店舗のスーパーマーケットのディスプレイに関する実験結果によって得られたデータに基づくものである。

1）特別ディスプレイをした売上高は、何もしないときの同一商品群の基準売上高の5.5倍に達した。

2）特別ディスプレイを解除した後の売上高は、何もしなかったときの同一商品群の基準売上高の2.2倍に達した。

3）チラシを配布した場合とそうでない場合の売上高の差は、1.7倍であった。

　このことからも、ディスプレイ効果が品揃えによる個性化・定着化のために、いかに重要であるかが理解できよう。ディスプレイは、メーカーや卸売業者に見られない、小売業にとって最も強力なプロモーション手段である。理想的にいえば、ディスプレイは、次のような特徴を持たなければならない。すなわち、①テーマ性、②主張性、③ユニーク性、④適切性、⑤単純性、⑥清潔性、である。

④ 小売業のプロモーション

　かつて、清水晶は、セールス・プロモーションの本質を機能的側面から理論的に解明し、それを「需要の刺激と喚起」であると指摘した。ま

た、オハイオ州立大学のダビッドソン（Davidson, W. R.）も、「より一般的に受け入れられているセールス・プロモーションの見解は、その本源的な機能が買い物をしたい気を起こさせたり、説得したりする機能、その他、取引を助長したり、刺激したりする機能などの諸活動や方策である」と指摘している（Davidson, W. R.〔1966〕p.623.）。2人の見解はほぼ同一である。

では、小売業のプロモーションに限定した場合、メーカーのプロモーションとは、どのような違いがあるのだろうか。ただ単に、メーカーのそれはテレビ・ラジオ・新聞・雑誌などのマス媒体が利用できるのに対して、小売業のそれは商圏の狭さからチラシなど非常に限られた媒体しか選択できないものと理解されがちである。しかし、それが両者のプロモーションの違いを決定づける根拠となるものではない。

メーカーのプロモーションの特徴は、自社製品に対するマーケットシェアを拡大することにある。小売店の店頭に自社製品が大きなスペースを占める状態をつくり上げるために、マス媒体を利用する。言い換えれば、メーカーのプロモーションは1つひとつの商品を市場に浸透させるための、製品の知名率を高めるためのブランド・プロモーションである。もし、小売業者がメーカーのブランド・プロモーションに頼りきっているならば、小売業のプロモーションの独自性は何もないはずである。「市場で売れる状況をつくり出すのは、われわれの仕事である。小売店はそれを巧みに利用して、商品を棚に並べておけばよい」と、言い切るメーカーも以前はあったが、今日では皆無である。

これに対して、小売業のプロモーションは1つひとつの単品を押し出すプロモーションの総和ではない。メーカーのブランド・プロモーションとは違った角度から、その商品に光を当てたプロモーションでなければならない。たとえば、菓子づくりなどに用いられるレモン・エッセンス。メーカーであればそのブランド名と品質のよさ、ケーキに入れたときの風味など、あくまでも食品という枠組みにとらわれた使用法を消費者へ伝えようとする。ところが、消費者自身、決してレモン・エッセン

スを食品としてのみとらえているわけではない。より広い意味で生活手段としてとらえている。たとえば、おしぼりに一振りレモン・エッセンスをかけることによって、化粧品にはないよさを生活の知恵として生み出している。こうした消費者の体験から出た情報を他の消費者にフィードバックするとすれば、それ自身、単品のプロモーションの素材になる。

もちろん、小売業プロモーションにとってより大切なことは、取扱商品の中で、それぞれ商品群の品揃えや組み合わせのプロモーションをどのようにするかということである。それは単なる関連販売ではない。消費者の視点に立った、消費者の生活にとって必要な商品の組み合わせであり、品揃えである。これらのほかにも小売業のプロモーションには、価格、サービス、買い物のしやすさなど、さまざまなものが含まれる。

以上のような点が、メーカーのプロモーションと小売業のそれとが根

コラム **知ってて便利**

《知らなきゃ損：店舗選択属性モデル（ひと工夫すれば人事評価にも?)》

お客が、お店を選択するとき、何を基準に、何を判断材料にして選択するのか？ 小売業の悩みの種であり、非常に知りたい問題である。複数の属性、いわば顧客の店舗選択属性モデルが存在する。アメリカの大学に短期留学したとき、ある教授が数十年間の調査結果で判定した属性である。それを公開しよう。単純ですぞ！

	重要度（ウエイト）	評価（スコア）	（合計）
店舗の属性	(Ii)	(Bi)	($Ii \times Bi$)
価　格	2	5	10
商品品揃え	3	4	12
雰囲気	1	3	3
サービス	2	1	2
商品の品質	1	2	2
従業員	2	1	2

態度属性スコア（AO）＝ $\sum_{i=1}^{6} IiBi$ ＝31　質問表作り、調査する。（大）良し。

本的に異なるところである。いうならば、マーチャンダイジングを軸にしたストア・プロモーションが小売業のプロモーションの原点であり、それはあくまでも、手づくりでなければならない。

　小売業のプロモーションにとって大切なことは、小売業としてストア・イメージを創造することである。それは、まさに顧客の店選びの切り札となるものである。この点に関してマチノー（Martineau, P.）は、「いかなる顧客層にとっても、はっきりとした特色を感じられないような、強い個性に欠けた小売店の末路はどうなるであろうか？　それは結局、顧客が心の中で、その店へ行こうとする気持ちをすっかり失わせてしまうという結果になる。何か欲しいものがあっても、顧客はまずそうした特色のない店へ行ってみようとは決して思わないであろう。特に目立った売り場や商品ライン上の特色もなく、特定の顧客層を十分に引きつけるだけの確かな魅力のない店は、あたかも平凡で魅力のない男のようなものである」（Martineau, P.〔1958〕p.47.）と、マーチャンダイジングを軸としたストア・イメージの重要性を指摘している。

（3）小売店の連鎖化の概念と種類

　本節の最後に、小売店の連鎖化に関して、チェーン・ストア、ボランタリー・チェーン、フランチャイズ・システムについて紹介しておこう。

①　チェーン・ストア

　チェーン・ストアとは、次のような特徴を持つ分散的大規模小売業である。たとえば、A＆Pは1859年に紅茶・食品店として設立され、1865年時点で25店舗、1880年には100店舗、1900年には200店舗、1927〜1935年には全米に1万5,000店舗以上を擁した（徳永豊〔1994〕16〜23頁.　徳永豊〔1980〕219〜235頁.）。

　1）中央本部所有（資本的一体性）
　2）中央本部管理（管理的統一性）
　3）店舗影響形態の類似性（営業的共通性）
　4）10店舗以上の運営（米国の商業センサスでは、店舗数は11店舗以

上をいう）

② **ボランタリー・チェーン**

わが国では、小売業の任意連鎖形態を総称して、ボランタリー・チェーンと呼んでいるが、アメリカでは厳密には2つの連鎖形態がある。1つは、小売業者主宰コーペラティブ・チェーンであり、食品と医薬品小売業界において1880年代に多く設立された。もう1つは、卸売業者主宰ボランタリー・チェーンであり、食品小売業者を中心に1916年以降、特に1920年代には、食料品・ドラッグ・金物・自動車部品などの業界を含んで爆発的に組織が結成された。そのいずれも、チェーン・ストアならびに卸売業者に立ち向かい競争に打ち勝つために集団化されたのである（徳永豊〔1994〕166～180頁.）。

これらボランタリー・チェーンの運営課題の特徴は、その発展過程で次の3つの段階に要約できる。

1）模倣による競争対抗段階（ボランタリー・チェーンに加盟しているストアのために、チェーン・ストアの仕入れ上の優位性を模倣し、卸売業者や製造業者に集団として折衝した）

2）共同購入、本部機構（倉庫設備）整備の段階（チェーン・ストアの仕入れ方式だけの模倣では限界があることから、仕入先の促進援助金などにも挑戦すると同時に、店舗に必要な備品器具、設備等々の共同購入も手がけるようになる）

3）チェーン・ストア経営の高度の模倣段階（当面の課題として解決を迫られたのは、広告キャンペーンであり、チェーン・ストアの広告を模倣し、ロスリーダーの広告キャンペーンを積極的に開始した）

③ **フランチャイズ・システム**

一般にフランチャイズ・チェーンと呼ばれている。これは明らかに和製英語である。一般にフランチャイズ・システムは、マーケティング・チャネルの垂直的マーケティング・システムの中で契約システムとして位置づけられ、フランチャイザーとフランチャイジーの契約関係として説明されている。そのシステムの運営マニュアルは、すべて契約をベー

スに行われ、契約内容は、十数行という単純なものから非常に詳細にわたるものまでがある。その基本はフランチャイザーのトレードマーク、シンボルの使用と各種サービスに対する対価をフランチャイジーが支払いに応じる契約条項で成り立っている。マクドナルドやケンタッキー・フライドチキンの店舗といえば非常になじみが深く、ありふれた店舗として消費者に親しまれている。これらアメリカ生まれのストア・フォーマットは、アメリカを象徴する１つの確固とした流通制度であり、現代では世界中に拡散している。

　フランチャイズは、所有すれども独立せず、リスクはあるがわずかな資本しか持っていない人々やほとんど事業経験のない人々に対して、大資本、大規模経営、専門的経営技術、広告、そして製品の名声など多くの利点を提供することによって、確実なビジネス機会を与え、またビジネスの大衆化、民主化を図った。そして、フランチャイズ・システムの普及は、全国どこでも同じ食べ物、飲み物、サービスを受容し、消費活動の平均化、均一化に一層の拍車をかけることとなった（徳永豊〔1994〕229〜230頁.）。

　そして、フランチャイズ・システムは1950年以降全米に燎原の火のごとく、さまざまな事業分野で急速に広まった。たとえば、自動車アクセサリー＆部品、自動車修理サービス、自動車レンタル、事業援助・サービス、衣料・靴、コンピュータ・ストア、雇用代理店、ファースト・フード、家庭用家具、ホテル・モーテル、印刷・複写、不動産、身体ウエート管理等々である（International Franchise Association.〔1983〕.）。または、ピンテル（Pintel, B.）とダイアモンド（Diamond, J.）によれば、フランチャイズ・システムは、さらに新しく発展を続け、図表４−１−12の10形態に分類できると示唆している

図表４－１－12　フランチャイズ・システムの形態

①テリトリアル・フランチャイズ (Territorial franchise)	認可されるフランチャイズは、いくつかの郡ないし州を包含する。そのフランチャイズの保有者は、そのテリトリー内のフランチャイジーの開業や個々のフランチャイジの訓練をすること、ならびにテリトリー内の売上げが達成できうる責任を負う。
②オペレーティング・フランチャイズ (Operating franchise)	みずからフライチャイズを運営する特有の独立したフランチャイジーである。独立フランチャイジーが、直接、親組織と一緒にまたはテリトリー・フランチャイズ保有者のいずれかと関係を密にする。
③モービル・フランチャイズ (Mobil franchise)	フランチャイジーが所有しているか、もしくはフランチャイザーがリースしているか、いずれかの貨物自動車で製品を販売するフランチャイズである。たとえば、Snap-On ToolsやCountry Store on Wheelsなどがある。
④ディストリビューターシップ・フランチャイズ (Distributorship franchise)	ディストリビューターシップ、つまり、独占販売権を供与するフランチャイズである。フランチャイズ権を供与されたフランチャイジーは、名称をいろいろな商品に採り入れ、サブフランチャイジーにさらに広めることもできる。その卸売業者は、供給元として製品を運ぶフランチャイジーのために広い地理的エリアと行為の排他的範囲を保持する。その例は、フランス、イタリアなどヨーロッパのファッション製品（たとえば、グッチ、ニナリッチ、シャネル、カルティエ、ダンヒルなど）に多く見られる。
⑤コ・オーナーシップ・フランチャイズ (Co-ownership franchise)	コ・オーナーシップ、つまり、共同所有権フランチャイズである。そのフランチャイザーとフランチャイジーは、投資と利益を共有するところに特徴が認められる。たとえば、デニーズ・レストランが代表的である。
⑥コ・マネジメント・フランチャイズ (Co-management franchise)	コ・マネジメント・フランチャイズは、いわば、経営参加型にその特徴を見いだすことができる。フランチャイザーは、その投資の大部分を支配する。パートナー・マネジャーは、比例的な割合で利益を共有する。たとえば、Travel Lodgeやホリデイ・イン、そしてそのホテルとモーテル・事業の関係がそれである。
⑦リースイング・フランチャイズ (Leasing franchise)	フランチャイザーは、土地、建物や設備をフランチャイジーにリースする。リースすることは、他の供与および運営事項に関連して使われる。

⑧ライセンシング・フランチャイズ (Licensing franchise)	フランチャイザーは、フランチャイジーにライセンス供与を認可する。つまり、フランチャイザーが所有するブランドやビジネス・テクニックの使用を認めることをいう。フランチャイザーは、自社の製品を供給するかフランチャイジーに自社の承認した供給元のリストを提供する。そうすることによってフランチャイザーとフランチャイジーの市場に対するシナジー効果は一層高まる。
⑨マニュファクチャリング・フランチャイズ (Manufacturing franchise)	フランチャイザーは、指定した材料と製造ないし製作技術の使用を通じて、製品を製造・製作するフランチャイズ権をフランチャイジーに供与する。そのフランチャイズは、フランチャイザーの製造ないし技術を使って生産された製品はすべて、フランチャイザーの所有するブランドを使用して流通することになる。中枢的な生産設備から流通コストが極端に高くなる場合、全米製造企業が地域的に流通することを可能にする方法を採用する。この例は、Sealyに見られる。
⑩サービス・フランチャイズ (Service franchise)	フランチャイザーは、フランチャイジーに専門的な分野のサービス技法を供与する。その典型的な例は、人材派遣によって例証される。

出所：Pintel. G., et al.〔1987〕pp.73-76.

第2節 サービス業のマーケティング

学習のポイント

◆サービス業のマーケティングを学ぶにあたっては、サービスそのものが何を意味するかをしっかり理解しておかなければならない。サービスは無償ではない。必ずコストを投入することによってサービスはつくり上げられている。

◆製品や商品が物質的有形財であるのに対して、サービスは無形財であり、手でつかむことはできない。また、サービスを享受するにあたっては、それが提供される場所あるいは時間にいることが1つの条件になっている。従来、モノづくり産業が重要視されていたが、そのモノづくりを支えたのも、人間の知的労働サービスであったことを再考してみることが必要である。

◆マーケティングの基本はサービス業においても本質的に同じであるが、サービスの特性を理解して、マーケティング戦略のあり方を創造的に構築することが必要である。

1 サービスの定義と範囲

　わが国の実業界において、サービスに対する考え方が大きく転換し始めたのは、1956年以降であるといってよい。つまり、実業界にアメリカのマーケティングが本格的に導入された以降から、徐々にサービス概念が浸透してきた。

それ以前は、サービスといえば、子どもが駄菓子屋や店で買い物をするときに商品のオマケとしてもらえるもの、あるいは安く買い物できることという意識が強く、それが大人になっても、サービスはオマケ感覚に受け止められていたのである。そして、極端にいえばサービスは無償のもの、つまりタダであるという考え方が日本人の脳裏に深く刻み込まれ、それがいまでも完全に抜け切れているとは言い難いのも事実である。

　しかし、サービスは無償ではない。必ず**コスト**を投入することによってサービスはつくり上げられている。たとえば、サンプル（試供品）の配布は、確かにそれを受け取る側にとっては無料であるが、提供する側ではそれを製作するためのコストを要している。あるいは、銀座のバーでウイスキーを飲むのは、単にウイスキーのコスト部分を飲んでいるのではなく、接客スタッフのサービス・コスト（人件費）や店舗の営業費の一部、およびその店の利益部分なども、同時に飲んでいることを自覚しなければならない。

　以上のことを確認したうえで、サービスをどのように定義すればよいのであろうか。そこにもさまざまな見解がある。たとえば経済学では、伝統的に財を**有形財**と**無形財**に2分類してとらえている。そして、物質的有形財の生産を重視した理論武装をしており、サービスは無形財として定義されている。ただし、生活に必要な有形財の生産に携わる人間のサービス労働力については、非有形財（無形財）でありながらも、便宜的に有形財と同格の役割をなすものとみなしている。つまり、資本主義社会では労働力も商品化され、有形財と同様に市場が形成され、経済学の研究対象に含まれている。

　商取引に関しては、生産活動でなく、単なる生産された財の価値の移転に貢献するという消極的な意味でしか研究の対象となっていない。そして、卸売業や小売業、金融業などのサービス労働は、非生産的労働であるとして区別され、こうした考え方が、中間商人排除論の根拠となっている。しかし、サービス業はますます増加傾向にあり、産業の重要な位置を確保している。サービス業はこれからの日本の産業の成長を担っ

ていく重要な分野であるといっても過言ではない。したがって、サービス業のマーケティングにとっての重要な課題はサービス事業者、サービス企業のビジネスをいかに市場環境に適合して収益を得るかということになる。サービス業が社会経済に貢献していくために、いかに経営を円滑に遂行しうるかの視点から考察しなければならない。

(1) サービスとサービス産業の定義

　サービスの定義は多様な側面からなされている。サービス業のマーケティングを考えるうえで、それらを総合すると、サービスとは「個人や組織が必要とする価値の創造に貢献する活動」と定義できる。したがって、サービス業は、「個人や組織の価値の創造に貢献する生産活動を主たる業務とする事業あるいは事業者」と定義できる。

　サービス業のマーケティングで扱われるサービスとは、いわゆる物質的有形財ではなく無形財である。しかも、そのサービスの基本は、企業と顧客間ないしは企業間における相互作用を前提にしている。そして、その取り扱いの範囲は、基本的に次の2つに分類される。

　第1は、製品あるいは商品の取引に付帯するサービスである。それは、①顧客に対する**精神的・態度的サービス**（接客態度や顧客の質問に対する的確な説明など）や、②**犠牲的給付サービス**（顧客に対する商品の値引き、景品の提供など）、③**業務的サービス**（保証・修理など）を意味する。

　第2は、製品の移転を何ら伴うことなく、もっぱら、個人や企業が他者（顧客）に対してサービスの提供を業とすることを意味する。それは、無形財そのものを「商品」とみなして取り扱う、いわゆるサービス産業のマーケティングを意味することでもある。

(2) サービス産業

　コトラーら（Kotler and Keller〔2006〕.）は、物質的有形財である製品以外の無形財を取り扱う**サービス産業**に、マーケティング概念を応用

することについて検討している。そして、その対象となる企業もしくは組織を次のように列挙している。
- **公共機関**も含めたサービス事業組織……裁判所、職業紹介所、公立病院、軍隊、警察、消防署、郵便局、司法機関、学校など
- **非営利民間組織**……博物館、慈善事業、教会、大学、財団法人、病院など
- **営利組織**……航空会社、銀行、コンピュータ・サービス会社、ホテル、保険会社、法律事務所、経営コンサルティング会社、医療機関、映画会社、建築補修会社、不動産会社など

そしてこれら以外にも、サービス・情報産業の分野では常に新しいサービス事業が発生し、市場参入しうる特性を有していると強調している。

（3）サービス経済化の進行と産業のサービス化

国民所得の増加につれて産業構造の比重が素材を収集する第1次産業、素材を加工する第2次産業の段階から、その他の残余の産業と分類されてきた第3次産業へと移行している。その背景には第3次産業の呼称とされてきたサービス産業が、1980年以降「サービス経済化の進行」の中で顕著に増大していることが挙げられる。わが国のGDPに占めるサービス産業およびそこに従事する労働者の割合は急激に増大しており、産業の主要な担い手となりつつある。

サービス産業は「公共サービス」「対個人サービス」、そして「対事業所サービス」に分類される。このうち個人の消費者を対象とした「対個人サービス業」に比べて、企業・組織などを対象とした「対事業所サービス業」の成長がサービス産業を支えている。

さらに、サービスの経済化は、第2次産業に分類されている製造業にも及んでおり、IBMのコンサルティング部門の増大に代表されるように、サービス収入、サービス部門の職務の就業者が増大することによって、製造業のサービス化の進行も見られ、これらの現象は製造業の2.5次産業化と呼ばれている。

（4）サービス化が進行する背景

このようなサービス化の進行の背景には、企業や組織内における医療・保健、教育・研究、システム開発、経営コンサルティングなどの業務、また防犯、社員食堂、決算業務、人事・労務、コールセンター業務などの**アウトソーシング**といった業務の外部委託の増加がある。

これらの主たる理由は、企業や組織の経費の削減あるいは固定費を変動費化することによって不足事象の変化などに柔軟に対応し、収益の出やすい体質をつくろうとする努力であることは間違いないことであるが、これに加え、市場の新たな需要に対して企業がすでに獲得し、蓄積してきた既存の経営資源だけでは対応しきれない経営企画力、革新的な技術、専門的な知識、ノウハウが得られるからである。

一方で、対個人サービス業については、女性の高学歴化や社会進出による家庭収入の増大によって、食事の簡便化志向の高まり、家事の外部委託の増加、そして週休2日制の定着、労働時間の短縮化に伴う余暇時間の増大による外食機会・レジャー機会の増加といった収入の側面と時間的側面からサービス需要の増加が顕著となっている。

また、人口の高齢化の進行という現象も、介護需要、健康需要を増進させており、支援サービスへの期待の高まりによって生活関連のサービス業が成長している。

（5）わが国のサービス産業

サービス産業にはどのようなものが含まれるのだろうか。古典的な産業の分類法では、ペティ＝クラーク（Clark, C. G.〔1940〕.）の産業構造の分類をもとにした分類方法がある。ここでは直接自然に働きかけ素材を収集する産業を第1次産業、その素材を加工する産業を第2次産業、そしてその他の残余の産業を第3次産業として総称し、第3次産業をサービス産業と呼んでいる。しかしクラークの分類した1940年代とは社会経済環境や市場の状況も大いに異なり、現代ではサービス産業は一層多様化しており、この分類のままにサービス業のマーケティングの課題を

検討することは困難である。

　わが国のサービス産業の分類には、統計調査の産業分類のための統計基準として、「日本標準産業分類」（総務省）がある。この産業分類では、同種の経済活動を営む事業所の総合体として産業を定義し、財に対するサービスの分野としてサービス産業が分類されている。そして、サービス産業の中で経済活動の場所的単位としてサービス事業所を定義している。

　産業構造の変化およびグローバル化する産業の現状などに適合するために、日本標準産業分類は、たびたび大幅な改定、小規模な改定を行っている。その中でも、大きな改定要因になっているのは、1980年代以降顕著に見られるサービス経済化の進展、情報通信媒体の高度化などサービスにかかわる産業構造の変化であり、サービス産業が大きく進化していることを示している。

　このようなことから2002年3月、1957年5月以来45年ぶりに「サービス業」を分解して大幅な改定が行われており、そののちも、大幅な改定、小規模な改定を何度も行っている。これらは、サービス産業の重要性と多様性を意味していると同時に、サービス産業が多様な機能や特性を持つ産業が混在している分野であることも示している。そして、今後もその傾向が高まっていくことが予想される。

　これらのサービスを分類する基本的なものとして、主なものにサービスの供給主体によって営利を目的とした営利的サービスと営利を直接目的としない**非営利サービス**に分類する方法、サービスの需要主体によって最終消費者を対象とした対個人サービス、企業や官公庁などを対象とした対事業所サービスに分類する方法などがある。

　そこで、ここでは統計上の分類に過剰に依存せず、ビジネスを対象としたサービス業のマーケティングを取り扱いやすいサービスの主体として、営利を目的としたサービス業を対象にし、サービスの需要主体からは、対個人サービス業と対事業所サービス業の両者に焦点を当てることとする。

そして、2013年に改定され、2014年4月から施行されたサービス業の分類の中にある「顧客に向けて、物財（Goods）とは独立したサービス（Services）の機能をのみを取り扱うサービスの事業所」を対象としたマーケティングについて述べる。

 日本標準産業分類におけるこれらに該当する主なものは以下のようなものがある。

【日本標準産業分類にある主なサービス業】

 R「サービス業（他に分類されないもの）」、H「運輸業、郵便業」、J「金融業、保険業」、L「学術研究、専門・技術サービス業」、N「生活関連サービス業、娯楽業」、O「教育、学習支援業」、P「医療、福祉」、Q「複合サービス事業」、G「情報通信業」の製造業的なものを除く、K「不動産業、物品賃貸業」のうちの「不動産代理業・仲介業」「不動産賃貸業・管理業」「物品賃貸業」、M「宿泊業、飲食サービス業」のうちの「宿泊業」である。

① R「サービス業（他に分類されないもの）」

 主として個人または事業所に対してサービスを提供する他の大分類に分類されない事業所で、廃棄物の処理に係る技能・技術等を提供するサービス、物品の整備・修理に係る技能・技術を提供するサービス、労働者に職業をあっせんするサービスおよび労働者派遣サービスなどである。

 顧客が所有する有形財の故障やその他の理由によって機能に支障が生じた場合、その原因を発見し、これを修理して機能を回復させるという便益の提供を目的としたサービス業、および企業経営などに対して提供される労働や業務の補助を行うサービス業である。

> 廃棄物処理業、自動車整備業、機械等修理業（機械修理業、電気機械器具修理業、表具業、家具修理業、時計修理業）、職業紹介・労働者派遣業、その他の事業サービス業（複写業、ビルメンテナンス業、警備業、コールセンター業）など。

② H「運輸業、郵便業」

鉄道、自動車、船舶、航空機またはその他の運送用具による旅客、貨物の運送業、倉庫業、運輸に附帯するサービス業を営む事業所、ならびに郵便物または信書便物を送達する事業所である。

施設や設備・用具の利用によって、人や商品その他の有形財を空間的・時間的に移動させるという便益を提供することを目的としたサービス業である。

> 鉄道業、道路旅客運送業、運輸に附帯するサービス業（貨物運送取扱業、飛行場業）、郵便業など。

③ J「金融業、保険業」

主として金融業または保険業を営む事業所である。

> 銀行業、貸金業、クレジットカード業等（貸金業、質屋、クレジットカード業、割賦金融業）、保険業（生命保険業、損害保険業、保険サービス業）など。

④ L「学術研究、専門・技術サービス業」

主として学術的研究などを行う事業所、個人または事業所に対して専門的な知識・技術を提供する事業所、および広告に係る総合的なサービスを提供する事業所である。

人々の精神的ないし知的生活面での役務を提供する専門的サービス業である。

> 専門サービス業（法律事務所、行政書士事務所、公認会計士事務所、税理士事務所、デザイン業、著述・芸術家業、経営コンサルタント業）、広告業、技術サービス業（建築設計業、写真業）など。

⑤ N「生活関連サービス業、娯楽業」

主として個人に対して日常生活と関連して技能・技術を提供し、または施設を提供するサービスおよび娯楽あるいは余暇利用に係る施設または技能・技術を提供するサービスを行う事業所である。

提供されるサービスが主として人間の肉体的・精神的労働を基礎として創造されるもので、通常の家庭生活での役務を独立させた職業的サービス業、および一定の施設・器具を整え、この施設・器具を使って場や空間を顧客が利用することによって健全な心身を回復し、爽快な気分や満足感を得るという便益を提供することを目的としたサービス業である。

> 洗濯・理容・美容・浴場業（洗濯業、理容業、美容業、一般公衆浴場業、エステティック、リラクゼーション業、ネイルサービス業）、その他の生活関連サービス業（家事サービス業、冠婚葬祭業）、娯楽業（映画館、劇団、競輪場、競馬場、自動車・モーターボートの競走場、ゴルフ場、ゴルフ練習場、ボウリング場、フィットネスクラブ、テーマパーク、ゲームセンター、カラオケボックス業）など。

⑥　O「教育、学習支援業」

　主として学校教育を行う事業所、学校教育の支援活動を行う事業所、学校教育を除く組織的な教育活動を行う事業所、学校教育の補習教育を行う事業所および教養、技能、技術などを教授する事業所である。通信教育事業、学習塾、図書館、博物館、植物園などの事業所も本分類に含まれる。スポーツを行うための施設を提供する事業所は大分類N「生活関連サービス業、娯楽業」に分類される。

> 学校教育（各種学校）、その他の教育、学習支援業（図書館、博物館、美術館、学習塾、音楽教授業、そろばん教授業、外国語会話教授業、社会通信教育）など。

⑦　P「医療、福祉」

　主として、医療、保健衛生、社会保険、社会福祉および介護に関するサービスを提供する事業所である。

> 医療業（病院、一般診療所、歯科診療所、あん摩マッサージ指圧師・はり師・きゅう師・柔道整復師の施術所）、社会保険・社会福祉・介護事業（老人福祉・介護事業）など。

⑧ Q「複合サービス事業」

　主として信用事業、保険事業または共済事業とあわせて各種のサービスを提供する事業所であって、法的に事業の種類や範囲が決められているサービス業である。

> 郵便局、協同組合など。

⑨ G「情報通信業」の製造業的なものを除く

　主として情報の伝達を行う事業所、情報の処理、提供などのサービスを行う事業所、インターネットに附随したサービスを提供する事業所および伝達することを目的として情報の加工を行う事業所である。

　顧客に対して各種の情報を媒介・伝達したり、収集した情報を分析・加工し、新しい情報として伝達したりして、顧客が直面している物事の判断を助けるという便益の提供を目的としたサービス業である。なお、情報は言語、文字、絵、図表、映像などあらゆる表現手段によって顧客に伝達される。

> 通信業、放送業、情報サービス業（ソフトウエア業、情報処理・提供サービス業）、インターネット附随サービス業、映像・音声・文字情報制作業（映画・ビデオ制作業、新聞業、出版業、広告制作業）など。

⑩ K「不動産業、物品賃貸業」

　主として不動産業または物品賃貸業を営む事業所が分類されるうちの「不動産代理業・仲介業」「不動産賃貸業・管理業」「物品賃貸業」を取り扱う。

> 不動産取引業（不動産代理業・仲介業）、不動産賃貸業・管理業、物品賃貸業（総合リース業、産業用機械器具賃貸業、事務用機械器具賃貸業、自動車賃貸業、スポーツ・娯楽用品賃貸業、貸衣しょう業）など。

⑪ M「宿泊業、飲食サービス業」のうちの「宿泊業」

主として宿泊業または飲食サービス業を営む事業所が分類されるが、ここでは一般公衆、特定の会員等に対して宿泊を提供する事業所を取り扱う。

設備や用具など何らかの有形財を一時的に顧客に貸与・利用させ、そこから得られる便益を顧客に提供することを目的としたサービス業である。

温泉旅館に宿泊し、非日常的時間と空間の中で英気を養い満足感を得るという便益を提供することを目的としたサービス業である。あるいは温泉療養に訪れる客に、温泉療法・食事療法・運動療法・環境療法に関する学習指導を通じて、健康づくりサービスを提供することを目的とする温泉旅館もある。

> 旅館、ホテル、下宿業、リゾートクラブなど。

(6) サービスの一般的特性

サービス業のマーケティングを考えるうえでは、製造業、卸売業、小売業が扱う「製品・商品」とは異なる「サービス」の特性を理解しておかねばならない。

有形財としての製品や商品と無形財としてのサービスとではその性質に本質的な差異があり、**サービスの特性**も多様に説明されているが、コトラーら（Kotler. P〔2006〕.）は、このサービスの特性を大きく「無形性（Intangibility）」「不可分性（Inseparability）」「変動性（Heterogeneity）」「消滅性（Perishability）」に分類している。

「無形性」とは、サービスが有形の製品と異なり、購入前に見ること、触れること、聞くことができないというような特性である。「不可分性」は「同時性（Simultaneity）」とも呼ばれ、サービスは生産と消費が同時に行われるという特性である。「変動性」とは「異質性」とも呼ばれ、サービスが提供する人、時間、場所、状況、顧客との相互作用の影響を受けやすく、標準化することが難しいという特性である。「消滅性」とは、

サービスが一定の時間（空間）に存在し、提供後は消滅し、非貯蔵性・不可逆性の特性を持っていることを意味している。

　これらのことが**サービス・マーケティング**特有の特徴であり、そこにビジネス機会が存在する。しかも、一般的なサービスの特徴の共通性がありながらも、個々の業界のサービスが異なることによって、その特徴も多様なものとなる。たとえば、人的サービス業と温泉旅館業のサービスが異なるだけでなく、ホテルのサービスと温泉旅館のサービスも、同じような特徴もあれば大きく異なる特徴もある。そこで、サービスの本質を理解するため、できるだけ範囲を広げてサービスの一般的特性を列挙することにする。これらの特性を理解しておくことが、現代におけるサービス産業のマーケティングの理解を助けることになるであろう。

① サービスの無体性ないし非有形性

　サービスは無形であるがゆえに、顧客は購買に先立ってサービスを実感することができない。サービスの価値は、顧客がサービスを享受（消費あるいは経験）し、便益を得ることによって初めて認識される。

　たとえば、（一社）民間活力開発機構が全国各地の温泉地で、「健康づくりの郷」「健康づくり大学」事業のプログラムを実行しているのは、まさにそのサービス内容を経験する機会を顧客に提供しているのである。それは、温泉療法によって生活習慣病をできるだけ少なくするという趣旨に基づく1つの社会的な運動である。

② サービスの同時性

　サービスは有形財とは異なって、無形財であるために提供と消費が同時に発生し、同時に消滅する。

③ サービスの参加性

　提供されるサービスは、時間や場所に制約されるため、その制約条件に合わせた顧客の参加によって初めて享受できる。

④ サービスの一過性

　提供されるサービスはそのときだけであって、消滅し、継続的に利用することができない。たとえば、貨物の輸送を運送業者に依頼した

場合は、その貨物はそのとき限りである。温泉旅館の場合などで、宿泊期間中は、何度も入浴することは可能であるが、ここで受けたサービスの本質は、湯に入っているときの解放感や慰楽性であって、湯に入るのはそのサービスを享受するための手段である。したがって、やはりサービスは一過性であって、継続性はないのである。

⑤ サービスの非規格性ないし非均等性

サービスの類似性は認められるが、それぞれの提供者によって提供されるサービスはすべて異なる。したがって、サービスは異質性があり、JIS規格のような標準を設定することはできない。

⑥ サービスの非分離性

サービスはその提供者から分離して、サービスだけが独自に存在することはない。

⑦ サービスの非貯蔵性

サービスの非分離性は、提供と享受とが同時になされることをも示している。サービスの提供と享受の同時性は、創造されたサービスが瞬時に消滅して、記憶としては残るが貯蔵できないことを示している。

⑧ サービスの需要不安定性

サービスへの需要は、季節や曜日や１日の天気の変化や時間帯などによって、大きく変動するものが多い。

⑨ サービスの経験性

顧客の立場から見れば、その評価は経験することによって初めて享受できる。したがって、経験財的性格を有している。しかし、そのサービス内容は、ホームページなどで告知したり、確認することができる。

⑩ サービスの移動性と非移動性

多くのサービスは、提供者が提供する場所を移動しサービスを提供することが可能であるが、温泉旅館サービスのような装置型のサービス業界では、温泉のわき出る場所や地域に立地するために、源泉の移動はできず、それらの手段を伴うサービスの移動は困難である。

（7）サービス業の経営特性と課題

サービス業の特性を述べるとき多くの意見は次のように集約されている。
- サービス業の就業者数は一貫して増加している。
- サービス業の雇用の創出への貢献度が高まっている。
- サービス業は**労働集約性**の高い業種が多く含まれている。
- サービス業の経営は製造業に比べ生産性が低いといわれている。
- 従業者数の増加は非正規雇用によるものが多い。
- 対個人サービス業は対事業所サービス業より日時当たりの業務量の変動が大きく労働集約性も高い。

このため、サービス業の業務の機械化・標準化、つまり業務のオートメーション化とマニュアル化が促進される傾向にある。しかし、ここには次のようないくつかの問題がある。

生産性の低さは、労働集約性の高い業種であることに起因しているという理論的根拠から、人手のかかる部分をできる限り機械に代替わりをさせ生産性を上げる努力と、低人件費の非正規労働者に肩代わりさせ賃金コストを下げようとする対策をとるものが多い。

しかし、製造業のように一定品質の製品を大量に生産することにメリットのある産業ではなく、サービス業は、1人ひとりの顧客が多様な欲求を持っている人間であり、企業と顧客の接触の場や空間、従業員の精神的・態度的サービスによって企業への愛顧度を高めるといった特性があり、製造業と**サービス業の生産性**を簡単に比較することはできない。

また、生産性は損益計算書で指摘されることが多いが、製造業は製造にかかわる装置型機械への投資が比較的高く、利益回収に時間を要し、受注先の要望する新製品生産のための新規の機械投資や生産ライン、加工ラインの組み換えを要するものが多いのに対して、サービス業は主としてその生産部分を人間が負担しているために、設備投資は少ないといった特性がある。

また製品の品質については、顧客は価格との関係で品質を理解し、製

品もそれを購入する顧客を選択するという特性があるが、サービスの品質は提供する従業員ごとに異なり、企業と顧客の接触空間や場の雰囲気、相互作用のあり方、同じ空間に居合わせる他の顧客の醸し出す雰囲気なども含めて構成されるといった特性がある。

　このように、多くの構成要素を持つサービスの品質は安定性を欠きやすく、サービスに対する顧客の知覚品質の異質性、サービス品質の評価の困難性、サービス生産は顧客との相互作用の部分が多いこと、従業員満足が顧客満足に影響する要素が多いことなど、サービスの品質の確保では多様な課題が存在する。

　サービス業は総じて企業規模が小さくても成り立つため、今後の成長余力が存在するといった特性もある。このため、業種別に対象顧客の特性に応じた顧客満足度をどのように構築するかといった視点からも、生産性が検討されていくべきものと思われる。

2 サービス業の戦略経営

（1）サービス業の戦略経営の重要性

　サービスの経済化がいわれて久しく、産業としての重要性が増大していく一方で、社会的・経済的な競争も激しく、しかも、サービス業としての事業所の経営単位は比較的小規模で経営は不安定である。そのため増加するサービス業の現状を見ると、産業としての隆盛が企業経営としての安定を必ずしも意味しているとはいえない。

　そのような中で、サービス企業の経営者やサービス事業を担当する管理者は多様な意思決定をしていかなければならない。しかも、サービス業は、その収益の源泉が企業と顧客の接触空間、接触の場あるいは接点にあるために、現場のマネジメントが重要な意味を持っている。

　サービス業の生産性の項（→本節 1 (7)）で示したとおり、サービス業は、提供するサービスの品質をいかに安定的に確保できるかという点が経営に多大な影響を及ぼすものである。したがって、サービス企業で

は、企業内部の改善や合理化をしただけでは成長・発展はもちろん、存続していくことさえ困難な時代である。社会的・経済的な環境、つまり、市場環境の変化を迅速にとらえた戦略的経営が重要になっているのである。

（2）サービス業のマーケティング戦略

　サービス業の現場のマーケティングに特化した研究は少ないが、顧客との接点の研究でもある小売業やサービス業経営の研究に明るいバレーとラフィック（Varley and Rafiq〔2004〕.）は、多店舗化している企業のマーケティング戦略について「多くの複合企業はいくつかの異なる事業単位を有し、それぞれ異なる標的顧客を扱い、異なる競争群に直面し、独自のマーケティング戦略を開発し、管理していかなければならない」と説明しており、事業（店舗）を「**戦略的事業単位**」（strategic business unit：**SBU**）と呼んでいる。戦略的事業単位は、企業全体の中で、他の事業単位と区分された商品・サービスを扱い、それぞれが個別の外部環境を有している。それぞれはプロフィットセンター（profit center）として取り扱われ、独自の事業戦略をとる。

　企業戦略では、戦略的事業単位間の相乗効果を最大限にするために、限りある**経営資源（resources）**を適正に分配し、活動を調整する。事業レベルの戦略においては、各戦略的事業単位が、企業計画で割り当てられた目的をいかに達成するかについて取り扱う。つまり、結果的に、事業戦略は、個別の市場でいかに戦略的事業単位が競争し、継続的な競争優位性を創造するかに集中する。この事業単位の戦略こそ個々の**サービス業のマーケティング戦略**を意味している。

（3）サービス業のマーケティング・マネジメントの体系

　サービス業のマーケティング・マネジメントは、複合企業や多店舗展開をしている企業にとっては、企業レベルの経営理念、経営方針の一部を実現するため、事業所あるいは店舗のコンセプトと営業方針に基づいて展開される。したがって、1企業1事業であれば、企業の経営理念と

事業所あるいは店舗コンセプトは同一となる。

　営業方針は主として、サービス業がめざすイメージゴールとしての営業形態や財務的な数値目標が当てられる。営業方針を効果的に実現するために、マーケティングの対象である外部環境と内部環境を調査しなければならない。外部環境に存在するサービス業の収益の源泉となる標的顧客やその需要・欲求を発見し、内部環境からは、欲求充足を実現しうるコア・コンピタンスや強みとなる資源を確認する。一般にＳＷＯＴ分析として知られているこの状況分析から、サービス業の各店の基本戦略である店舗戦略を決定する。つまり、「だれに、何を、どのように提供するか」といった事業領域と大まかな事業の範囲を決定することになる。

　この基本戦略は店舗のオペレーション戦略に展開され、それが店舗イメージとなって顧客の目に触れる。この経営理念から店舗イメージまでのフローが、個々のサービス業のマーケティング戦略の体系である。これを図表４－２－１に示した。

図表４－２－１　サービス業のマーケティング・マネジメントの連続体

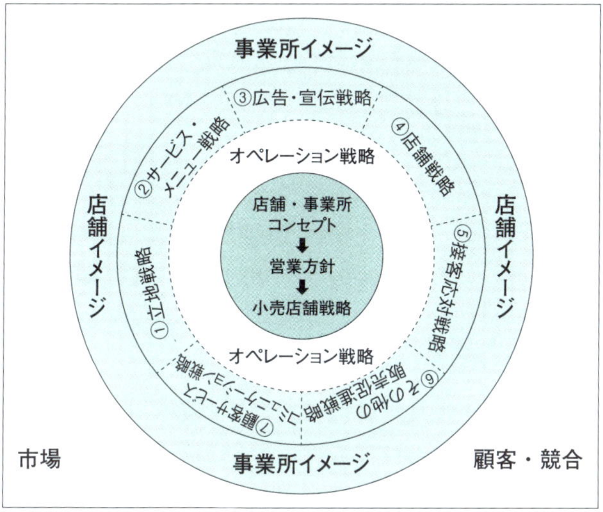

出所：前田進〔2016〕222頁．に加筆．

（4）サービス業のマーケティング・ミックス

　サービス業のオペレーションの特有の意思決定は、企業と顧客の接触空間、接触の場、接点に収益の源泉がある点から、対事業所サービス業であれ、対個人サービス業であれ4Pの商品（product）をサービスと読み替えることで、サービスのマーケティング・ミックス（service marketing mix）あるいはサービス・ミックス（service mix）が明確になる。

　したがって、このサービス業のマーケティング・ミックスは、図表4－2－2に示した要素を挙げることができる。つまり、サービス業の立地（チャネル）、商品としてのサービスメニュー（価格を含む）、店舗・施設、そしてそれを告知する広告・宣伝、来店者あるいは顧客に応対する従業員の接客・応対、その他の販売促進、そして個々の顧客へのサービスとコミュニケーションなどの要素の戦略的な組み合わせを行うことになる。詳細にいえば、サービスという特性から他の産業や個人が日常的に活動している時間以外も営業時間になる傾向があるので、営業時間は価格に代わるほどのサービス業のサービス・ミックスの要素であるといえる。

　これらのサービス・ミックスは、店舗コンセプトを実現し、営業方針を達成するためのオペレーションごとに戦略ミックスを計画し、顧客を高いレベルで満足させるように統制していくサービス業のマーケティング・マネジメントのコアである。

　モノを生産したり販売する以上にサービス業は、店舗、そこにいる従業員、あるいは他の顧客まで、顧客と接触するすべての空間を支配するので、サービス業のマーケティングはサービスそのものの一般的な特性（無形性や変動性）に示されるように、有形の製品を扱う製造業の生産性・効率性・能率の理論が適応しにくい側面がある。したがって、エステティックサロンのような典型的なサービス業に見られるように、施術というサービスメニューだけでなく、その空間の空調、音楽、従業員のふるまいまでを総合的に判断して相乗効果のあるような場の要素としてのアトモスフィア（雰囲気、環境など）の構築や演出が業務上重要な要

素になっている。
　それらの結果、市場にいる顧客が競合相手よりも魅力的に感じる店舗イメージを醸成することがサービス・ミックスの重要な視点である。
　このサービス・ミックスの要素には、製品がその製造の過程でさまざまな価値を付加していけるように価値を付加することは簡単ではなく、サービスの一般特性から顧客との相互作用によって多様に変化する顧客価値に焦点が合わされるため、伝統的なマーケティング理論に比して、オペレーションは多様である。そのため製造業のマーケティングである４Ｐの枠組みでは、説明しにくい。そこで、どのサービス業にも共通するサービス・ミックスは、立地（場所・チャネル）、サービスメニュー、価格、店舗・施設、接客・応対、その他の販売促進、顧客サービスとコミュニケーション、の７つの要素が考えられる。
　これらの適用例として、人的サービス業である理美容店の場合は、立地（場所）、サービスメニュー、価格、店舗・施設、その他の販売促進、顧客サービスとコミュニケーションと応用することができ、コンサルティング業であれば、場所、専門業務、アドバイス料、事務所、販売促進、クライアントへのサービスとコミュニケーションというように応用できる。
　さらに、サービス企業のマーケティングをマネジメントするためのストア・コンセプト、経営方針、運営組織を加えたものが、サービス業のマーケティング・ミックスである。→図表４－２－２

（５）サービス業のマーケティング・マネジメント
　サービス業は何をサービスの主体とするかで「人的知識・技術型サービス業」「店舗・施設型サービス業」「情報・システム型サービス業」に分類することもできる。これらのサービス業の分類でサービス業のマーケティング・マネジメントの例を示してみよう。
① 専門知識・技術提供型サービス業のマーケティング
　これらのサービス業では、サービスを提供する主体の知識や技術が顧

図表４－２－２　サービス業のマーケティング・ミックス

サービス・マーケティングの要素	目標	内容と意義
ストア・コンセプト	サービス業の活動を統一する行動原則、判断基準	・サービス業のコンセプトは、顧客志向、競争志向、利害関係者志向を目的として、企業活動のミッション、目的・目標を示す。
経営方針	定量的な目標、定性的な目標	・財務的目標（売上げ、利益、シェアなど） ・サービス組織と営業形態の選定
サービス業の基本戦略	サービス業の進むべき全体的な戦略	・定められたミッション・目的・目標を実現するための、市場調査と内部の現状分析から、ＳＷＯＴ分析によって、基本戦略（全体戦略、標的顧客の選定とサービス・ミックス）は競争優位性を発揮するように確定する。
立地・チャネル	サービス活動を展開する主要な場所	・立地は商圏設定と販売予測から選定する。サービスの内容に応じてチャネルも考慮する。
サービスメニュー	標的顧客の欲求を直接的に充足	・サービスメニューは、サービス業の業種特性によって規定される。価格戦略との関係でも内容が異なる。
価格	サービスの質と量に応じて設定	・業種特性とサービスメニューの特性に応じて戦略的に決定する。
販売促進　広告・宣伝		・顧客への情報伝達、コミュニケーションを目的として、広告とパブリシティの手段とツール、およびメディア等の選択を行う。
店舗・施設		・店舗・施設（建築物、設備、空間など）の基本デザイン。ゾーニング（スペース・アロケーション）、レイアウトを計画し、イメージの高い利用環境を計画する。照明、音響、色彩、空気調節、香りなどのアトモスフィアを考慮。
接客・応対		・サービスの担当者は、顧客への提案販売を行い、信頼を構築し、利用を促進する。 ・顧客視点のユニフォーム。 ・販売員の動機づけ、訓練、インセンティブを考慮する。
その他の販売促進		・店舗・施設内広告、キャンペーン、プレミアム、コンテスト、賞金、クーポン、カーデザイン、新聞、ＤＭ、ラジオ、テレビ、ＳＮＳ、地方紙、チラシ、電話帳、雑誌、店舗環境などに配慮する。
顧客サービスとコミュニケーション	顧客愛顧、反復利用の向上	・顧客サービス（有料・無料サービス）、コミュニティとのコミュニケーション、倫理義務の遂行に留意する。
運営組織	サービスの戦略的経営の管理	・サービス組織と人的資源の計画と管理。 ・サービス戦略の統合と統制。

出所：前田〔2016〕155頁．に加筆．

第2節 サービス業のマーケティング

客の評価の中心となる。
　専門知識・技術提供型サービス業は、士業といわれる資格を有する法律事務所、行政書士事務所、公認会計士事務所、社会保険労務士事務所、中小企業診断士事務所などの専門技術サービス業が含まれる。事業所に所属する専門家・スタッフの資質や知識、技能が問われる個人色の強い、専門的なサービス業である。顧客の精神的・知的生活面でのサービスを提供する。さらに洗濯業、理容業、美容業、リラクゼーション業など人間の肉体的・精神的労働を基礎とする生活関連サービス業は、一定の機械・器具を装置している場合も多く、その装置や施術環境がサービスの品質にかかわることもある。
　また、顧客が所有する有形財の故障の修理・整備などにかかわる自動車整備業、家具修理業、ビルメンテナンス業などは専門技術に重点が置かれる。教育・学習支援業の中の各種学校、外国語会話教授業、社会通信教育事業などに比べ学習塾や国家資格専門学校などは、合格率が将来の顧客取得に影響するため、知識・技術以上に指導者や支援担当者のパーソナリティが成果にかかわる場合が多い。
　この専門知識・技術提供型サービス業において特に重要なマーケティング・ミックスは、サービスメニューで、知識や技能への信頼感が最も優先されるが、直接的な競合他社との差異が大きくない場合は、接客・応対と顧客サービス、コミュニケーションの要素が重要になる。
　装置などを備えているサービス業の場合は、その設備・器具やサービス提供空間の有利性も顧客満足度にかかわるサービス品質を左右するマーケティング要素である。理容業のクイックサービスを売り物としているＱＢハウスなどは、施設を簡素化しサービスをマニュアル化して、低価格で回転数を高めて生産性を上げ、従来の理容業との差異化を図って全国展開している。洗濯業も同様に業務を機械化・標準化し、価格を優先したチェーン店が増加している。しかし、高額品の選択などの例にあるように、価格は常にサービスの品質とともに評価される要素であるため、小規模な店舗・事業所では、技術的なサービス品質を重視して企業

イメージを高めている例もある。

② 店舗・施設型サービス業のマーケティング

　これらのサービス業では、サービスを提供する主体が主に店舗・施設で、その場や空間が顧客の評価の中心となっている。

　これらのサービス業には、宿泊業に分類される旅館、ホテル、リゾートクラブや娯楽業に分類されるフィットネスクラブ、スキー場、ゴルフ場、ボウリング場、テーマパーク、ゲームセンター、運輸業に分類される鉄道業、飛行場業、貨物運送業などがある。

　娯楽および余暇に関する店舗・施設の提供、あるいは一定の器具・装置を備えそれを使って健全な心身を回復し、爽快な気分や満足感という便益を主として提供するサービス業である。

　店舗・施設型サービス業の特性は、専門知識・技術提供型サービス業に比べ初期投資が高額化する特性がある。このため店舗・施設、器具・装置などの性能の高度化によってサービスの量的生産性を向上させられる可能性がある一方で、1日のうちの繁閑時間や年間を通じた繁閑期の差が激しい場合などは、稼働率の向上策が出店計画や経営上の課題になる。マネジメント上でも稼働を上げる需給の調整能力が問われる。安定した収入を得るには、会員制度の導入とその運用などの工夫によって長期利用者、リピーターを確保するようなマーケティング・ミックスを、常に戦略的に計画する必要がある。このタイプのサービス業では一般的に、サービスの戦略的差別化には投資コストが必要であり、固定費が増加するために、損益分岐点が高くなる場合や収益は高くても投資回収期間が長くなる傾向にある。

　旅館・ホテルでは立地環境のアトモスフィアも含めて顧客の選択要因になるために、立地の選定は重要である。しかし、ひとたび立地が確定すると容易に移転できず、経営上の制約条件になる。

　不動産賃貸業、物品賃貸業では、立地、店舗・施設や器具・装置そのものが価格戦略にも影響するため、製品を中心とした製造業よりもマーケティング・ミックスのバランスが重要である。

鉄道業、飛行場など公共的な意味合いを持つ施設は、目的地と時間を繁閑に応じて選択する自由度は低く、需給の調節が難しい。安全性を優先するために、コストの削減には限界がある。また、エネルギー使用量も人的サービス員もカットし難く、繁閑によって収益が左右される。このため、鉄道・空港のターミナルなどは物販施設を併設して収益力を高めているものが多い。場所、施設の所有者、権利者とサービス事業の運営主体が異なるなど複雑な所有関係にある場合も多く、トータルなマーケティング・ミックスが必要となる。

③ **情報・システム型サービス業のマーケティング**

　情報・システム型サービス業の典型は情報通信業といわれるソフトウェア、情報処理・提供などの情報サービス業、映像・音声・文字情報制作業といわれる映画・ビデオ制作、新聞業、出版業、広告制作業などが含まれる。既存の制作物コンテンツとの完全な違いを示すことが難しいものが多い。製作・作成したサービスは比較的簡単にコピーされる可能性が高く「知的財産権」の問題が発生しやすい分野である。製作者のデザイン力・開発力がサービス商品・コンテンツの質に影響するが、単に品質がよければ売れるといった性格のものではなく、サービスの無形性から最も価格に反映しにくい業種である。

　大規模サービス事業者が下請け企業、小規模な事業者に委託する重層的制作構造となっているものがあり、末端のデザイナーは常に価格競争に左右される。インターネットの普及は販売チャネルを多元化しており、取引関係を複雑にする。

　情報処理・提供サービスを行うサービス業では専門技術を有する人材が必要であり、企業内で制作することは困難な場合も多くあるので、対事業所サービス業からのアウトソーシングを受けるなどにより定型的・安定的な収益を得ている分野である。

第4章　理解度チェック

次の設問に解答しなさい（解答・解説は後段参照）。

1. 次の文章のうち、不適切な記述を１つ選びなさい。
① 市場とは、生産者と消費者を隔離するギャップである。
② 卸売りとは、財を生産もしくは他企業から仕入れ、再販売業者あるいは業務用使用者や生産者、公的機関に対して販売する諸活動をいう。
③ 小売りとは、商品を少量ずつ小分けして販売する諸活動をいう。
④ 小売業者とは、最終消費者に向けて直接販売する諸活動を主たる業務とする企業をいう。

2. 次の文章のうち、誤っている記述を１つ選びなさい。
① サービスとは物質的無形財であり、生産に携わる人間のサービス労働力は、有形財とみなされている。
② サービス労働は、その質は異なるが、すべての産業において利用されている。
③ 流通業に携わるサービス労働力も、経済価値の創造に携わるので、有形財とみなされている。
④ サービス経済化の背景には、企業や組織内における業務のアウトソーシングの増加がある。

第4章　理解度チェック　解答・解説

1. ③

小売りとは、商品を少量ずつ小分けして販売することを意味するものではなく、商品やサービスを最終消費者へ直接に販売する諸活動をいう。

2. ③

経済学は、生産に直接携わるサービス労働力のみを有形財とみなし、商業活動は、価値を創造せず、価値移転に携わるということから、これにかかわるサービスを有形財とみなしてはいない。

〈参考文献〉

浅井慶三郎・清水滋編著『サービス業のマーケティング〔三訂版〕』同文舘出版、1997.

浅井慶三郎『サービスとマーケティング〔増補版〕』同文舘出版、2003.

尾﨑眞・野本操・脇田弘久編著『小売業・サービス業のマーケティング』五絃舎、2015.

北島忠男「サービス業のマーケティング」徳永豊編『現代マーケティング－マーケティングの構図』東京教学社、1985.

小宮路雅博編著『サービス・マーケティング』創成社、2012.

近藤隆雄『サービス・マーケティング〔第2版〕』生産性出版、2010.

清水晶『マーケティング経営論』丸善出版、1970.

清水滋『サービスの話』日本経済新聞社、1978.

徳永豊『アメリカの流通業の歴史に学ぶ』中央経済社、1994.

徳永豊『戦略的商品管理』同文舘出版、1980.

徳永豊『流通マン入門・再入門』ダイヤモンド社、1980.

徳永豊・D. マクラクラン・H. タムラ共編『詳解 マーケティング辞典』同文舘出版、1989.

日本経済出版社「日経MJトレンド情報源」2011〜2017.

日本マーケティング史研究会編「日本流通産業史：日本的マーケティングの展開」同文舘出版、2001.

前田進『小売・サービスの経営学』同友館、2016.

南方健明・宮城博文・酒井理『サービス業のマーケティング戦略』中央経済社、2015.

山本昭二『サービス・マーケティング入門』日本経済新聞出版社、2007.

Cherington, P. T., *The Element of Marketing,* 1920.

Clark, C. G., *The Condition of Economic Progress,* London, Macmillan, 1940.

Clark, F. E., Clark, C. P., *Principles of Marketing,* 3rd ed., 1942.

Davidson, W. R., *Retail Management,* 1966.

International Franchise Association, *Directory of Membership,* 1983.

Kotler, P. and K. L. Keller, *Marketing Management*, 12th edition, Prentice Hall Inc., 2006.（恩蔵直人、月谷真紀『コトラー&ケラーのマーケティング・マネジメント〔第12版〕』ピアソン・エデュケーション、2008.）

P. F. ドラッカー、上田惇生訳『現代の経営（上）』ダイヤモンド社、2005.

Martineau, P., "The Personality of the Retail Store", *Harvard Business Review*, January-February, 1958.

Mason, J. B., Mayer, M. L., *Modern Retailing*, 1984.

McGarry, E. D., "The Functional Concept in Marketing", *Journal of Marketing*, January, 1940. pp.229-237.

McInnes, W., "A Conceptual Approach to Marketing," Cox, Alderson, Shapiro, ed., *Theory in Marketing*, 1964.

Pintel, G., Diamond, J., *Retailing*, 4th ed. 1987.

Raymond P. Fisk, Stephen J. Grove and Joby John, *Interactive Services Marketing*, 2nd edition, Houghton Mifflin Company, 2004.（小川孔輔、戸谷圭子監訳『サービス・マーケティング入門』法政大学出版局、2005.）

Shapiro, I. J., *Marketing Terms; Definitions, Explanation and/or Aspects*, 3rd, ed., 1973.

Shaw, A. W., "An Some Problems in Market Distribution", *The Quarterly Journal of Economics*, 1912.

Steve Baron and Kim Harris, Service Marketing, Macmillan Press Ltd., 1995.（澤内隆志、中丸愼治、菊池一夫ほか訳『サービス業のマーケティング：理論と事例』同友館、2002.）

Varley. Rosemary and Mohammed Rafiq, *Principles of Retail Management*. Palgrave Macmillan, 2004.

ビジネス・キャリア検定試験　標準テキスト
マーケティング 3級

索　引

あ
アウトソーシング……………………333
アメリカ・マーケティング協会…… 15
暗黙知……………………………………81

い
依存効果（dependence effect）
　………………………………167、176
一貫性…………………………………183
一方向的なコミュニケーション
　（one‐way communication）……258
意図した効果…………………………256
意図した内容…………………………257
イノベーション………………174、179
因子分析………………………………115
インターセプト法……………………122

う
ウォンツ………………………………175
売り手危険負担………………………… 31

え
営業担当者……………………………260
営業部門………………………………174
営利組織………………………………332
延期化…………………………………178
円グラフ………………………………125

お
帯グラフ………………………………125
オファリング…………………………… 90
おまけ…………………………………169
卸売業者主宰ボランタリー・チェーン
　………………………………………225

か
買い手…………………………………162
買い手危険負担………………………… 31
外部環境因子…………………………… 74
外部志向型組織文化…………………… 46
開放的なチャネル政策………………216
買回品…………………………………166
カウンター・セグメンテーション… 74
価格……………………………………168
価格カルテル…………………………195
価格政策………………………………191
学習……………………………………138
家族のライフサイクル………………149
価値……………………………………… 44
価値の隔離……………………213、283
合併・提携……………………………295
環境ミックス…………………………… 58
管理型システム………………………226

き
機会と脅威の分析……………………… 74
企業型システム………………………222
企業の社会的責任……………………… 37
企業の目的……………………………174
企業レベル戦略………………………… 65
犠牲的給付サービス…………………331
期待物…………………………………166
機能……………………………167、281
機能膨張………………………………170
機能レベル戦略………………………… 67
規範……………………………………… 44
逆輸入…………………………………295
脅威……………………………………… 56
強化……………………………………139
協業……………………………………… 41
競争優位………………………………… 90

索引

業態開発……………………………… 69
共同生産者…………………………… 84
業務的サービス……………………331
挙動…………………………………163

く

空間的隔離…………………… 212、282
クラスター分析……………………115

け

経営資源（resources）……………344
経営志向…………………………… 28
計画的陳腐化………………………182
経済性………………………………251
継続的な存在………………………114
ケイパビリティ…………………… 81
契約型システム……………………223
限定的チャネル政策………………217

こ

コア機能………………………167、168
公共機関……………………………332
広告…………………………………259
購買センター………………………165
後方垂直統合………………………223
小売業者主宰コーペラティブ・
　グループ…………………………225
コーホート…………………………152
コーホート分析……………………152
コーポレート・コミュニケーション
　……………………………………262
顧客価値の創造…………………… 17
顧客価値を創造…………………… 91
顧客教育…………………………… 89
顧客志向………………………… 18、37
顧客の創造………………………… 37

顧客プロフィール………………… 77
顧客ベースのブランド・エクイティ
　……………………………………188
顧客満足………………………… 86、237
顧客満足度調査……………………141
コスト…………………………173、330
コスト・パフォーマンス…………173
コミュニケーション………………256
小分け納入…………………………293
混合垂直統合………………………223
コンピタンス……………………… 81
コンビニエンス・ストア…………293

さ

サード・パーティー・ロジスティクス
　……………………………………246
サービス………………………… 33、329
サービス・エンカウンター…… 86、89
サービス業の生産性………………342
サービス業のマーケティング戦略…344
サービス経済化…………………… 90
サービス財…………………………162
サービス産業………………………331
サービス・ドミナント・ロジック… 33
サービスの失敗…………………… 84
サービスの特性……………………339
サービス品質……………………… 89
サービス・ファクトリー………… 85
サービス・ブループリント……… 89
サービス・マーケティング………340
サービス・マーケティング・ミックス
　…………………………………… 87
サービタイゼーション…………… 90
在庫管理システム…………………294
再販売価格維持……………………195
採用者カテゴリー…………………181

357

索引

サプライ・チェーン・マネジメント
　　……………………………290
差別化………………………………247
差別型戦略………………………… 73
産業財………………………………165

し

シーズ………………………………175
支援…………………………………109
時間軸……………………………… 92
時間的隔離……………………213、283
事業間のシナジーの創造………… 65
事業の定義………………………… 68
事業レベル戦略…………………… 66
市場…………………………………281
市場・環境志向…………………… 38
市場細分化………………………… 70
市場志向…………………………18、37
市場潜在力…………………………281
市場テスト…………………………178
システム・サポート………………295
事前期待…………………………… 86
品揃え隔離…………………………284
資本参加……………………………295
社会化………………………………148
尺度…………………………………119
ジャスト・イン・タイム…………244
集中・専門型戦略………………… 73
主観…………………………………173
主要素………………………………167
準拠集団…………………140、145
仕様……………………………171、174
紹介法………………………………122
上層部吸収価格政策………………204
状態…………………………………163
消費経験…………………………… 35

消費財………………………………165
消費者………………………………280
消費者・環境問題…………………251
消費者によるカテゴライゼーション184
消費者の社会化……………………148
消費者の態度モデル………………141
商品投下資本粗利益率（GMROI：
　Gross Margin Return on Inventory Investment）………………319
情報…………………………………106
情報財…………………………162、163
情報・システム型サービス業……351
情報的隔離…………………………213
初期高価格政策……………………204
初期低価格政策……………………204
所有権的隔離……………………214、283
新製品開発…………………………174
深層心理面接法……………………116
人的サービス財……………………163
浸透価格政策………………………204

す

垂直的組織構造…………………… 49
垂直的マーケティング・システム…219
水平的組織構造…………………… 49
スーパーマーケット卸売業者……297
スタイル……………………………182
スタッフ機能……………………… 42
ステークホルダー………………… 17

せ

生産志向…………………………… 29
生産者………………………………280
生産と消費の隔離と架橋…………212
成熟製品……………………………175
精神的・態度的サービス…………331

| 索引

製品……………………………………175
製品アイテム………………………183、185
製品階層……………………………181、184
製品開発実施スタイル………………178
製品開発プロセス……………………178
製品価値……………………………172、173
製品カテゴリー………………………184
製品カテゴリー階層…………………184
製品企画部門…………………………234
製品クラス……………………………184
製品コンセプト………………………179
製品収縮………………………………167
製品タイプ……………………………184
製品態様………………………………162
製品特性………………………………162
製品取り揃え隔離……………………214
製品の新しさ…………………………178
製品のユニークさ……………………179
製品ブランド………………………183、185
製品膨張……………………………167、171
製品ポジショニング……………………70
製品ミックス…………………………183
製品ライフサイクル（PLC：Product Life Cycle）……………………178、180
製品ライン……………………………183
製品ラインの長さの平均……………184
接触……………………………………281
全数調査………………………………121
選択的チャネル政策…………………217
先端技術製品…………………………175
専売的チャネル政策…………………217
前方垂直統合…………………………223
専門知識・技術提供型サービス業…349
専門品…………………………………166
戦略経営…………………………………9
戦略計画…………………………………8
戦略的事業単位（SBU）……………344
戦略テクノロジカル・イノベーション
　………………………………………14
戦略マーケティング……………………9
戦略マーケティング・イノベーション
　………………………………………14

そ

相関行列………………………………130
相関係数………………………………130
相関図…………………………………128
総合商社………………………………295
倉庫部門………………………………234
創造……………………………………175
ソーティング…………………………297
属性膨張………………………………170
組織………………………………………41
組織設計…………………………………41
組織の再編成……………………………48
組織文化…………………………………44
ソフト行為……………………………163
ソリューション…………………………90

た

ターゲット・マーケティング戦略……69
ターゲティング…………………………70
態度……………………………………140
態度変容………………………………141
多次元尺度構成法……………………115
タスク環境………………………………56
多属性態度モデル……………………141
多段階無作為抽出法…………………122
多頻度小口配送………………………245
多頻度配送……………………………293
多頻度発注……………………………294
単純無作為抽出法……………………121

359

ち

知覚···135
知覚的隔離·······································283
知覚マップ······································115
チャネル・コンフリクト················226
仲介人··288
中間業者···285
中継人··288
長期計画··7
調査結果のコミュニケーション······110

つ

強みと弱みの分析··························· 75

て

提供物··166
提携型システム······························224
定性データ······································118
定量データ······································118
データの収集··································110
データの分析··································110
データ・マイニング······················113
適応··175
適応効果（adaptation effect）······167
典型法··123
伝統的なマーケティング・チャネル
···219
店舗・施設型サービス業··············350

と

動機··134
統合的チャネル政策······················218
登録商標··187
トータル・ロジスティクス・システム
···243
度数分布表······································124

トップダウン・アプローチ··········· 66
取扱品種数······································294
トレードマーク······························187

な

内部環境因子··································· 75
仲買業者··288
長さ··183
仲立人··288
ナレッジ··· 81

に

ニーズ··175
認識の連続······································173
認知的不協和の理論······················142

の

ノイズ··258
ノー・ブランド······························186

は

バーチャル情報財··························164
ハード行為······································163
パートタイム・マーケター··········· 87
ハイタッチ・サービス··················· 86
ハイパーテキスト組織··················· 51
ハイブリッド型組織······················· 51
ハイブリッド型組織構造··············· 49
パッケージ······································168
パッケージング······························246
幅・広さ··183
バンドル要素··································168
販売管理志向··································· 30
販売部門··174

索引

ひ

非営利サービス……………………334
非営利民間組織……………………332
ヒストグラム………………………125
非探索品……………………………166
必要情報の特定化…………………110
表示…………………………………168
標準偏差……………………………125
標本…………………………………120
標本調査……………………………120
品質…………………………………172

ふ

ファッション………………………182
ファド………………………………182
フォーカス・グループ・インタビュー
　……………………………………116
付加価値的バンドル要素…………169
深さ…………………………………183
付随的バンドル要素………………169
物的サービス財……………………163
物的流通……………………………230
物流管理……………………………232
物流的（技術的）機能……………248
物流の部分最適化…………………234
部門間連携…………………………174
フランチャイズ・システム………223
ブランド……………………………168
ブランド・アイデンティティ……188
ブランド・イメージ………………188
ブランド機能………………………188
ブランド・スポンサー……………186
ブランド知識………………………188
ブランド認知………………………188
ブランド要素………………………188
ブローカー…………………………288

プロダクト・コミュニケーション…262
プロモーション……………………254、260
プロモーション・ミックス………262
分業……………………………………41
分類取り揃え機能…………………214

へ

平均値………………………………125
ペイド・パブリシティ……………261
ベネフィット………………………173
変数…………………………………124
返品…………………………………295

ほ

報酬…………………………………139
母集団………………………………120
ボトムアップ・アプローチ…………66

ま

マーケティング……………………2、174
マーケティング意思決定…………109
マーケティング環境…………………54
マーケティング機会…………………56
マーケティング機能論……………285
マーケティング近視眼（マイオピア）
　………………………………………68
マーケティング・コスト……………92
マーケティング・コミュニケーション
　……………………………………256
マーケティング・コンセプト…4、36、87
マーケティング・コンセプト志向…31
マーケティング情報システム……111
マーケティング戦略…………………8
マーケティング・チャネル………208
マーケティング部門………………174
マーケティング・マネジメント……4、7

361

索引

ま
マーケティング・ミックス ……91、171
マクロ環境…………………………55
マクロ・マーケティング……………21
マネジリアル・マーケティング
　　………………………………4、7、21

み
ミクロ環境…………………………58
ミクロ・マーケティング……………21

む
無形財………………………………330
無作為抽出法………………………121
無差別型戦略………………………72

め
メッセージ…………………………256

も
最寄品………………………………165

ゆ
有意抽出法…………………………122
有形財…………………………162、330
輸送部門……………………………234

ら
ライセンスド・ブランド……………187
ライフスタイル……………………150
ライフスタイル・セグメンテーション
　　……………………………………152
ライフスタイルの分析手法…………149
ライン機能…………………………42

り
リアル情報財………………………164
リソース……………………………81
リレー・スタイル……………………178

ろ
労働集約性…………………………342
ロー・データ………………………118
ロジスティクス……………………237
ロビンソン・パットマン法…………226

わ
割り当て法…………………………123

A
AIDMAモデル……………………116
AIO…………………………………153
AIO分析……………………………153

D
DAGMARモデル…………………116

E
EDI（Electronic Data Interchange）
　　……………………………………294
EOS（Electronic Ordering System）
　　……………………………………244

O
OEMブランド………………………187

P
PEST分析…………………………78
PLC…………………………………180
POS（Point of Sales）システム
　　……………………………244、294
PR……………………………………260

S
SBU …………………………344
SWOT分析 ………………… 74

V
VALS …………………………153
VALS分析 ……………………153

記号・数字
1次データ……………………117
2次データ……………………117
3つのサブシステム……………111

都道府県職業能力開発協会 所在地一覧

協会名	所在地	TEL
北海道職業能力開発協会	〒003-0005 札幌市白石区東札幌5条1丁目1番2号 北海道立職業能力開発支援センター内	011-825-2385
青森県職業能力開発協会	〒030-0122 青森市大字野尻字今田43-1 県立青森高等技術専門校内	017-738-5561
岩手県職業能力開発協会	〒028-3615 紫波郡矢巾町南矢幅10-3-1 岩手県立産業技術短期大学校内	019-613-4620
宮城県職業能力開発協会	〒981-0916 仙台市青葉区青葉町16-1	022-271-9260
秋田県職業能力開発協会	〒010-1601 秋田市向浜1-2-1 秋田県職業訓練センター内	018-862-3510
山形県職業能力開発協会	〒990-2473 山形市松栄2-2-1	023-644-8562
福島県職業能力開発協会	〒960-8043 福島市中町8-2 福島県自治会館5F	024-525-8681
茨城県職業能力開発協会	〒310-0005 水戸市水府町864-4 茨城県職業人材育成センター内	029-221-8647
栃木県職業能力開発協会	〒320-0032 宇都宮市昭和1-3-10 栃木県庁舎西別館	028-643-7002
群馬県職業能力開発協会	〒372-0801 伊勢崎市宮子町1211-1	0270-23-7761
埼玉県職業能力開発協会	〒330-0074 さいたま市浦和区北浦和5-6-5 埼玉県浦和合同庁舎5F	048-829-2801
千葉県職業能力開発協会	〒261-0026 千葉市美浜区幕張西4-1-10	043-296-1150
東京都職業能力開発協会	〒102-0072 千代田区飯田橋3-10-3 東京しごとセンター7F	03-5211-2350
神奈川県職業能力開発協会	〒231-0026 横浜市中区寿町1-4 かながわ労働プラザ内	045-633-5420
新潟県職業能力開発協会	〒950-0965 新潟市中央区新光町15-2 新潟県公社総合ビル4F	025-283-2155
富山県職業能力開発協会	〒930-0094 富山市安住町7-18 安住町第一生命ビル2F	076-432-9883
石川県職業能力開発協会	〒920-0862 金沢市芳斉1-15-15 石川県職業能力開発プラザ3F	076-262-9020
福井県職業能力開発協会	〒910-0003 福井市松本3-16-10 福井県職員会館ビル4F	0776-27-6360
山梨県職業能力開発協会	〒400-0055 甲府市大津町2130-2	055-243-4916
長野県職業能力開発協会	〒380-0836 長野市大字南長野南県町688-2 長野県婦人会館3F	026-234-9050
岐阜県職業能力開発協会	〒509-0109 各務原市テクノプラザ1-18 岐阜県人材開発支援センター内	058-322-3677
静岡県職業能力開発協会	〒424-0881 静岡市清水区楠160	054-345-9377
愛知県職業能力開発協会	〒451-0035 名古屋市西区浅間2-3-14	052-524-2031
三重県職業能力開発協会	〒514-0004 津市栄町1-954 三重県栄町庁舎4F	059-228-2732
滋賀県職業能力開発協会	〒520-0865 大津市南郷5丁目2-14	077-533-0850
京都府職業能力開発協会	〒612-8416 京都市伏見区竹田流池町121-3 京都府立京都高等技術専門校内	075-642-5075

協会名	所在地	TEL
大阪府職業能力開発協会	〒550-0011 大阪市西区阿波座2-1-1 大阪本町西第一ビル6F	06-6534-7510
兵庫県職業能力開発協会	〒650-0011 神戸市中央区下山手通6-3-30 兵庫勤労福祉センター1F	078-371-2091
奈良県職業能力開発協会	〒630-8213 奈良市登大路町38-1 奈良県中小企業会館2F	0742-24-4127
和歌山県職業能力開発協会	〒640-8272 和歌山市砂山南3丁目3番38号 和歌山技能センター内	073-425-4555
鳥取県職業能力開発協会	〒680-0845 鳥取市富安2丁目159 久本ビル5F	0857-22-3494
島根県職業能力開発協会	〒690-0048 松江市西嫁島1-4-5 SPビル2F	0852-23-1755
岡山県職業能力開発協会	〒700-0824 岡山市北区内山下2-3-10	086-225-1546
広島県職業能力開発協会	〒730-0052 広島市中区千田町3-7-47 広島県情報プラザ5F	082-245-4020
山口県職業能力開発協会	〒753-0351 山口市旭通り2-9-19 山口建設ビル3F	083-922-8646
徳島県職業能力開発協会	〒770-8006 徳島市新浜町1-1-7	088-662-5366
香川県職業能力開発協会	〒761-8031 高松市郷東町587-1 香川地域職業訓練センター内	087-882-2854
愛媛県職業能力開発協会	〒791-1101 松山市久米窪田町487-2 愛媛県産業技術研究所 管理棟2F	089-993-7301
高知県職業能力開発協会	〒781-5101 高知市布師田3992-4	088-846-2300
福岡県職業能力開発協会	〒813-0044 福岡市東区千早5-3-1 福岡人材開発センター2F	092-671-1238
佐賀県職業能力開発協会	〒840-0814 佐賀市成章町1-15	0952-24-6408
長崎県職業能力開発協会	〒851-2127 西彼杵郡長与町高田郷547-21 長崎高等技術専門校敷地内	095-894-9971
熊本県職業能力開発協会	〒861-2202 上益城郡益城町田原2081-10 電子応用機械技術研究所内	096-285-5818
大分県職業能力開発協会	〒870-1141 大分市大字下宗方字古川1035-1 大分地域職業訓練センター内	097-542-3651
宮崎県職業能力開発協会	〒889-2155 宮崎市学園木花台西2-4-3	0985-58-1370
鹿児島県職業能力開発協会	〒892-0836 鹿児島市錦江町9-14	099-226-3240
沖縄県職業能力開発協会	〒900-0036 那覇市西3-14-1	098-862-4278

マーケティング 3級〔第2版〕
—— テキスト監修・執筆者一覧 ——

監 修 者

| 井上 崇通 | 明治大学 商学部
教授 | |

執筆者（五十音順）

井上 崇通	明治大学 商学部 教授	第1章 （第1・2節） 第2章（第2節）
庄司 真人	高千穂大学 商学部 教授	第1章 （第3～5節） 第3章
田口 尚史	茨城キリスト教大学 経営学部 准教授	第1章（第4節）
福田 康典	明治大学 商学部 教授	第2章（第1節）
前田 進	千葉商科大学大学院 商学研究科 客員教授	第4章

（※）所属は平成30年4月時点のもの

マーケティング　3級〔初版〕
── テキスト監修・執筆者一覧 ──

監修者

徳永　豊　　明治大学　名誉教授

執筆者（五十音順）

井上　崇通	明治大学　商学部　教授	第1章（第4節） 第2章（第2節） 第3章（第3・4節）
大友　純	明治大学　商学部　教授	第3章（第5節）
岡本　喜裕	和光大学　経済経営学部　教授	第3章（第2節）
斉藤　保昭	明治大学　商学部　講師	第3章（第3節）
佐藤　敏久	高崎商科大学　流通情報学部　専任講師	第4章（第1節）
澤内　隆志	明治大学　商学部　教授	第4章（第1節）
首藤　禎史	大東文化大学　経営学部　教授	第3章（第4節）
寺本　和幸	愛知工業大学　経営情報科学部　教授	第2章（第1節）
徳永　豊	明治大学　名誉教授	第1章（第1・2・3・5節） 第3章（第4節） 第4章（第1・2節）
長谷川　博	愛知工業大学　経営情報科学部　教授	第3章（第1節）
福田　康典	明治大学　商学部　専任講師	第2章（第1節）

（※）所属は平成19年3月時点のもの

MEMO

MEMO

ビジネス・キャリア検定試験標準テキスト
マーケティング　3級

平成19年7月9日　　初　版発行
平成30年4月11日　　第2版発行

編　　著　中央職業能力開発協会

監　　修　井上　崇通

発　行　所　中央職業能力開発協会
　　　　　　〒160-8327 東京都新宿区西新宿7-5-25 西新宿木村屋ビルディング11階

発　売　元　株式会社 社会保険研究所
　　　　　　〒101-8522 東京都千代田区内神田2-4-6 WTC内神田ビル
　　　　　　電話03-3252-7901（代表）

- 本書の全部または一部を中央職業能力開発協会の承諾を得ずに複写複製することは、著作権法上での例外を除き、禁じられています。
- 本書の記述内容に関するご質問等につきましては、書名と該当頁を明記の上、中央職業能力開発協会ビジネス・キャリア試験課に郵便（上記「発行所」参照）、FAX（03-3365-2716）、または電子メール（text2@javada.or.jp）にてお問い合わせ下さい。
- 本書籍に関する訂正情報は、発売元ホームページ（http://www.shaho.co.jp/shaho/）に掲載いたします。ご質問の前にこちらをご確認下さい。
- 落丁、乱丁本は、お取り替えいたしますので、発売元にご連絡下さい。

ISBN978-4-7894-9851-7 C2036 ¥2900E
©2018 中央職業能力開発協会 Printed in Japan